高校人本德育研究

袁本新 ◎ 著

中山大学出版社
SUN YAT-SEN UNIVERSITY PRESS

·广州·

版权所有　翻印必究

图书在版编目（CIP）数据

高校人本德育研究/袁本新著. —广州：中山大学出版社，2015.11
ISBN 978-7-306-05380-0

Ⅰ. ①高… Ⅱ. ①袁… Ⅲ. ①高等学校—德育工作—研究—中国　Ⅳ. ①G641

中国版本图书馆CIP数据核字（2015）第173962号

出版人：	徐　劲
策划编辑：	李海东
责任编辑：	李海东
封面设计：	林绵华
责任校对：	何　凡
责任技编：	何雅涛
出版发行：	中山大学出版社
电　　话：	编辑部 020-84111996，84113349，84111997，84110779
	发行部 020-84111998，84111981，84111160
地　　址：	广州市新港西路135号
邮　　编：	510275　　　　传　真：020-84036565
网　　址：	http://www.zsup.com.cn　　E-mail:zdcbs@mail.sysu.edu.cn
印刷者：	广东省农垦总局印刷厂
规　　格：	787mm×1092mm　1/16　15.5印张　230千字
版次印次：	2015年11月第1版　2015年11月第1次印刷
定　　价：	38.00元

如发现本书因印装质量影响阅读，请与出版社发行部联系调换

作 者 简 介

袁本新,男,1963年7月出生于湖北石首,现为广东省教育厅思想政治教育处(学生处)处长,暨南大学兼职教授,硕士研究生导师,中山大学思想政治教育专业博士,师从我国著名高校思想政治教育专家郑永廷教授。近20年来一直致力于学校德育和高校思想政治教育管理与研究,先后承担和参与多项国家级、省部级课题研究,主编《人本德育论》(人民出版社出版)等多部专著,在《马克思主义研究》等权威刊物发表学术论文多篇。

内 容 提 要

人本德育是指德育应以人为本,即德育应以对人的深刻理解和研究为出发点,在德育过程中贯彻以人为本理念和人性关怀,最终目的或者主要价值是促进人的德性发展,培养具有现代道德智慧的人。

马克思关于人的本质、人的主体性和人的全面发展的理论,是人本德育的理论基础。

人本德育在中国和西方都由来已久,但只有马克思主义才能真正实现人本德育的超越。经济市场化、政治民主化、文化多元化、社会信息化呼唤人本德育。但历史上存在着神本德育、物本德育、器本德育等德育偏离人本的倾向,存在着德育知识化、形式化、工具化等错误的价值取向,产生了不良后果。

高校人本德育必须以促进大学生成长成才为目标,以理想信念教育为核心,坚持科学化、个性化、人性化等取向。

高校人本德育的实践思路是,必须坚持"以人为本"与"德育首位"的契合;实现德育实践的观念转变,即变"外求、他塑"为"内求、自塑",变"教师包办"为学生"亲身体验",从"现实社会空间"拓展到"虚拟社会空间";在现实性方面,人本德育实践必须回归生活、回归生命、回归生态。

高校人本德育要坚持德育与育人相结合的原则、德育与社会实践相结合的原则、解决思想问题与解决实际问题相结合的原则,采取师生参与互动、相互关爱体谅、交互换位体验、人文环境感化等实践方式。

序

  党的十八大报告提出"努力办好人民满意的教育"、"推动高等教育内涵式发展",为我国高等教育改革发展指明了前进方向,标志着我国高等教育进入了以质量提升为核心的内涵式发展的历史新阶段。报告提出的"把立德树人作为教育的根本任务"、"培养学生社会责任感、创新精神、实践能力"等一系列战略部署,为全面贯彻党的教育方针赋予了新的时代内涵,为加强高校德育指明了方向。在这样的大背景下,高校德育如何为高等教育质量提升、内涵式发展作贡献,如何提升自身质量、实现自身内涵发展,是高校德育工作者面临的新任务和新课题。

  青年兴则国家兴,青年强则国家强。习近平总书记指出:"历史和现实都告诉我们,青年一代有理想、有担当,国家就有前途,民族就有希望,实现中华民族伟大复兴就有源源不断的强大力量。"大学生是国家宝贵的人才资源,是民族的希望、祖国的未来,是中国梦的承担者与实现者。大学生的成才,关系到党的事业后继有人和国家的长治久安,关系到实现全面建设小康社会的宏伟目标和中华民族的伟大复兴。2014年,我国在校大学生包括专科生、本科生和研究生为2468万人。他们的思想政治状况如何呢?应该说,当代大学生的思想政治状况的主流积极、健康、向上。他们热爱党、热爱祖国、热爱社会主义,坚决拥护党的方针政策,高度认同邓小平理论、"三个代表"重要思想、科学发展观,充分信赖以习近平为总书记的党中央,对坚持走中国特色社会主义道路、实现中华民族伟大复兴的中国梦这一宏伟目标充满信心。但是，我们也要清醒地看到，一些大学生不同程度地存在政治信仰迷茫、理想信念模糊、价值取向扭曲、诚信意识淡薄、社会责任感缺乏、艰苦奋斗精神淡化、团结协作观念较差、心理素质欠佳等问题。毋庸置疑，这是特定的时代背景、生活环境和其身心发展等多方面因素共同影响的结果。

党的十八大对高校德育提出了许多新内容与新要求，高校德育工作任重而道远。每一位高校德育工作者要以科学发展的眼光、高度负责的态度和求真务实的理念，进一步落实立德树人这一教育的根本任务，坚持育人为本、德育为先，努力提升高校德育质量。

我们应当看到，随着时代的发展变化，特别是在市场经济、政治民主化、文化多元化、社会信息化等新的社会条件下，传统德育在德育实践活动中已经不能满足学生主体素质发展的需要与社会发展的要求，德育理论与实践的创新成为一项紧迫的任务。

传统德育存在着的神本德育、物本德育、器本德育、文本德育等德育偏离人本的倾向。神本德育是以非科学的信仰作为感召，离开现实的人去对应然世界进行信仰表达的德育形态。它把人视为神的创造物，人服从和服务于神的意志，宗教教育是神本德育的主要方式。在当前，神本德育的信仰呈现出多元兼信、钱权世俗化和迷信复归化等主要特征。物本德育把德育理解为知识教育，主张培养人的智力因素并服务于人的功利目标。这是以经济为主旋律和金钱至上的年代，德育受到经济领域强势殖民的一种现实德育形态。器本德育把德育等同于技术教育，把人视为单纯的手段、工具的发展观念，主张培养人的技能素质。文本德育以书为本、从理论出发，在德育过程中，只重备课，忽视"备人"，只讲抽象理论，忽视学生特点；注重文本逻辑性，忽视学生的发展需要；强调文本意义阐释，忽视社会实践发展；等等。概括起来就是只重书本，不重生本。这种文本德育观是理论脱离实际的教条主义，抽象化、概念化的形式主义，经院式、学究式的本本主义。

传统德育存在着德育知识化、形式化、工具化等错误的价值取向。德育知识化就是将德育仅仅当作一门知识，教师当作知识传授，学生当作知识来学习，脱离了道德品质的培养、德性养成的德育本质，视德育为智育，将德育智育化、知识化，实质上是一种知性德育。德育形式化表现在德育存在着大量的表面化现象，甚至弄虚作假；德育内容脱离社会实际，显得苍白无力；德育活动存在着程序化倾向，形式化痕迹明显；德育过程简单，方法单一。德育工具化是把道德的规则和规范从外面注入于人的行为，把已经成为碎片的人重新组装到一架经济技术的大机器上，使它得以有序地转动。

这些错误倾向和价值取向影响了高校德育的效果，因而急需对高校德育的理论和实践进行创新。

德育创新的一个重要方面是坚持人本德育。人本德育是指德育应以人为本，即德育应以对人的深刻理解和研究为出发点，在德育过程中贯彻以人为本理念和人性关怀，最终目的或者主要价值是促进人的德性发展，培养具有现代道德智慧的人。人本德育观强调学校德育要以学生为本，德育是为了学生发展，要把学生的全面发展作为德育的根本目标。

本新博士作为教育管理者，对理论研究有强烈的使命感和兴趣，在繁忙的工作之余，针对当前高校思想政治教育工作的理论问题和现实问题，潜心研究高校思想政治教育工作的发展规律，从读博士研究生开始，一直关注并研究高校人本德育的理论和实践。他的新著《高校人本德育研究》即将付梓，我应邀欣然作序。能够先行拜读本新博士的最新研究成果，颇受启示，深感欣慰。该书深入研究了人本德育的理论基础、现实背景、主要缺失，并在中西方思想道德教育传统有关人本德育的比较与借鉴的基础上，提出了高校人本德育发展的理论导向和实践路径，对做好当前高校德育工作有着一定的指导意义。

本新博士思想深邃，极富朝气，不懈追求，勇于探索，形成这样一部有分量的著作，十分难能可贵。当然，我们也应当看到，高校人本德育研究是一个前沿、广泛而复杂的课题，有很大的研究空间和许多具体问题，还需要德育工作者进行持续、深入探索。希望本新博士在高校思想政治教育领域中取得丰硕研究成果的基础上，继续坚持，不断进取,做到理论与实践相统一,获得更多更新的研究成果,谱写出新的篇章!

是为序。

郑永廷

2015 年 5 月 1 日

目 录

第一章 导 论 …………………………………………… (1)
　一、人本德育概念的界定及实质 ………………………… (3)
　二、高校德育与大学生思想政治教育 …………………… (5)
　三、人本德育的内涵 ……………………………………… (8)

第二章 人本德育的理论基础 …………………………… (11)
　一、马克思关于人的本质理论 …………………………… (11)
　　（一）马克思对人的本质的论述解读 ………………… (12)
　　（二）人的本质特征 …………………………………… (16)
　　（三）人的本质的发展 ………………………………… (24)
　二、马克思关于人的主体性思想 ………………………… (27)
　　（一）人的主体性内涵 ………………………………… (27)
　　（二）人的主体性表现 ………………………………… (30)
　　（三）主体性在德育中的体现 ………………………… (34)
　三、马克思关于人的全面发展理论 ……………………… (38)
　　（一）西方学者关于人的全面发展的思想 …………… (38)
　　（二）马克思关于人的全面发展理论的形成 ………… (41)
　　（三）人的全面发展内涵的科学解读 ………………… (45)

第三章 人本德育的发展历史 …………………………… (55)
　一、人本德育在中国的历史追溯 ………………………… (55)

     （一）中国古代人本德育的基点与目标……………（56）
     （二）中国古代人本德育的特点………………………（59）
     （三）中国古代人本德育的局限………………………（64）
   二、人本德育在西方的历史沿革……………………………（66）
     （一）西方人本德育思想的历史走向…………………（66）
     （二）西方人本德育思想的特点………………………（71）
     （三）西方人本德育思想的局限性……………………（75）
   三、马克思主义人本德育思想………………………………（77）
     （一）马克思的人本德育观……………………………（77）
     （二）人本德育中国化…………………………………（82）
     （三）中国化人本德育的发展…………………………（85）

第四章　高校人本德育的现实背景……………………………（88）
   一、市场经济对人本德育的诉求……………………………（88）
     （一）市场经济拓宽了人本德育的发展空间…………（89）
     （二）市场经济对人本德育发展的负面效应…………（94）
     （三）市场经济条件下人本德育发展…………………（95）
   二、政治民主化对人本德育的诉求…………………………（99）
     （一）政治民主化的性质………………………………（99）
     （二）政治民主化是人本德育发展的保证……………（102）
     （三）政治民主化进程中人本德育的发展……………（105）
   三、文化多元化对人本德育的诉求…………………………（110）
     （一）文化多元化对高校德育的积极影响……………（111）
     （二）文化多元化对高校德育的消极影响……………（113）
     （三）多元文化格局下人本德育的发展取向…………（116）
   四、社会信息化对人本德育的诉求…………………………（117）
     （一）信息化是德育发展的动力………………………（118）
     （二）信息化对德育提出新挑战………………………（123）
     （三）信息化推进人本德育发展………………………（127）

第五章　德育偏离人本的现象解析 …………………………… (131)

一、德育偏离人本的种种倾向 ………………………………… (131)
（一）德育本来是人本的 …………………………………… (131)
（二）德育偏离人本的倾向 ………………………………… (134)
（三）德育偏离人本的原因 ………………………………… (137)

二、德育偏离人本的错误取向 ………………………………… (143)
（一）德育的知识化取向 …………………………………… (144)
（二）德育的形式化取向 …………………………………… (150)
（三）德育的工具化取向 …………………………………… (153)

三、德育偏离人本取向的不良影响 …………………………… (157)
（一）德育知识化取向的不良影响 ………………………… (158)
（二）德育形式化取向的不良影响 ………………………… (161)
（三）德育工具化取向的不良影响 ………………………… (163)

第六章　高校人本德育的理论导向 …………………………… (167)

一、以科学发展观指导高校人本德育 ………………………… (167)
（一）以人为本，是科学发展观的核心 …………………… (167)
（二）以人为本与人本德育发展 …………………………… (171)
（三）以科学发展观指导高校德育发展 …………………… (174)

二、以理想信念教育为核心推进高校人本德育 ……………… (176)
（一）理想信念的人本价值 ………………………………… (177)
（二）理想信念教育的主要内容 …………………………… (179)
（三）德育对理想信念形成的引导 ………………………… (183)

三、高校人本德育的发展趋势 ………………………………… (186)
（一）高校人本德育发展的科学化走向 …………………… (187)
（二）高校人本德育发展的个性化走向 …………………… (193)
（三）高校人本德育发展的人性化走向 …………………… (195)

第七章　高校人本德育的实践路径 …………………………… (198)

一、高校人本德育的实践思路 ………………………………… (198)

（一）坚持"以人为本"与"德育首位"的契合 … (198)
  （二）实现德育实践的观念转变 ……………… (200)
  （三）人本德育实践的现代回归 ……………… (203)
 二、高校人本德育的实践原则 ………………………… (208)
  （一）德育与育人相结合的原则 ……………… (208)
  （二）德育与社会实践相结合的原则 ………… (209)
  （三）解决思想问题与解决实际问题相结合的原则
    ……………………………………………… (211)
 三、高校人本德育的实践方式 ………………………… (212)
  （一）师生参与互动 …………………………… (212)
  （二）相互关爱体谅 …………………………… (215)
  （三）交互换位体验 …………………………… (220)
  （四）人文环境感化 …………………………… (224)

参考文献 …………………………………………………… (226)

后　记 …………………………………………………… (232)

第一章 导　　论

　　高校德育是高等教育的重要组成部分，也是中国共产党在高校实现执政的重要途径。改革开放以来，我国高校德育一方面经历了经济市场化和全球化、科技信息化、政治民主化的机遇和挑战，另一方面也直接受到高等教育大众化的影响。高校德育正处在调整改革的发展进程中。高校人本德育就是应对这些变化而提出的。

　　首先，从计划经济到市场经济转变的过程中，人的存在方式也在改变着。计划经济条件下，人存在于一定的单位之中，依赖自身与单位的关系生活和发展，人的存在方式表现为"单位人"。在市场经济条件下，在交换和竞争机制的推动下，利益关系制约和引导着人的选择，人在表现出相对独立的同时，也呈现出对物质利益、金钱和资本的依赖，人程度不同地在物化的制约下选择生活和发展方式。

　　其次，新科技革命是现代生产力发展的动力之一。以国际互联网高度发展为主要标志的信息化显示当代科学技术发展进入了新的阶段。信息化改变了人们活动的时间和空间，使经济全球化成为可能；信息化改变了人们的生产方式和生活方式，有效地促进了生产力的进步；信息化形成了虚拟空间和虚拟实践，拓展了人的实践领域。同时，信息化也对人的发展和高校德育提出了新挑战。国际互联网提供的海量信息增加了人们选择信息的难度，许多人形成了对信息的依赖；不同质的信息并存导致了一些人信息的碎片化并冲击着高校主导性德育的实效；为异质意识形态扩展渗透提供了便捷途径，增加了高校德育的难度。由此，当代高校德育面对着器物对人的强化作用和对教育的影响，尤其是德育的影响。

最后，政治民主化是我国政治文明发展的主要标志。政治民主化增强了个体和群体参与政治生活的自主性和积极性，扩大了我国政治与其他国家政治互动的空间，改变了传统的政治内涵。以往高校德育的政治教育的主要任务是实现意识形态的认同，政治民主化的推进对如何增强公民的政治参与意识、推进其政治社会化进程提出了新的要求。

在这样的现实背景下，高校德育面对着两个重要的转变：一是从传统的应试德育向人本德育的观念转变，二是德育从物本、器本倾向向人本德育的内涵转变。

应试德育是传统的应试教育和现实精英教育综合作用的产物。应试教育的源头是科举制度。通过这种制度把考试和人才选拔方式联系在一起并形成了学而优则仕的传统观念。考试制度是应试教育的现实形态。考试制度把有限的教育资源集中在智能素质优秀的人身上，为培养和获得知识精英奠定了基础。在这个过程中，德育也成为考试的科目和内容。但是，所考的内容更多是体现在认知方面，对于实践层面关注不多，由此产生了知和行的脱节。应试德育在高等教育中也有明显体现，主要表现在教与学的观念上。教育过程以考试为杠杆，主要传授知识，学习过程以获得分数为目的，主要记忆知识。应试德育在高等教育领域并没有从根本上改变。从教育观念来看，人本德育的提出就是对应试德育反思的结果。

马克思对于人的发展阶段进行了精辟的论述。他在1857—1858年写的《经济学手稿》中说："人的依赖关系（起初完全是自然发生的），是最初的社会形态，在这种形态下，人的生产能力只是在狭窄的范围内和孤立的地点上发展着。以物的依赖性为基础的人的独立性，是第二大形态，在这种形态下，才形成普遍的社会物质交换，全面的关系，多方面的需求以及全面的能力的体系。建立在个人全面发展和他们共同的社会生产能力成为他们的社会财富这一基础上的自由个性，是第三阶段。第二个阶段为第三个阶段创造条件。"① 马克思的这段话主要是针对资本主义社会讲的，说明在古代社会人对人的依赖产生了思想道德意识中对人际关系和利益共存的重视，形成了人与社会的原始统一性。然而，在资本主义条件下，人与人的利益共同关系出现了分裂，特殊利益和共同利益的分裂更加突出，出现了以物的依赖性为基础的人的独立性。物的依赖关系导致了商品拜物教、金钱拜物教等器物崇拜现象的出现。在经济市场化、科技信息化等条件下，器物崇拜也出现了新的形式，如技术崇拜、信息崇拜等。这就是资本主义社会中人生存与发展的双重性，一方面经济进步和科技发展促进了人的本质力量的提升，另一方面人的创造物反过来制约着人的发展，即人的发展与人的异化并存。人的这种发展矛盾状况，在开放过程中和市场体制条件下，无疑会对我国高校德育产生影响。面对这一现实，加强道德教育、人文教育和心理教育等教育内容日益迫切。

一、人本德育概念的界定及实质

关于德育主要有广义和狭义两个视角界定。广义视角的德育被称为"大德育"，狭义视角的德育被称为"小德育"。鲁洁和王逢贤在《德育新论》中提出："德育是教育者根据一定社会和受教育者的需要，遵循品德形成的规律，采用言教、身教等有效手段，通过内化和外化，发展受教育者的思想、政治、法制和道德几个方面素质的系统活动过程。"② 这是对大德育的典型概括。狭义的德育就是道德教育，指教师依据一定的社会要求和道德品质的形成和发展规律，有目的、有计划、有组织地通过教师与学生的"双主体"教学实践活动中的互动，来培养和提高学生的道德品质，使社会道德规范内化为个体道

---

① 《马克思恩格斯全集》第46卷上，人民出版社1979年版，第104页。
② 鲁洁、王逢贤：《德育新论》，江苏教育出版社2000年版，第95页。

德品质的活动。其实,有关大德育和小德育的争论主要集中在教育内容上。大德育从德智体美等要素教育的角度,把智育、体育和美育等之外的思想教育、政治教育、道德教育、心理教育等内容都纳入其范围,与学校对学生的思想政治教育的内容相一致。小德育则排除了政治教育、思想教育等内容,特指道德教育。本书立足于高校德育实践,探讨德育的观念转变、内容建构和实践理路,适应我国当前高校德育的现实状况,本书的德育泛指大德育。

德育形态是德育在理论和实践过程中表现出来的一种状态。从历史发展过程来看,德育存在三种基本类型或形态,即原始形态德育、古代德育和现代德育。所谓原始形态德育即是与社会生活混沌地融合在一起的原始氏族的全民的生活式的德育。这种德育主要存在于原始社会中。古代德育是一种专制奴役性的德育、封闭性的德育,是一种私有者、剥削者、统治者的阶级性、等级性的德育,它进行的是一种精神统治术的教育,扼杀人的思想和创造性的愚民德育。这种德育主要存在于奴隶社会和封建社会中。而现代德育是一种科学化、民主化、社会化的德育,促进人的精神解放、个性自由的发展性德育,培养人的创造、开拓、革新精神的变革性德育,这种德育存在于资本主义社会和社会主义社会中。① 与现代社会和现代教育相对应,现代德育是存在于现代社会以培养现代人为目的的德育。

从内容来看,德育可以区分为知性德育、情感德育、生活德育等。知性德育把德育的内容归结为知识,主张像进行知识教育一样进行德育素质的培养,把德育过程等同于知识教育的过程,把德育接受的过程等同于知识的学习过程。情感德育强调情感因素在德育中的地位,重视德育中的情感因素和情感培养。生活德育把德育与生活结合在一起,突出在日常生活中养成道德等素质。

从价值取向观念来看,德育可以区分为神本德育、物本德育、器本德育和人本德育等。神本德育是以非科学的信仰作为感召,离开现实的人去对应然世界进行信仰表达的德育形态。它把人视为神的创造

---

① 参见黄济、王策三:《现代教育论》,人民教育出版社1996年版,第427~430页。

物，人服从和服务于神的意志，宗教教育是神本德育的主要方式。在当前，神本德育的信仰呈现出多元兼信、钱权世俗化和迷信复归化等主要特征。物本德育把德育理解为知识教育，主张培养人的智力因素并服务于人的功利目标。这是以经济为主旋律和金钱至上的年代，德育受到经济领域强势殖民的一种现实德育形态。这种形态的德育被市场经济主宰与异化，德育自身的主体性在市场法则的横扫之下俯首称臣，也就是功利德育或物化德育症候的出现。在这种状况下德育不能张扬自己的教育主张，市场经济丧失了有力的精神扶持与批判。德育在彰显适应市场经济的过程中丧失了超越的自身品格，因而它培养的人只是纯粹的经济动物，而不是具有丰富性的活生生的个人，是以物为本的德育主张。器本德育把德育等同于技术教育，把人视为单纯的手段、工具的发展观念，主张培养人的技能素质。人本德育是以全面自由人格为旨归的一种现实模式。它超越了传统的以神为本、以物为本的发展理念；否弃了过往把人视为单纯的手段、工具的发展观念，强调人的发展这一根本的价值目标，主张人既是目的，又是手段，是目的与手段的统一体，社会的发展、经济的繁荣依靠人的发展，更是为了促进人的全面发展这一最终目的。人本德育实现了德育理念的根本转变，改变了德育外在于人、疏离生活、脱离实际的"虚假权威"的形象，实现了德育向人自身、向现实生活的回归。

二、高校德育与大学生思想政治教育

大学生思想政治教育之所以是我国社会、高校一个广泛使用的概念，是因为它与育人和智育直接相关，即大学生思想政治教育与高校德育存在性质相关，大学生思想政治教育与高校智育存在功能相关。

在我国，大学生思想政治教育与高校德育是性质基本同一的概念，其同一性主要表现在以下方面：

第一，两者的指导思想与教育目标完全一致。高校德育或大学生思想政治教育，不管是实际教育、教学层面，还是学科建设、研究层面，都要坚持以马克思列宁主义、毛泽东思想、邓小平理论、"三个代表"重要思想和科学发展观为指导，贯彻《中华人民共和国高等教育法》规定的"为社会主义现代化建设服务，与生产劳动相结合，使受教育者成为德、智、体等方面全面发展的社会主义事业的建设者和接班人"的教育方针。

第二，两者的教育内容与重点完全一致。按照《中国普通高等学校德育大纲》规定："德育即思想、政治和品德教育，它体现教育的社会性与阶级性，是学校教育的重要组成部分。它与智育、体育等相互联系，彼此渗透，密切协调，共同育人。"德育与思想政治教育都包括思想教育、政治教育和道德教育。我国高校德育只能按照我国对德育内涵与外延的界定开展德育活动与研究，不能以国外把德育等同于道德教育为由，排除德育的思想教育与政治教育。

第三，两者的教育功能与方式完全一致。高校德育或大学生思想政治教育，都要坚持育人为本，提高学生思想、政治、道德素质；都要贯彻理论联系实际的原则，贴近实际、贴近生活、贴近学生，根据学生的特点与需要，有针对性地开展教育，增强教育的吸引力、感染力与实效性。

第四，两者的教育机构与人员完全一致。高校的教育，大致分为德育、智育与体育。主要从事德育的机构，如学生工作部、思想政治理论课教学单位、共青团组织，也可称之为学生思想政治教育机构；专职从事德育的人员，也可称之为学生思想政治教育人员。高校不存在德育与学生思想政治教育两种不同的机构与人员。

大学生思想政治教育与高校德育的区别，主要是学科所属的区别。高校德育是与高校智育、体育、美育相关联的教育，是高等教育的重要组成部分，在高校处在为先、为首的地位。德育概念是一个古今中外通用的概念，是教育学科的重要概念。由于我国高校坚持马克思主义指导，实行党委领导下的校长负责制，而思想政治教育是党组织的重要工作，其主要任务是进行马克思主义理论教育，因而在高校可以把学生思想政治教育与德育统一起来。虽然思想政治教育概念是我国社会的通用概念，但它在学科上不是教育学的概念，而是马克思主义理论学科的重要概念。

大学生思想政治教育与高校智育是功能直接相关的概念。高校智育是向大学生有目的、有计划、有组织地传授系统的文化科学知识和技能，发展大学生智力的教育。高校智育可以简要概括为做事的教育，高校德育可以简要概括为做人的教育。做事就要遵循做事的客观规律和掌握做事的工具，即要求真务实；做人就要确立做人的价值取向和遵循做人的规范，即要向善育德。坚持求真、向善就是坚持科学性与价值性的统一，它是教育所追求的目标，也是每个人在实践中要遵循的第一位原则。德育与智育只是教育的侧重分工，两者不可能截然分开。首先，德育也要求真，即坚持实事求是的原则；要以学生的实践为基础，即以学生学习成才活动（主要学习活动是智育）为基础；要遵循思想形成与发展的规律性，即注重教育的科学性。德育为先，是指德育要发挥导向与激励作用，为智育提供正确的目标取向与动力支持，其前提条件是德育必须以智育为基础。德育脱离智育，实际上是脱离学生的主要实践活动，必然丧失发挥其功能的对象与基础而难以实现其价值。这样的德育，往往是形式主义、本本主义、教条主义德育，不仅难以有效担当育人为本、德育为先的职责，而且容易造成学生反感而损害德育形象。其次，智育也要向善，即坚持合理、合法的原则；要以学生的健康、全面发展为目的；帮助学生认识和掌握科学文化知识所揭示的规律性，并能运用科学文化知识造福社会。虽然智育的重点是学习科学技术知识，提高智能，但在现实教育过程中，从事教育的教师总是受一定的思想道德支配的，进行学习的学生也总是受一定的动机支配的，因而不可能存在不受思想道德影响、制约的所谓纯智育活动。这既是人的能动性，即认识、实践活动目的性本质的表现，也是德育与智育内在关联的表现。著名教育学家赫尔巴特早就对德育与智育不可分割的关系作过论述，提出了教学的教育性原则，即任何教学都要进行道德教育。

德育与智育的功能相关，概括起来讲就是德育为智育提供目标与动力，智育为德育提供实践基础与智力支持；德育要渗透智育、促进智育，智育要结合德育、支持德育。两者的联系与互动要求，就是高校的所有教师都要坚持教书育人。

三、人本德育的内涵

人本德育实质上就是以人为本的德育，即德育既为了人又依靠人。现代人本德育至少包括以下三层含义：

首先，人本德育的出发点是现实的人，尊重学生的主体性。在马克思研究的语境中，现实的人是相对于抽象人而言，是批判费尔巴哈把人的本质简单归结为情感、爱等提出来的。马克思主义人本德育不仅关注抽象人性，而且关注现实人性，在阶级对立的情况下，站在劳动人民的立场上，这种德育代表广大劳动人民的利益，是无产阶级的德育论。现实的人是具体的历史的。所谓具体的是指人是有血有肉的生命个体，所谓历史的是指人是存在于一定的社会条件下并受到社会条件的影响。人本化德育所理解的人即学生，是现实的人。学生所处的时代背景和社会环境是现实的、具体的，因而学生的道德需要也有其现实性。学生的道德认知、道德情感和道德行为都和它所处的时代和社会现实地紧密联系着。从现实的人出发就是从学生的心理特征和思想品德发展规律出发，从学生的现实生活出发，从学生的道德需要出发。我们培养的人不是山林隐居的高僧，而是在一定的生存环境里、社会生活中成长起来的社会人。他们受到家庭、学校、社会等各方面的影响，是一个个活生生的、各具特点的人。人本德育必须结合这些条件，采取不同的方式、途径进行，其教育对象不仅应是一个品质高尚的人，更要做一个对社会有用的、积极投入社会和参与社会管理的现实人。

其次，人本德育的关键是人文关怀，发挥学生的自主能动性。人本德育就是要把人当作人，以人的方式对待学生。德育内容、德育方法、德育目标、德育评价、都要注重对学生的关爱和呵护，让人文关怀成为贯穿整个德育过程的主线。具体来说，在德育内容上要与学生的现实生活相结合；在德育方法上要尊重学生的主体性、强调情感性；在德育目标上既要注重社会需要的满足，更要注重学生自身德性的发展和完善；在德育评价上要突出发展性，注重赏识和奖励，尽量避免消极性评价，使德育过程时时处处洋溢着浓厚的人文气息，充满着强烈的人文关怀。在这种和谐融洽的德育氛围中成长起来的学生必然是人性丰满的道德主体。

最后，人本德育的落脚点是提升人的德性，以促进学生全面发展。人本德育把德育目标界定为学生德性的发展和完善。马克思主义认为，社会发展归根结底还是为了人的发展。在当代德育学者看来，德育更应该强调其个体功能。传统德育往往注重社会的需要，忽视了学生个体的成长和发展的需要，导致学生个性的丧失、人性的残缺，最终不利于社会和人类的发展。人本化德育不仅注重社会需要，更强调学生的个体德性发展的需要。这种人本德育的发展模式是适应于现代社会、现代人的发展趋势与发展需要的，是时代发展的必然要求，是现代德育深化发展、成效提升、持久生命力获取的必然性选择。

总之，人本德育就是为了学生的全面发展，以培养全面发展的学生为目的，它往往依靠学生自主提高的方式或手段，使德育效果体现在学生身上，由此实现德育的价值。以人为本，既要以人为目的，也要以人为手段，还要以人为检验价值的准则。长期以来我们党坚持的群众路线，即一切为了群众、一切依靠群众，从群众中来、到群众中去，就是以人为本。在德育中，尊重学生在德育中的主体地位、依靠学生自主提高、发挥主体性、发展参与教育等，也是人本德育的内容。

在高校，人本德育的主体，即是以学生为本，指的是学生是德育的主体，不是被灌输的客体。德育是社会要求，也是学生自我发展、自我生存的要求。我们要善于将社会要求转化为学生的自我要求，因为任何教育只有转化为自我德育才能真正达到教育的效果。德育不是要禁锢人、约束人，而是要创造条件去发展人。德育不仅可以构筑学生的精神支柱，发掘创造潜能，同样可以培养学生创新力、意志力、判断力、亲和力和独立人格。德育以学生的需要为出发点,以学生本身的发展为根本目的和归宿,在德育具体的方式和手段上,既强调教育者的主导地位,也重视学生的主体性发挥;既强调理论认识的基础性,也注重实践养成的必要性。通过对学生的平等地位、自由空间、民主权利的充分尊重,鼓励学生通过自主参与、自主管理,以提升学生的自我认知与自我管理的能力,增强其社会责任意识与责任担当能力,从理论与实践、个体与社会有机融合的角度,真正实现德育发展人、提升人的根本目的。

第二章 人本德育的理论基础

人本德育的主体和客体都是人,出发点和归宿也是人。马克思主义哲学主要是研究关于人的问题的学说。马克思主义关于人的本质、人的主体性和人的全面发展的理论,是人本德育的理论基础。研究人本德育的问题,必须用马克思主义理论指导,科学解读人的问题,把对人的教育问题回归并落实到人,从人出发。这是研究人本德育的前提条件。

一、马克思关于人的本质理论

研究人本德育问题,我们必须从人是什么的问题入手,探讨人的本质。人的本质,是我们研究人的问题的出发点,也是我们研究人的问题的归属。人本德育的核心是人,是人的发展。人的本质理论,既为德育提供了适应和遵循人的本质需要、遵循人的发展的科学根据与价值目标,也为德育满足人的需要指明了根本途径。马克思主义的这一理论,指导德育建立在科学性与价值性相结合的基础上,是对古代以抽象人性论和宗教以神性为基础的德育的扬弃与超越。由此,我们必须从研究人的本质、人的发展出发,并进而探讨人本德育的理论问题。

（一）马克思对人的本质的论述解读

本质是事物的根本性质，是事物本身所固有的，决定事物的性质、面貌和发展的根本属性。本质是事物存在和发展的根据。人的本质是人产生、存在和发展的根据。人的本质是自由自觉的劳动。"一个种的全部特性、种的类特性就在于生命活动的性质，而人的类特性恰恰就是自由的有意识的活动。"① "人的本质是人的真正的社会联系"②。只有在社会关系中，才能把握人的高级属性，正确认识人的本质。人的本质体现在人们实践活动创造的社会关系中，并且是随着实践的发展而发展的。

1840年下半年至1841年3月，马克思写作了《德谟克利特的自然哲学和伊壁鸠鲁的自然哲学的差别》的博士学位论文。因为当时马克思深受青年黑格尔派的影响，十分强调理性和自我意识。他认为"人的自我意识具有最高的神性。不应该有任何神同人的自我意识相并列"③。在这篇论文中，马克思使用的还是唯心主义本体论的方法来认识人的本质。

马克思在1844年2月在《德法年鉴》上发表了《〈黑格尔法哲学批判〉导言》，在这篇文章中他提出"人是人的最高本质"。这时马克思已经完成了从唯心主义向唯物主义的转变，站到了唯物主义和共产主义立场上，但这是一种带有浓厚的费尔巴哈色彩的唯物主义和人道的共产主义。在费尔巴哈人本主义观点的影响下，马克思也主张"人的根本就是人本身"，"人是人的最高本质"。④

马克思在《〈黑格尔法哲学批判〉导言》中第一次提出了关于人

---

① 《马克思恩格斯选集》第1卷，人民出版社1995年版，第46页。
② 《马克思恩格斯全集》第42卷，人民出版社1979年版，第24页。
③ 《马克思恩格斯全集》第40卷，人民出版社1982年版，第190页。
④ 《马克思恩格斯选集》第1卷，人民出版社1995年版，第9页。

的本质的观点:"批判的武器当然不能代替武器的批判,物质力量只能用物质力量来摧毁;但是理论一经掌握群众,也会变成物质力量。……对宗教的批判最后归结为人是人的最高本质这样一个学说"①,并认为人从神学统治中解放出来的重要体现,就是"推翻那些使人成为被侮辱、被奴役、被遗弃和被蔑视的东西的一切关系",并称这场革命为"人的高度的革命"②。其目的是"把人的世界和人的关系还给人自己"。把人从神性中解放出来,是人的本质的深度复归,即"人以一种全面的方式,也就是说,作为一个完整的人,占有自己的全面的本质"③。在这一时期,马克思把关于人的本质的表述由自然人转向了现实的人。

在《1844年经济学哲学手稿》中,马克思通过在创立异化劳动理论的过程中,对资本主义异化劳动的分析批判,从物的异化中发现了人的异化的事实。马克思认识到,如果异化世界的本质不过是人的本质的异化,那么对于人的本质的理解就是必需的了。进而他透过人的现实异化现象反观人的本来,去探讨人的本质,指出:"一个种的全部特性、种的类特性就在于生命活动的性质,而人的类特性恰恰就是自由的有意识的活动。生活本身仅仅成为生活的手段","有意识的生命活动把人同动物的生命活动直接区别开来。正是由于这一点,人才是类存在物",④ 从而他把劳动看作人的类特性。马克思提出"人的类特性恰恰就是自由的自觉的活动",⑤ 认为劳动是自由自觉的活动,是社会性的活动,是自我创造活动,正是劳动形成了人的本质的质的规定,同时也形成了整个社会。这种观点使马克思同费尔巴哈从感性和意识方面去规定人的本质就区别开了。

马克思还指出:"人是类存在物,不仅因为人在实践上和理论上都把类——他自身的类以及其他物的类——当作自己的对象;而且因

---

① 《马克思恩格斯选集》第1卷,人民出版社1995年版,第9页。
② 《马克思恩格斯选集》第1卷,人民出版社1995年版,第10页、第9页。
③ 《马克思恩格斯全集》第42卷,人民出版社1979年版,第123页。
④ 《马克思恩格斯选集》第1卷,人民出版社1995年版,第46页。
⑤ 《马克思恩格斯全集》第42卷,人民出版社1979年版,第96页。

为——这只是同一种事物的另一种说法——人把自身当作现有的、有生命的类来对待，因为人把自身当作普遍的因而也是自由的存在物来对待。"① "正是在改造对象世界中，人才真正地证明自己是类存在物。这种生产是人的能动的类生活。"②

马克思在《关于费尔巴哈的提纲》（以下简称《提纲》）中提出"人的本质并不是单个人所固有的抽象物，在其现实性上，它是一切社会关系的总和"③ 的著名论断。在《提纲》中，马克思批判的不仅是费尔巴哈关于人的本质的具体规定，而且是他规定人的本质的方法。这也是对自己以前的观点和方法的彻底清算。至此，马克思确立了自己的关于人的本质的科学理论和方法。

《德意志意识形态》（以下简称《形态》）标志着马克思唯物史观的最终创立和人学理论的形成。在《形态》中，马克思、恩格斯进一步阐述了人区别于动物的类本质："可以根据意识、宗教或随便别的什么来区别人和动物。一当人开始生产自己的生活资料的时候，这一步是由他们的肉体组织所决定的，人本身就开始把自己和动物区别开来。"④

在《形态》中，马克思详尽发挥了《提纲》中人的本质的思想，他明确指出，他的理论前提不是费尔巴哈等人所想的那种抽象的个人，"而是现实中的个人，也就是说，这些个人是从事活动的，进行物质生产的，因而是在一定的物质的、不受他们任意支配的界限、前提和条件下活动着的"⑤。这些"现实的个人"所以要进行物质活动和物质生产，首先是为了维持生存的需要，而这种为了维持生存而发展起来的生产一开始便使他们与动物区分开来。他指出，"一当人开始生产自己的生活资料的时候，……人本身就开始把自己和动物区别

---

① 《马克思恩格斯选集》第 1 卷，人民出版社 1995 年版，第 45 页。
② 《马克思恩格斯选集》第 1 卷，人民出版社 1995 年版，第 47 页。
③ 《马克思恩格斯选集》第 1 卷，人民出版社 1995 年版，第 56 页。
④ 《马克思恩格斯选集》第 1 卷，人民出版社 1995 年版，第 67 页。
⑤ 《马克思恩格斯选集》第 1 卷，人民出版社 1995 年版，第 71～72 页。

开来。"① 因而人的本质是在生产力发展的基础上不断发生发展的。

恩格斯在《自然辩证法》一书中明确地论述了人与动物相区别的类本质是劳动:"自然界为劳动提供材料,劳动把材料转变为财富。但是劳动的作用还远不止于此。它是一切人类生活的第一个基本条件,而且达到这样的程度,以致我们在某种意义上不得不说:劳动创造了人本身。"②"人类社会区别于猿群的特征在我们看来又是什么呢?是劳动。"③ 恩格斯在详细阐述了劳动在猿转变到人的过程中的作用后明确写道:"动物仅仅利用外部自然界,简单地通过自身的存在在自然中引起变化;而人则通过他所作出的改变来使自然界为自己的目的服务,来支配自然界。这便是人同其他动物的最终的本质的差别,而造成这一差别的又是劳动。"④ 由此可见,马克思、恩格斯关于劳动是人的类本质的论述是充分的、科学的。劳动之所以是人类的本质,或者说人的类本质,是因为劳动不仅创造了人本身,而且是人生存的基础。劳动是人基本的生存方式和实践方式,劳动的过程是人的本质力量展现的过程,是人表现自我、肯定自我的过程。马克思认为,人是在劳动中而且也只有在劳动中才能"能动地表现自己的"⑤。人类通过劳动实践改造客观世界,也改造自己本身,不断完善社会和人,推动着社会和人的发展,推动着历史的发展。正如恩格斯所说,"在劳动发展史中找到了理解全部社会史的锁钥"⑥。

马克思、恩格斯从劳动或实践出发,阐释人的本质,改变了历史上哲学家、思想家们对人的本质的主观预设、唯心判断与经验描述,第一次赋予人的本质以科学内涵,"历史破天荒第一次被置于它的真正基础上;一个很明显而以前完全被人忽略的事实,即人们首先必须吃、喝、住、穿,就是说首先必须劳动,然后才能争取统治,从事政

---

① 《马克思恩格斯选集》第1卷,人民出版社1995年版,第67页。
② 《马克思恩格斯选集》第4卷,人民出版社1995年版,第373~374页。
③ 《马克思恩格斯选集》第4卷,人民出版社1995年版,第378页。
④ 《马克思恩格斯选集》第4卷,人民出版社1995年版,第383页。
⑤ 《马克思恩格斯全集》第3卷,人民出版社1960年版,第29页。
⑥ 《马克思恩格斯选集》第4卷,人民出版社1995年版,第258页。

治、宗教和哲学等等，——这一很明显的事实在历史上的应有之义此时终于获得了承认"①。马克思对人的本质的理解经历了一个变化发展的过程，这是不断摆脱费尔巴哈人本主义的影响，最终达到历史唯物主义的过程，也是逐渐用科学的方法代替人本主义方法的过程。马克思在研究人的本质的过程中，逐渐与神本、物本、器本划清了界限，最后回到人，从人出发。马克思关于人本的思想对于指导人本德育研究具有重要意义，它是我们研究人本德育的理论基础。

（二）人的本质特征

人不仅作为区别于动物的类的人存在，还作为现实的、个体的、群体的人存在，使人的本质表现为类本质、个体本质、群体本质。人的类本质是通过人的实践性表现出来，人的个体本质是由于一定需要在不同的社会关系和社会实践中表现出来，人的群体本质是通过人的社会性表现出来。理解马克思关于人的本质的科学论述，还必须把握人的本质特征：人由于某种需要在一定的社会关系中从事实践活动，从而形成人的本质。

1. 人的本质的实践性特征

马克思运用哲学和社会科学的方法，坚持实践活动与社会关系相统一的原则，研究人不能脱离他所处的历史条件和社会环境以及其他方面的制约，因而马克思主张要理解人的本质就必须强调其现实性，而要理解现实性就必须理解社会关系。实践是人存在的根本方式，在实践中人们必然结成一定的关系去进行活动，只有依靠这种关系，人们才能不断地实现与外部世界的物质、能量、信息的交换，人才能生存和发展。人的本质的实践性科学理论，强调了德育的理论必须是来

---

① 《马克思恩格斯选集》第3卷，人民出版社1995年版，第335～336页。

源于实践又必须回到实践、指导实践,强调了德育的目的必须立足于认识世界与改造世界,蕴涵了德育必须坚持理论与实际相结合的原则,因而它既与古代剥削者以唯心主义愚弄群众的教育相区别,也与宗教向往不能实现的天国不同,它是把德育立足在人的本质上,立足在人的实践中,实现的是真正的人本德育。

实践是人的本质特征。马克思认为,人是一种类存在物,劳动,即自由自觉的活动,是人的能动的类生活,也是人根本区别于动物的类本质,实践活动则是人和动物最本质的区别,从而回答了人作为一个类区别于动物的本质所在,第一次提出人的本质就是人的"自由的自觉的活动"。在人与动物相区别的层次上,人的本质表现为社会劳动,劳动是人的本质活动,是人的本质力量对象化的手段,以制造和使用工具为标志的劳动是把人与动物区别开来的第一个历史活动。动物只是按照它所属的那个种的尺度和需要来建造,而人却懂得按照任何一个种的尺度来进行生产,并且懂得怎样把自己的内在尺度运用到对象上去。因此,人将自然界和自身当作认识和改造的对象,并能够利用自己的智慧创造工具,在实践活动中既改造自然界,也改造自身。

马克思指出:"我们不是从人们所说的、所想象的、所设想的东西出发,也不是从只存在于口头上所说的、思考出来的、想象出来的、设想出来的人出发,去理解真正的人。我们的出发点是从事实际活动的人"[①]。正是人们的活生生的现实生活形成了人的本质。人的本质决不是抽象的"爱"、"善"、"恶"、"理性"、"绝对精神"等。马克思把人的本质理论置根于实践的基础之上,揭示了人的本质的实践性,从而超越了唯心主义的人的本质观。但马克思主义并不否认和反对个人对自身的关注,"对于各个个人来说,出发点总是他们自己,当然是在一定历史条件和关系中的个人,而不是思想家们所理解的'纯粹的'个人"[②]。

---

① 《马克思恩格斯全集》第 3 卷,人民出版社 1960 年版,第 30 页。
② 《马克思恩格斯全集》第 3 卷,人民出版社 1960 年版,第 86 页。

马克思也指出:"关于环境和教育起改变作用的唯物主义学说忘记了:环境是由人来改变的,而教育者本人一定是受教育的。……环境的改变和人的活动或自我改变的一致,只能被看作是并合理地理解为革命的实践。"① "人受社会关系制约,说明人有受动的一面;人通过劳动创造社会关系,说明人有能动的一面。人的本质说明,人在社会历史发展中是一身二任的,是能动和受动的统一。"②

实践是人类特有的本质。一方面,劳动或实践是社会关系的源泉,劳动创造社会关系。"人们生产呢子、麻布、丝绸……人们还按照自己的生产力而生产出他们在其中生产呢子和麻布的社会关系。"③另一方面,劳动从来就不是单个人的活动,它从一开始就是社会的劳动。"事情是这样的:以一定的方式进行生产活动的一定的个人,发生一定的社会关系和政治关系。"④ "这里所说的个人不是他们自己或别人想象中的那种个人,而是现实中的个人,也就是说,这些个人是从事活动的,进行物质生产的,因而是在一定的物质的、不受他们任意支配的界限、前提和条件下活动着的。"⑤

社会关系是劳动的前提和必然形式,人们为了生产必须结成一定的生产关系、政治关系、思想关系等社会关系,以一定的方式共同进行活动和互相交换其活动。一切生产劳动都是在一定的社会关系、社会交往中进行的;劳动不能脱离社会关系而存在,社会关系制约着劳动,"生产本身又是以个人之间的交往为前提的"⑥。"他们的物质关系形成他们的一切关系的基础。这些物质关系不过是他们的物质的和个体的活动所借以实现的必然形式罢了。"⑦ 劳动创造社会关系,社会关系反过来制约着劳动。这就把劳动和社会关系、人的劳动本质和

---

① 《马克思恩格斯选集》第1卷,人民出版社1995年版,第55页。
② 袁贵仁:《马克思的人学思想》,北京师范大学出版社1996年版,第96页。
③ 《马克思恩格斯选集》第4卷,人民出版社1995年版,第538~539页。
④ 《马克思恩格斯选集》第1卷,人民出版社1995年版,第71页。
⑤ 《马克思恩格斯选集》第1卷,人民出版社1995年版,第71~72页。
⑥ 《马克思恩格斯全集》第3卷,人民出版社1960年版,第24页。
⑦ 《马克思恩格斯选集》第4卷,人民出版社1995年版,第532页。

社会本质统一起来了。社会关系"不是什么外部的东西；……它们是个人自主活动的条件，而且是由这种自主活动创造出来的"①。

实践是一种活动，但却不是一般意义的活动，它规定着人类特征，规定着人的本质的活动。人在实践中与世界、与他人发生着各种各样的关系。随着实践的进展，关系的丰富和扩大，人性的全面性随之而发展，人的能力和智慧也随之而提升，人在实践中不断生成。人的本质特征在历史性的实践中日益显示。实践是人的存在方式，是人所特有的存在方式。实践这种存在方式的特征就在对于给定性（包括自然和自身）的否定与扬弃，在于对人自身和人的世界的创造和再创造。

人是社会上的人，社会关系是劳动实践活动的展开，社会关系实际上决定着每个人实际可以发展到的程度，"个人的全面性不是想象的或设想的全面性，而是他的现实关系和观念关系的全面性"②。社会关系是人们的生活实践的结果，并随人的实践活动的变化发展而变化发展。所以马克思说：社会关系不是什么外部的东西；它们是人的自主活动的条件，而且是这种自主活动创造出来的，"生产力和社会关系——这两者是社会的个人发展的不同方面"③。在此，我们无须详细论述人的社会关系的发展历史，但是，需要强调指出的是，随着人类社会发展、生产力和生产关系的发展，人的社会关系也在发展，马克思已经对这种发展阶段进行了深刻阐述。他认为，在人类社会进入共产主义之前，人才能在丰富的、全面的社会关系中获得自由与全面的发展。人们的经济关系、政治关系、法律关系、伦理关系、宗教关系、文化关系等全面生成，由贫乏变得丰富，由封闭变得开放，由片面变得全面，并且得以协调和谐发展。因为，"代替那存在着阶级和阶级对立的资产阶级旧社会的，将是这样一个联合体，在那里，每

---

① 《马克思恩格斯全集》第3卷，人民出版社1960年版，第80页。
② 《马克思恩格斯全集》第46卷下，人民出版社1980年版，第36页。
③ 《马克思恩格斯全集》第46卷下，人民出版社1980年版，第219页。

个人的自由发展是一切人的自由发展的条件"①。而且，"在共产主义社会里，任何人都没有特殊的活动范围，而是都可以在任何部门内发展，社会调节着整个生产，因而使我有可能随着自己的兴趣今天干这事，明天干那事，上午打猎，下午捕鱼，傍晚从事畜牧，晚饭后从事批判，这样就不会使我老是一个猎人、渔夫、牧人或批判者"②。这一状态就是人的全面发展的完成形态，也是人的社会关系最丰富、最全面的形态。

2. 人的本质的社会性特征

人类社会存在两种关系，即自然关系和社会关系。人的本质离不开同自然的关系，但更重要的是由社会关系决定的，一切现实的人都是"一切社会关系的总和"。社会性是人的本质特征，使人的本质表现为群体本质。社会实践活动的具体性和独特性，使人与人之间区别开来。人类正是在实践活动中形成各种社会关系，人们以群体的形式而存在，使人的本质表现为群体本质，人的社会性不同于动物的群体性。

人的社会性指的是社会关系。在一切社会关系中，生产关系是主要的社会关系，是决定其余一切关系的基本的原始的关系。在生产关系的基础上，人们进一步形成了政治的、法律的、道德的、宗教的以及行业间的等复杂的社会关系，并从不同侧面、不同层次反映着人的群体本质。

人既有自然属性，又有社会属性。但人是"社会的存在物"。马克思说："全部人类历史的第一个前提无疑是有生命的个人的存在。因此，第一个需要确认的事实就是这些个人的肉体组织以及由此产生的个人对其他自然的关系。"③

---

① 《马克思恩格斯选集》第 1 卷，人民出版社 1995 年版，第 294 页。
② 《马克思恩格斯选集》第 1 卷，人民出版社 1995 年版，第 85 页。
③ 《马克思恩格斯选集》第 1 卷，人民出版社 1995 年版，第 67 页。

马克思和恩格斯在考察人的时候，已经把人的"肉体"、"自然性"、"动物性"等纳入研究之中，并肯定了人的自然属性。虽然这些因素是构成人的必不可少的要素，但只有社会性才能被纳入人的本质范畴。对此，马克思作了深刻的论述与说明："人们用以生产自己的生活资料的方式，首先取决于他们已有的和需要再生产的生活资料本身的特性"，"个人是什么样的，这取决于他们进行生产的物质条件"。而在物质生产活动中，"以一定的方式进行生产活动的一定的个人，发生一定的社会关系和政治关系"。① 马克思在批判黑格尔时明确指出："他忘记了'特殊的人格'的本质不是它的胡子、它的血液、它的抽象的肉体，而是它的社会特质"。② 由此可见，马克思、恩格斯同以前的一些思想家一样看到了人的自然属性，但又超越了他们的思想，从社会性特征来认识人的本质。

马克思指出："人的本质是人的真正的社会联系，所以人在积极实现自己本质的过程中创造、生产人的社会联系、社会本质"③。"社会关系的含义在这里是指许多个人的共同活动，至于这种活动在什么条件下、用什么方式和为了什么目的而进行，则是无关紧要的。"④ 在《雇佣劳动与资本》中，马克思又指出："人们在生产中不仅仅影响自然界，而且也互相影响。他们只有以一定的方式共同活动和互相交换其活动，才能进行生产。为了进行生产，人们相互之间便发生一定的联系和关系；只有在这些社会联系和社会关系的范围内，才会有他们对自然界的影响，才会有生产。"⑤

在马克思看来，离开生活于其中的社会就不能理解人。人是社会关系之中的人，正是不同的社会关系、不同的社会实践造就了人的不同本质。正如马克思所说："黑人就是黑人。只有在一定的关系下，他才成为奴隶。纺纱机是纺棉花的机器。只有在一定的关系下，它才

---

① 《马克思恩格斯选集》第 1 卷，人民出版社 1995 年版，第 67、68、71 页。
② 《马克思恩格斯全集》第 3 卷，人民出版社 2002 年版，第 9 页。
③ 《马克思恩格斯全集》第 42 卷，人民出版社 1979 年版，第 24 页。
④ 《马克思恩格斯选集》第 1 卷，人民出版社 1995 年版，第 80 页。
⑤ 《马克思恩格斯选集》第 1 卷，人民出版社 1995 年版，第 344 页。

成为资本。脱离了这种关系，它也就不是资本了"①。人的本质如何，人是什么样的，是由他在社会关系体系中的状况决定的，是后天在与他人的交往中形成和实现的。

因此，只有人的社会性才能把不同时代、不同社会的人区分开来，把人与人区分开来，把人区分为不同的集团、政党、阶级和阶层等，才能看到具体的人，才能真正理解人。

3. 人的本质的具体性特征

人的本质是具体的，不是抽象的。社会是复杂的，也不是抽象的。列宁指出："从社会生活的各种领域中划分出经济领域，从一切社会关系中划分出生产关系，即决定其余一切关系的基本的原始的关系。"②

每个人所处的社会关系不同，从而决定了每个人不同的社会本质，其中在生产关系中获得的规定性是人的最基本的规定性。生产关系在阶级社会中表现为一定的阶级关系，从而使人的社会关系打上了阶级的烙印。马克思在《资本论》中，在阐述资本主义社会人的本质时，明确指出了生产关系对人本质的决定作用："我决不用玫瑰色描绘资本家和地主的面貌。不过这里涉及到的人，只是经济范畴的人格化，是一定的阶级关系和利益的承担者。我的观点是：社会经济形态的发展是一种自然历史过程。不管个人在主观上怎样超脱各种关系，他在社会意义上总是这些关系的产物。"③

在对费尔巴哈的批判中，马克思指出："人的本质不是单个人所固有的抽象物"，它"是一切社会关系的总和"。④ 从整体上来讲，社会关系包括物质关系与精神关系两大类。其中，物质关系又包括经济

---

① 《马克思恩格斯选集》第1卷，人民出版社1995年版，第344页。
② 《列宁选集》第1卷，人民出版社1995年版，第6页。
③ 《马克思恩格斯全集》第23卷，人民出版社1979年版，第12页。
④ 《马克思恩格斯选集》第1卷，人民出版社1995年版，第56页。

关系、职业关系等，精神关系又包括政治关系、法律关系、道德关系、文化关系等。所以说，人的本质是具体的，而不是抽象的、单一的、孤立的。当然，在社会关系体系中，经济关系是最基础的、起决定性作用的关系。在阶级社会中，正如经济关系决定着人的阶级地位一样，经济关系决定着人的本质的阶级性。对此问题，马克思说道："某一阶级的各个人所结成的、受他们的与另一阶级相对立的那种共同利益所制约的共同关系，总是这样一种共同体，这些个人只是作为普通的个人隶属于这种共同体，只是由于他们还处在本阶级的生存条件下才隶属于这种共同体；他们不是作为个人而是作为阶级的成员处于这种共同关系中的。"①

一些资产阶级学者鼓吹道德、文化的"超阶级性"，马克思与恩格斯对此作了针锋相对的反击："人们自觉地或不自觉地，归根到底总是从他们阶级地位所依据的实际关系中——从他们进行生产和交换的经济关系中，获得自己的伦理观念"，"社会直到现在是在阶级对立中运动的，所以道德始终是阶级的道德"。② 当然，我们在承认经济关系的决定作用的同时，也必须看到非经济性因素，特别是思想道德文化关系的反作用；在看到人的本质的具体性的同时，特别要注意人的本质的其他特征。

人的个体本质，是由于一定需要在一定的社会关系中通过实践活动表现出来的。人的实践活动是人的社会活动生存和发展的根据，人们在实践活动中结成一定的社会关系。实践活动不是孤立的个人的活动，而是社会活动，任何孤立的个体是无法从事实践活动的。不同的个体在实践活动中结成了多种多样、复杂的社会关系，人的本质最终是由人在生产关系中的地位和作用决定的，并且在不同程度上受到政治、思想等其他社会关系的制约和影响。只有把人放到以生产关系为基础的各种社会关系中进行综合考察，才能真正把握人的本质。这就是人的本质的具体性特征。

---

① 《马克思恩格斯选集》第1卷，人民出版社1995年版，第121页。
② 《马克思恩格斯选集》第3卷，人民出版社1995年版，第434、435页。

(三) 人的本质的发展[①]

马克思说:"各个人借以进行生产的社会关系,即社会生产关系,是随着物质生产资料、生产力的变化和发展而变化和改变的。生产关系总合起来就构成为所谓社会关系,构成为所谓社会,并且是构成为一个处于一定历史发展阶段上的社会,具有独特的特征的社会。"[②] 马克思强调人的本质"在其现实性上,它是一切社会关系的总和",实际上就是用一种发展的眼光来看待人的本质内涵,因为社会在变,社会关系在变,由社会关系综合决定的人的本质同样会变。事实上,从奴隶社会到封建社会、资本主义社会以至目前不成熟的社会主义社会,人们的社会关系在变,人的本质也在变。

在前工业社会,即18世纪以前,人类处于农业社会,以农业和手工业为主要生产方式,劳动、生产以草场、土地为对象,劳动对象不可改变、不可移动。人类的实践活动受到自然条件的极大限制和制约,劳动时间依季节、气候而定,没有选择性;劳动地点固定不变,劳动空间相当狭小,人们只能被动地适应自然;人的劳动也只表现为简单的体力劳动;劳动的产品种类单一、数量有限,一般只具有自给的性质。在这种劳动方式下,人们之间根本没有劳动分工,即使有也只是简单的体力劳动的分工。人们之间的关系以家族、血缘为纽带和核心,人缺乏独立性,人们交往、社会关系的范围极其狭窄。因此,人的本质难以得到展现,人的发展受到极大的限制。这就是马克思所说的人的发展的最初形态,即"人的依赖关系"阶段。[③]

18世纪以后,随着科学技术的发展进步,人类进入了工业时代。劳动对象和劳动工具发生了比较大的变化。单个人的独立劳动已经不

---

① 参见郑永廷等:《人的本质及其现代发展》,《现代哲学》2007年第2期。
② 《马克思恩格斯全集》第6卷,人民出版社1971年版,第487页。
③ 《马克思恩格斯全集》第46卷上,人民出版社1979年版,第104页。

能适应生产力的发展，人们的劳动从分散的个体劳动转向了分工合作的集体劳动，从简单的体力劳动转向了复杂的脑力劳动，从对自然条件、自然环境的被动适应转向了对自然条件和自然环境的主动适应和积极改造。人们可以自由地选择生产时间和生产地点，而不受自然条件和自然环境的限制。人成了劳动的主动者。

在这种社会化大生产的条件下，复杂的脑力劳动分工取代了简单的体力劳动分工，而且分工越来越细，人们不得不在生产、实践以及生活中建立起紧密、广泛的协作、合作关系。在工业时代，人对机器、商品的依赖，即对物的依赖性增强，取代了农业社会人对人的依赖关系，但人的独立性增强了。人的发展处于"以物的依赖性为基础的人的独立性"[①] 阶段。

随着科学技术的快速发展，尤其是新材料技术、生物技术、计算机和网络技术的发展，人类进入了信息社会，实践的时空、实践的性质发生了变化。航天技术、现代通讯技术的发展，国际太空站的建立，使得人类实践活动的情况发生了根本性的变化。

尤其是国际互联网的发展，使地球真正变成了一个地球村，人们可以即时进行交流、交往，可以同时和多个对象进行交流、交往，交流、交往的范围、频度大大增加，人们的社会联系和社会关系扩大和增强了。正如马克思所说："人在积极实现自己本质的过程中创造、生产人的社会联系、社会本质"[②]。信息时代人类实践活动的这些新的变化充分展现了人的智力的发展和人类社会关系的丰富，体现了人的本质的发展和人类的发展进步，预示了人类发展的未来状态，即人的自由而全面发展。

马克思反复强调："社会关系和生产力密切相联。随着新生产力的获得，人们改变自己的生产方式，随着生产方式即谋生的方式的改变，人们也就会改变自己的一切社会关系。手推磨产生的是封建主的

[①] 《马克思恩格斯全集》第46卷上，人民出版社1979年版，第104页。
[②] 《马克思恩格斯全集》第42卷，人民出版社1979年版，第24页。

社会,蒸汽磨产生的是工业资本家的社会。"①"随着新的生产力的获得,人们便改变自己的生产方式,而随着生产方式的改变,他们便改变所有不过是这一特定生产方式的必然关系的经济关系。"②

随着人类劳动和社会生产的发展变化,必然引起生产关系以及在生产关系基础上产生的其他各种社会关系的发展变化。这样,由一切社会关系的总和所决定的人的本质也不可能是永恒不变的,必然随着社会劳动生产力和生产关系的矛盾运动而发展变化。具体来说,社会关系的发展变化主要表现在:在开放条件下,人们的交流关系的空间更广、领域更宽,相互学习、借鉴的机会更多;在经济全球化和市场经济条件下,人类的生产关系更密切了,交换关系更直接、更频繁了。正像马克思、恩格斯150多年前所说的:"由于开拓了世界市场,使一切国家的生产和消费都成为世界性的了。……新的工业……所加工的,已经不是本地的原料,而是来自极其遥远的地区的原料;它们的产品不仅供本国消费,而且同时供世界各地消费。……过去那种地方的和民族的自给自足和闭关自守状态,被各民族的各方面的互相往来和各方面的互相依赖所代替了。"③

在高度社会化、科技综合化的条件下,人们的协作、合作关系更为重要;在大众传媒条件下,信息关系加强了,人们共享信息或使原来的各种社会关系带上了信息特征,社会生活日益信息化了。"社会关系实际上决定着一个人能够发展到什么程度。"④ 社会关系发展了,作为社会关系的总和的人的本质发展了,也就是说,人发展了,社会发展了。

---

① 《马克思恩格斯选集》第1卷,人民出版社1995年版,第141~142页。
② 《马克思恩格斯选集》第4卷,人民出版社1995年版,第533页。
③ 《马克思恩格斯选集》第1卷,人民出版社1995年版,第275~276页。
④ 《马克思恩格斯全集》第3卷,人民出版社1960年版,第295页。

二、马克思关于人的主体性思想

马克思关于人的主体性思想为我们认识德育关系、实现德育价值、掌握德育方式提供了科学理论指导,尊重、发挥教育者与受教育者的主体性,提高教育者与受教育者主体认识、改造客体的自觉性、能动性,既是人的发展取向,也是德育的任务。人本德育就是要研究和解决人如何实现自己的价值。马克思主义人的主体性思想,是指导德育摆脱愚昧德育、改革"三中心"传统德育,形成现代素质德育、创新德育的指导理论。

(一) 人的主体性内涵

马克思主义特别强调人的主体性。人是认识世界和改造世界的主体,人的主体性也就是人在认识改造世界及其本身和在创造自己历史的活动中所表现出来的自主性、能动性和创造性。其中,能动性是人的主体性的最基本的内涵,创造性是以实践活动为基础的对现实的超越,自主性则是人的主体性的最高层次。研究人的主体性问题是马克思主义的唯物主义思想区别于旧唯物主义思想的一个显著特征。

马克思主义哲学的建构过程,经历了一个不成熟到比较成熟再到成熟的过程。马克思关于人的主体性思想也经历了一个大致相似的过程。在《1844年经济学哲学手稿》中,马克思从"人的类本质"出发,分析了异化劳动的产生与私有制的关系。当时,马克思所论述的"人"还不是现实生活中的人,而是抽象思辨的"理性人"。在《关于费尔巴哈的提纲》中,马克思确立了科学的实践观,确立了主体的实践本质。在《德意志意识形态》中,马克思从"现实的个人"出发,揭示了主体的现实生活图景。

马克思在《关于费尔巴哈的提纲》中指出:"从前的一切唯物主义——包括费尔巴哈的唯物主义——的主要缺点是:对对象、现实、感性,只是从客体的或者直观的形式去理解,而不是把它们当作人的感性活动,当作实践去理解,不是从主体方面去理解。因此,结果竟是这样,和唯物主义相反,唯心主义却发展了能动的方面,但只是抽象地发展了,因为唯心主义当然是不知道现实的、感性的活动本身的。"①

马克思认为:不能孤立地只是从人自身来讲人的主体地位和主体性,如果离开了指向客体的对象性活动,就无所谓人的主体地位和主体性。只有在对象性活动中,人作为主体使自己的活动指向客体,同客体相联系。马克思说:"它是对象性的本质力量的主体性,因而这些本质力量的活动也必须是对象性的活动。"②"通过实践创造对象世界,即改造无机界,证明了人是有意识的类存在物","一个种的全部特性、种的类特性就在于生命活动的性质,而人的类特性恰恰就是自由的自觉的活动。"③"这里所说的个人不是他们自己或别人想象中的那种个人,而是现实中的个人,也就是说,这些个人是从事活动的,进行物质生产的,因而是在一定的物质的、不受他们任意支配的界限、前提和条件下活动着的。"④

人的主体性的内涵概括为自主性、能动性和超越性。自主性是指一个人的思想和行为不受外界所控,独立、自由地做出选择;能动性意味着人的主动性以及自觉、自为;超越性在于不满足于现状,放弃依赖,追求自我充实和自强。所谓主体性,就是人作为主体的规定性。主体是一个关系的范畴,只有发生了主客体关系的地方,才有主体。人之所以能够成为主体,是在他同自然、社会以及他自身发生的主客体的关系中确立的。我们谈人的主体性,其用意就在于"把世

---

① 《马克思恩格斯选集》第1卷,人民出版社1995年版,第58页。
② 《马克思恩格斯全集》第42卷,人民出版社1979年版,第167页。
③ 《马克思恩格斯全集》第42卷,人民出版社1979年版,第96页。
④ 《马克思恩格斯选集》第1卷,人民出版社1995年版,第71~72页。

界还给人，把人还给他自己"。通俗地说，就是以人性的方式和人道的方式认识人、对待人。①

中国共产党始终把人民创造历史的唯物史观贯彻到自己的实践之中。马克思主义历来认为，没有什么救世主，全靠群众自己解放自己。换言之，人民群众才是历史的主体。马克思主义主体性原则有其科学的历史观根基。从历史发展的向度看，主体性就是人民群众创造历史的能动性。毛泽东和邓小平都把群众路线看作党的根本工作路线。相信群众，依靠群众，尊重群众的首创精神，坚持从群众中来、到群众中去，这实际上就是把人民群众看作认识主体和历史主体。坚持和充分发挥人民群众在认识和改造世界中的主体作用，是中国共产党坚持和发展马克思主义主体性原则的重要体现，是中国革命和建设取得成功的重要原因。

唯物史观认为，生产要素中人的因素是最革命最活跃的因素。大力发展生产力就必须充分尊重和发挥人的主体性、创造性。所以"全面提高全民族的思想道德素质和科学文化素质"和"充分发挥人民群众的主观能动性和伟大创造精神"，就是深入解决生产力发展的内在动力和经济社会发展的根本动因问题。换言之，代表先进生产力的发展要求也就是充分发挥生产力中人的能动性和主体性。正是在现代化建设中始终尊重和发挥人民群众认识和改造世界的主体性作用，我们党才提出正确的方针政策，带领人民不断取得建设有中国特色社会主义的新胜利。②

简言之，中国共产党人正是深刻领悟到人民群众创造历史的主体性、能动性的巨大力量，才更加坚持和发展马克思主义的主体性原则，才进一步提出中国共产党要代表中国最广大人民的根本利益。

---

① 肖川：《主体性教育的旨趣》，《福建论坛》（社科教育版）2006年第12期。
② 陈红桂：《主体性原则的丰富与发展》，《江淮论坛》2003年第4期。

(二) 人的主体性表现

随着社会的不断发展和人的主体意识的觉醒，人的主体性特征的现实性彰显日益明显。在现实表现上集中体现在人的实践主体性、认识主体性和价值主体性。教育呼唤人的个性发展，体现人的主体性，这就要求我们的德育要以人为本。人本德育就是人的主体性的集中表现。

1. 实践主体性

人的主体性是在社会实践活动中表现出来的。人是自然界的一部分，自然界对人具有优先的地位，"但人不是简单的自然存在物，而是具有理智的人的自然存在物。人不像动物那样无意识地适应自然界，而是在适应自然界的同时使自然界适应自己，满足自己的需要"。"正是这种双重的适应性，即环境对人和人对环境的不断作用与反作用，决定了人的活动的本质"。[①] 自然界的存在是不以人的主观意志为转移的，所以它并不会主动地给人以施舍，它不会自动地改变自身存在的形态去迎合人类的生存和发展的需要。"世界不会满足人，人决心以自己的行动来改变世界"。[②]

主体性是马克思主义哲学中核心性的问题之一。从马克思的思想和著作来看，他所说的人不是抽象的人，而是社会历史中实践着的人；不是孤立的个人，即便他谈到"现实的个人"或"自由的个人"时，他所说的个人也还是社会历史中的人。同时，他所说的主体性也不是西方哲学里处于自我意识困境中的主体性，而是在社会历史过程

[①] 奥古斯特·科尔纽：《马克思的思想起源》，王瑾译，中国人民大学出版社 1987 年版，第 75 页。

[②] 《列宁全集》第 38 卷，人民出版社 1959 年版，第 229 页。

中真正发挥作用的主体性。①

既然自然界本来的形态并不能满足人类自身生存和发展的需要，那么人就必须把它改造成人所需要的形态。人改造自然界以满足自身的需要是由从事实践活动来实现的。人在具体的实践活动中，"不仅使自然物发生形式变化，同时他还在自然物中实现自己的目的，这个目的是他所知道的，是作为规律决定着他的活动的方式和方法的，他必须使他的意志服从这个目的。"② 黑格尔说："禽兽对于足以满足其需要之物，俯拾即是，不费力气，反之，人对于足以满足其需要手段，必须由他自己去制造培植"。③ 马克思在实践的立场上，通过人与自然的关系，以及人与动物的区别，鲜明地指出了人的主体性概念的第一重内涵——实践主体性，而且认为实践主体性是人的主体性最本质性的存在形式。

2. 认识主体性

人的主体性不仅表现在实践活动中，同样也表现在认识活动中。马克思指出："最蹩脚的建筑师从一开始就比最灵巧的蜜蜂高明的地方，是他在用蜂蜡建筑蜂房以前，已经在自己的头脑中把它建成了。"④ 人比动物的高明之处就在于人能进行思考、认识和实践。人的思维具有巨大的力量，因此，恩格斯把人的思维看作世界上"最美的花朵"。

人类从事改造自然界的实践活动是与人类的认识能力分不开的。人的认识能力的高低直接影响人的实践活动的预期效果。列宁说："意识不仅反映客观世界，而且创造客观世界。"⑤ 人把自然界作为自己的对象，"动物只是按照它所属的那个种的尺度和需要来建造，而

---

① 王仕民：《简论马克思的实践范畴》，《哲学研究》2008年第7期。
② 马克思：《资本论》第1卷，人民出版社1975年版，第202页。
③ 黑格尔：《小逻辑》，贺麟译，商务印书馆1996年版，第91页。
④ 《马克思恩格斯全集》第23卷，人民出版社1972年版，第202页。
⑤ 《列宁全集》第38卷，人民出版社1959年版，第228页。

人却懂得按照任何一个种的尺度来进行生产，并且懂得怎样处处都把内在的尺度运用到对象上去"；"从理论领域说来，植物、动物、石头、空气、光等等，一方面作为自然科学的对象，一方面作为艺术的对象，都是人的意识的一部分，是人的精神的无机界，是人必须事先进行加工以便享用和消化的精神食粮"。①

毛泽东认为，实践是主观见之于客观的东西，是人类特有的自觉能动活动。他在《实践论》中指出："抓着了世界的规律性的认识，必须把它再回到改造世界的实践中去，再用到生产的实践、革命的阶级斗争和民族斗争的实践以及科学实验的实践中去。"② 人之所以能成为主体，就在于他能通过实践作用于外部自然，或者说人能把外部自然改造成适合人类生存发展所需的人化自然，从而确证自己的主体性地位和主体特性。

人类认识的发生发展依赖于人类实践，实践是认识的来源、动力、标准和目的。无论任何人要认识什么事物，除了同那事物接触，即生活于、实践于那个事物的环境中，是没有法子解决的。"马克思、恩格斯、列宁、斯大林之所以能够作出他们的理论，除了他们的天才条件之外，主要地是他们亲自参加了当时的阶级斗争和科学实验的实践，没有这后一个条件，任何天才也是不能成功的。"③

同时，我们应该看到，认识主体性并不否定和排斥认识活动中的客体性和客观性。认识主体性是以客体性和客观性为基础和根源的，换言之，认识主体性是以实践主体性为基础的。

3. 价值主体性

马克思说："人是人的最高本质"，又认为人总是"使自己成为

---

① 《马克思恩格斯全集》第42卷，人民出版社1985年版，第97页、第95页。
② 《毛泽东选集》第1卷，人民出版社1991年版，第292页。
③ 《毛泽东选集》第1卷，人民出版社1991年版，第287页。

衡量一切生活关系的尺度",① 人是衡量一切价值之价值，人是至高的价值。人也总是要以自己的尺度来衡量、估价人自身。马克思说："凡是有某种关系存在的地方，这种关系都是为我而存在的；动物不对什么东西发生'关系'，而且根本没有'关系'；对于动物来说，它对他物的关系不是作为关系存在的。"② 马克思的话鲜明地指出了人类活动的"为我性"。

人类活动不同于动物的地方就在于，人类的活动是有意识、有目的的活动，是自觉的活动，动物的活动则是无意识的本能活动。人的活动不是自然的消极适应者，而是有目的地改造自然的主体。人正是在改造自然界的过程中实现自己的价值的。人的价值实现大小的最有力的证明就是人在实践中对客体的改造是否达到了预期的效果，而这种预期的效果是以主体的价值主体性是否实现来衡量的。因此，在实践活动中人的价值主体性就表现为外部世界对主体——人的"为我关系"。

在人类文明发展的历史进程中，文化的存在及其所发挥的作用是明显的、巨大的。一个人的精神风貌、思想境界、道德情操、认识水平、智慧程度、创新能力，一个民族的灵魂和脊梁，一个国家的文明程度和进取精神，都是文化作用的结果，归根究底取决于创造这种优秀文化的人民群众的正确实践和认识，取决于实践基础之上的主体性的发挥。

人民群众不仅是物质财富和精神财富的创造者，而且是社会变革和历史发展的决定力量。毛泽东指出："人民，只有人民，才是创造世界历史的动力。"③ 我们党来源于人民，植根于人民，服务于人民，是中国各族人民利益的忠实代表。确认这个观念，就是确认人民群众是历史发展的根本动力，就是确认人民群众在社会生活各个方面的主体性地位。

---

① 《马克思恩格斯全集》第1卷，人民出版社1956年版，第651页。
② 《马克思恩格斯全集》第3卷，人民出版社1960年版，第34页。
③ 《毛泽东选集》第3卷，人民出版社1991年版，第1031页。

人只有具有主动性、创造性，他的生命才能焕发出绚烂的光彩，不断丰富自己的内在精神世界，创造新的生命历程，才称得上世纪的新人。人本德育就在于发展人，提高人，完善人的人格，提高人的精神境界。

（三）主体性在德育中的体现

适应主体性发展的路径应运而生的德育，就是主体性德育。因为适应市场经济发展的需要，我们必须坚持树立人才资源是第一资源的观念，把人才资源作为最重要的战略资源来认识、开发、管理，努力使我国由传统的人口大国转化为人才资源强国，把人口压力转化为人才优势，形成小康大业、人才为本的共识。人才的培育和发展首先必须从观念上摒弃传统德育中忽视人的主体性的弊端，而这种弊端的解除，就是发展主体性德育。主体性德育的实质就是人本德育。

主体性德育，既体现了现代德育的目标要求和内在价值，又体现了现代德育的个体发展功能和道德的本质内涵，是现代德育的精髓。主体性和发展性之间有着内在的逻辑联系，主体性是发展性的前提，发展性是主体性的趋势和归宿。培养人的主体性是为了使其得到更好、更全面的发展，而注重发展性又使人的主体性得以更充分地体现。

传统德育长期以来遵循着"教师主体，学生客体"的教育模式，具体表现为"说教式"和"管教式"的德育方法，把学生要么看成德育知识的容器，实行满堂灌，要么当成可以随意训练的小动物，对学生进行琐碎的日常行为规则训练。在这里，德育时常成为限制人、约束人的工具。在这种模式下培养出来的学生大多缺乏独立性、主动性和创造性，缺乏自主自律的能力，害怕问题，回避矛盾，盲目从众，循规蹈矩。也就是说，这种无视学生主体性的德育，最多能造就良民、顺民，而不能培养出具有独立性、主动性和创造性的公民。这无疑与现代社会对人才素质的要求相去甚远，也曲解了德育的本质内涵。

德育在本质上是人探索、认识、肯定和发展自己的一种方式,是人的需要和生命活动的一种表现形式,而不是社会对付个人、反对个人的工具;其目的是促进人的解放和发展,而不是对人的异化。德育是以人对自身的认识为前提的,因为只有认识自身,对自己负责,人们才可能对周围的各种关系持积极态度,在自由的精神状态中自觉遵守自身以外的规则和规范,而不会认为是对个人的消极防犯。德育的这种内在规定性决定了德育应是一种"指向人的德性培养的教育"①。德性是人内在的品性修养,它的养成需要有高度的自觉性,绝非单纯的外力所为,这正是人的主体性的一种表征。

德育是对学生的思想政治教育,需要学生具备在原有的基础上发展、改进和完善自身的能力。现代社会需要的正是具有主体性道德人格和个体发展能力的公民,只有具有这种人格和能力的人才会处事不惊,清醒从容,有所追求且敢于担当。"主体性道德人格作为个体生命最为独立、理性、自觉、自为、自由的存在方式,使植根于明敏的心灵、无畏的勇气、坚强的毅力和热忱的信念中的个体道德行为成为可能。"② 所以,只有发展主体性德育,培育健全自律的公民和现代社会所需的公共道德也才成为可能。在我国德育从传统向现代的转换中,主体性德育将成为一种必然的选择。

人本德育的理念是德育开放性的表现,也是对当代社会发展过程中人的主体地位日益突出的反思中提出的一种发展思想。它是一种对人在社会发展中的主体作用与地位的肯定;它是一种价值取向,即强调尊重人、解放人、依靠人和塑造人;它是一种思维方式,要求我们在分析、思考和解决一切问题时,既要坚持运用历史的尺度,也要确立并运用人的尺度,要关注人的共性、人的普遍性与人的个性,要树

---

① 朱小蔓:《关于学校道德教育的思考》,《中国德育》2002 年第 5 期。
② 肖川:《主体性道德人格教育:概念与特征》,《北京师范大学学报》(社会科学版) 1999 年第 3 期。

立人的自主意识并同时承担责任。① 现代德育就是要以促进人的现代化为中心。尊重人的主体性，是促进主体思想道德发展为根本的教育。人不仅是德育的对象，也是德育的目的，因此德育的目标的制定必须"以人为中心"，体现"一切为了人"的观念。德育应该尊重个性，提倡民主、平等和宽容的精神。它不仅是向教育对象灌输绝对真理性的知识，而且通过政治、思想、文化精神的自觉活动，使人的主体意识和个性得到张扬，产生出外化行动的原动力。从这个意义上说，德育过程就是开发教育对象的主体性的过程，促使其主动地认可教育目标，接受教育内容和要求，并发挥自身的主观能动性，外化为自觉的行动，从而实现德育要求。在德育环境上，现在是经济、文化、教育等多方面对世界开放的环境。主要表现在：一是社会主义市场经济的逐步成熟。我国主动参与经济全球化，意味着我国要遵守国际基本原则，增强决策的透明度，建立公平的市场竞争环境，减少政府对经济的行政干预，健全法律、法规体系，加强法制化管理，等等。这些都有助于加快完善我国社会主义市场经济体制，大大促进我国由计划经济向市场经济的过渡，国内经济运行机制、金融、财政、税收、企业经营管理、政府职能都会从根本上发生重大变化，一系列新的宏观调控机制将会形成，国内市场的结构将逐步走向成熟。二是文化市场的进一步开放。我国加入世界贸易组织以后，根据世界贸易组织的"国民待遇"原则，成员国的电影、音像制品、出版物、艺术品、演出、旅游等领域也将逐渐享受与本国相关领域相同的待遇。在国际传播领域，西方媒体尤其是美国媒体始终占据垄断地位，国际新闻流量半数以上的信息来自美国的媒体。这样，文化贸易中的文化价值观方面的"输入"影响将明显存在于对文字和图像产品的消费中，也潜移默化地存在于个人精神生活的各个方面，如世界观、人生观、道德伦理和交往方式等，将对人们的思想产生重要的影响。三是教育的国际化发展趋势。当前西方国家借助于经济活动介入我国教育市场而获得一定的乃至高额的回报的现象已经出现。美、英、日、澳

---

① 韩庆祥：《解读"以人为本"》，《光明日报》2004年4月27日。

等国纷纷来我国办教育展,大肆争夺我国生源。教育不仅有经济属性,还有政治、文化、道德等功能。教育的国际化将使我国教育处于冲突和融合、对峙与整合的矛盾状态中。面对开放的环境和时代的机遇与挑战,作为学校核心教育的德育及其模式,既要继承和弘扬传统并赋予传统新的活力,更要在开放的过程中对德育理论、德育思想方面作出符合逻辑的发展与创新。在德育方法上要使德育工作由受教育者被动接受向主动性吸收、主动参与转化,形成内外助力的整合性进步,培养出政治合格、知识深广、观念现代、心理稳定、情趣高尚,具有进取、奉献精神以及创新意识和能力的高素质建设人才,使德育在育人过程中达到一个很高的境界。

在当前,人本德育就是要发挥学生的主体性,从学生的利益出发。马克思说:"人们奋斗所争取的一切,都同他们的利益有关。"① 尊重学生的主体地位,在教学环节中摆正学生主体地位的位置,增强发挥学生主体作用的主体意识,要转变那些局限于教育者为主体的观念。人本德育在于以诚待人,以理服人,以情动人,以力助人。其中,以情感人是前提,以理服人是关键,以诚待人是基本态度。只有这样,才能使学生在思想上产生归属感、认同感,才会"亲其师,信其道",从而从内心深处真心实意地接受德育内容。

我们知道,学生的道德发展、道德学习是一个主动自为的积极过程,是一个与学生主体的活动息息相关的过程,而不是一个任由外力压制和被动接受的过程。只有充分尊重学生主体,只有充分尊重学生的自由选择并培养其选择的能力,德育才能真正培养出富有责任感的学生。这种学生确实对规范负责,但更重要的是他们首先对自己负责;只有对自己负责的人,才可能是一个对自己置身于其中的种种关系持积极的负责态度的人。

毫无疑问,学生的主体性发展趋势要求德育工作更加尊重、更加注重、更加发挥学生的主体性。尊重学生的主体性,就是尊重学生在受德育过程中的平等人格、平等权益、平等尊严,把学生看作一个平

---

① 《马克思恩格斯全集》第 1 卷,人民出版社 1956 年版,第 82 页。

等对话体；注重学生的主体性，就是要在德育过程中，时时刻刻考虑到学生不仅是一个德育知识接受者，更是一个德育品质建构者，要以激发学生的主体性为出发点和落脚点，真正做到"教为了不教"；发挥学生的主体性，就是要在德育过程中，充分发挥学生主动性、创造性及能动性，积极参与，自觉内化，自觉养成个性丰富、人格健全、身心良好、全面发展的人。

三、马克思关于人的全面发展理论

人的全面发展理论，是人类社会发展的最高价值追求，是人的发展的价值取向，是现代德育的目标，是克服人的异化、实现人的全面本质的理论武器。人的全面发展是指社会的每个成员的发展，体现在人的体力、智力、品质、个性、交往能力等的发展。人的全面发展从本质上说就是确立人在实践中的主体地位，发挥人的主体作用。马克思从分析人的本质入手，把人的全面发展放在社会历史发展的大背景下，强调人的全面发展是应然与实然、理想与现实的结合。

（一）西方学者关于人的全面发展的思想

在古希腊人们最初的观念中，"健全的灵魂寓于健全的身体"[①]，是一个具有完整人格的公民所展现出的形象。他们认为要使个人得到发展，使人的整体达到完美，不仅要注重人的智力、体力的发展，而且要注重感情、判断和创造力的发展。柏拉图在《理想国》中就提出了体育、智育、德育的思想。他认为，人的身心应得到全面发展，达到美、智、仁、勇。亚里士多德把社会看成自我完善的唯一途径，

[①] 北京大学哲学系：《马克思主义与人》，北京大学出版社1983年版，第20页。

希望人能够达到智、德、体全面发展。因此，古希腊罗马时期提出的和谐发展的观念，开启了人的全面发展的理论先河。恩格斯评价说："在希腊哲学的多种多样的形式中，几乎可以发现以后的所有观点的胚胎、萌芽。"①

14世纪，人文主义者高扬人权，否定神权，抬高理性，贬低神性，主张从人的本性出发，宣扬人的价值、人的尊严和人的权利，强调人的自由、平等，要求个性解放，推崇人的理性权威，把人抬高到了宇宙的中心地位，从而确立了人在世界中的主体地位。意大利作家薄伽丘在《十日谈》中提出人应当是全面发展的人，也就是说人应该既健康、俊美，又聪明、勇敢、多才多艺，全面和谐地发展。拉伯雷小说《巨人传》中主人公的成长，则体现了当时通过德、智、体、美相结合的教育方式，培养全面、协调发展的人的观念。

文艺复兴运动"是人类以往从来没有经历过的一次最伟大、进步的变革，是一个需要巨人而且产生了巨人——在思维能力、激情和性格方面，在多才多艺和学识渊博方面的巨人的时代"②。法国启蒙思想家卢梭认为：人在生理上和精神上都应该是全面发展的。他主张顺应人的自然本性，对人进行自然教育和自由教育。他指出：自由是人的自然权利，认为"自然人为自己而生存，他是数的单位，也是数的全体，他只依赖于自己和按照自己的爱好而生活"③。以裴斯泰洛齐为代表的伟大的教育家们，他们用毕生的精力去造就新兴资产阶级所需要的和谐发展的人，企图通过教育使人主观上的知、情、意的发展，与客观上的真、善、美的要求结合起来，从而"成为一个全面的完整的人"，④ 也就是精神、身体、道德都充分、全面发展的人。

经过文艺复兴和18世纪启蒙运动，人取代了神，人的理性和价值得到了前所未有的尊重，在此基础上，以欧文、圣西门、傅立叶为

---

① 《马克思恩格斯选集》第4卷，人民出版社1995年版，第287页。
② 《马克思恩格斯选集》第4卷，人民出版社1995年版，第261～262页。
③ 张焕庭：《西方资产阶级教育论著选》，人民教育出版社1964年版，第97页。
④ 席勒：《美育书简》，徐恒醇译，中国文联出版公司1984年版，第32页。

典型代表的空想社会主义者进一步深入地探讨了人的全面发展。欧文指出在未来新型社会，即"劳动公社"或"合作新村"，应实现教育与劳动相结合，取消工农差别、脑力劳动和体力劳动的差别，培养"全面发展的人"。①

圣西门明确提出了"全面发展的人"的概念。他认为15世纪的欧洲人，之所以是自古以来首次出现的全面发展的人，不仅在于他们在物理科学、数学科学、艺术和手工业方面有惊人的成就，同时还在于他们在"人类理智可及的一些最重要和最广泛的部门十分热心地工作"②。在实现人的全面发展的条件方面，圣西门主张通过建立优良的社会组织、实施教育和生产劳动，来为"一切社会成员创造最广泛的可能来发展他们的才能"③。

傅立叶则通过他所设计的新社会，阐述了劳动与享受的同一性、教育与生产劳动相结合等观点。例如，他指出劳动是义务，也是人不可剥夺的权利，是人的自由和全面发展的自然基础。他还指出，"协作教育的目的在于实现体力和智力的全面发展"④。

德国古典哲学的创始人康德非常赞美那样一个充分发挥人的全部才智的美好社会，他说"在人这个地球上惟一的理性创造物那里"，人的"潜能""应该""全面发展起来"。⑤哲学家费希特则认为，人应该通过职业选择将自己的全面发展和社会的全面发展联系起来。黑格尔在《精神现象学》中指出，只有通过教育才能促进人的完善，使人得到充分发展，实现人的自由本质，"社会和国家的目的在于使一切人类的潜能以及一切个人的能力在一切方面和一切方向都可以得到发展和表现"⑥。

---

① 《欧文选集》第2卷，商务印书馆1981年版，第147页。
② 《圣西门选集》下卷，何清新译，商务印书馆1962年版，第183页。
③ 《圣西门选集》下卷，何清新译，商务印书馆1962年版，第286～287页。
④ 《傅立叶选集》第3卷，冀甫译，商务印书馆1964年版，第217页。
⑤ 转引自陶富源：《终极关怀论——人的哲学之悟》，安徽大学出版社2004年版，第493页。
⑥ 黑格尔：《美学》第1卷，朱光潜译，商务印书馆1979年版，第59页。

因此，我们不难看出历代思想家关于人的全面发展的思想是极其丰富的，这些宝贵的思想为马克思关于人的全面发展理论的形成提供了土壤和养料。但同时我们也应看到，由于历史和阶级的局限，历代思想家对人的全面发展的认识还没有达到科学的高度，他们所谈论的人只是离开了现实生活基础的抽象的人，而且对实现人的全面发展的途径和条件也没有作科学的论述，结果使人的全面发展多流于空想。直到马克思从历史的现实的个人出发，从他们的实践出发，才使人的全面发展理论从空想变成了科学。

（二）马克思关于人的全面发展理论的形成

马克思从现实的个人出发，从人的实践出发，科学地提出了人的全面发展理论，并赋予了其科学的内涵。马克思在汲取前人优秀思想的基础上形成了自己关于人的全面发展的科学理论。这一理论伴随着马克思世界观的转变和对人的本质的认识的逐步深化，也经历了一个孕育和萌芽、形成和初步发展、成熟、深化的历史的形成过程。

马克思在青少年时代写的《青年在选择职业时的考虑》中指出，"在选择职业时，我们应该遵循的主要指针是人类的幸福和我们自身的完美。……人类的天性本来就是这样的：人们只有为同时代人的完美、为他们的幸福而工作，才能使自己也达到完美。"[①] 这是马克思最早关于人的全面发展的思想。

马克思在《德法年鉴》中，提出了人的解放的思想。他说："只有当现实的个人同时也是抽象的公民，并且作为个人，在自己的经验生活、自己的个人劳动、自己的个人关系中间，成为类存在物的时候，只有当人认识到自己的'原有力量'并把这种力量组织成为社会力量因而不再把社会力量当作政治力量跟自己分开的时候，只有到了那个时候，人类解放才能完成。""任何一种解放都是把人的世界

[①] 《马克思恩格斯全集》第40卷，人民出版社1982年版，第7页。

和人的关系还给人自己。"① 在这里，马克思强调了人的解放的思想实质是：使人的类本质和人的社会关系在现实的个人那里得到充分的发展和实现。因此，马克思关于人的解放的思想实际上已经孕育着人的全面发展思想的萌芽。

马克思在《1844年经济学哲学手稿》（以下简称《手稿》）中，以异化劳动理论为基础，考察了资本主义制度下人的发展的片面性，指出私有财产是人的片面发展的现实前提，认为只有积极地扬弃私有财产，才能使劳动丧失异化性质，成为自由自觉的活动，从而使全体社会成员最终实现从片面发展到全面发展的飞跃。此外，马克思还基于人的类本质，对人的发展提出了自己的理想和目标。如："人向自身、向社会的人的复归"②，"人以一种全面的方式，也就是说，作为一个完整的人，占有自己的全面的本质"③，"人的一切感觉和特性的彻底解放"④，"具有人的本质的这种全部丰富性的人"⑤，"具有丰富的、全面而深刻的感觉的人"⑥，等等。由这些论述可见，尽管马克思当时尚没有形成"人的全面发展"的完整概念，但却孕育着人的全面发展思想。

马克思在《关于费尔巴哈的提纲》（以下简称《提纲》）中，提出了"问题在于改变世界"的著名论断，把实践不仅从以往劳动的特定范围推广于社会生活领域，而且把实践作为认识论的基础。因此，《提纲》为马克思解决人的全面发展问题提供了新的理论前提。

马克思、恩格斯在《德意志意识形态》（以下简称《形态》）中，从唯物史观出发，论述了人的全面发展。马克思指出："任何人的职责、使命、任务就是全面地发展自己的一切能力"，"个人的全面发展，只有到了外部世界对个人才能的实际发展所起的推动作用为

---

① 《马克思恩格斯全集》第1卷，人民出版社1956年版，第443页。
② 《马克思恩格斯全集》第42卷，人民出版社1979年版，第120页。
③ 《马克思恩格斯全集》第42卷，人民出版社1979年版，第123页。
④ 《马克思恩格斯全集》第42卷，人民出版社1979年版，第124页。
⑤ 《马克思恩格斯全集》第42卷，人民出版社1979年版，第126页。
⑥ 《马克思恩格斯全集》第42卷，人民出版社1979年版，第126页。

个人本身所驾驭的时候，才不再是理想、职责等等，这也正是共产主义者所向往的"。① 论述说明，每个人都有全面发展自己的权利和愿望。《形态》中也明确地提出了人的全面发展同共产主义革命、同生产力的发展、同分工的消灭相联系等观点。这些都说明了马克思关于人的全面发展思想已初步形成。

马克思在《哲学的贫困》，恩格斯在《共产主义原理》和《共产主义信条草案》以及他们在《共产党宣言》中进一步论述和发展了人的全面发展思想。马克思从生产的技术特性，证明了用全面发展的个人代替片面发展的个人的客观必然性，把人的全面发展思想真正置于科学的基础之上。他说："当一切专门发展一旦停止，个人对普遍性的要求以及全面发展的趋势就开始显露出来。自动工厂消除着专业和职业的痴呆。"②

恩格斯在《共产主义信条草案》中宣布，共产主义者的目的是"把社会组织成这样：使社会的每一个成员都能完全自由地发展和发挥他的全部才能和力量，并且不会因此而危及这个社会的基本条件"③。这就把个人全面发展作为共产主义社会成员的标志，而把全体社会成员的全面发展作为共产主义社会总体的标志。恩格斯在《共产主义原理》中进一步把全面发展的人概括为"才能得到全面发展、能够通晓整个生产系统的人"④。

马克思、恩格斯在《共产党宣言》中，从人的全面发展的角度指出了共产主义联合体的基本特征，认为"在那里，每个人的自由发展是一切人的自由发展的条件"⑤。同时，马克思、恩格斯还提出要将人的全面发展问题与教育和生产劳动联系起来，揭示了实现人的全面发展的途径，即大工业的高度发展和彻底废除私有制并由社会掌管全部生产，为人的全面发展思想的最后成熟奠定了坚实的理论

---

① 《马克思恩格斯全集》第3卷，人民出版社1960年版，第330页。
② 《马克思恩格斯选集》第1卷，人民出版社1995年版，第169页。
③ 《马克思恩格斯全集》第42卷，人民出版社1979年版，第373页。
④ 《马克思恩格斯选集》第1卷，人民出版社1995年版，第243页。
⑤ 《马克思恩格斯选集》第1卷，人民出版社1995年版，第294页。

基础。

马克思的《资本论》和三部手稿（即《经济学手稿（1857—1858年）》、《经济学手稿（1861—1863年）》、《经济学手稿（1863—1865年）》）的完成，标志着马克思关于人的全面发展理论的形成。

马克思在《资本论》中指出，共产主义社会的"基本原则"和建立这种"联合体"的前提条件是"每个人的自由发展"，并对人的全面自由发展的内涵进行了论述。他宣布共产主义社会是比资本主义"更高级的、以每个人的全面而自由的发展为基本原则的社会形式"。①

马克思在《经济学手稿》中，论述了人的全面发展理论具有独立的科学价值，并把人的发展概括为三个历史形态。第一个历史形态即前资本主义社会，以"人的依赖关系"为基础，"人的生产能力只是在狭窄的范围内和孤立的地点上发展着"，表现为"原始的丰富"。第二个历史形态即资本主义社会，以"物的依赖性"为基础，"形成普遍的社会物质交换、全面的关系、多方面的需求以及全面的能力的体系"，表现为"人的片面发展"。第三个历史形态是共产主义社会，以"个人全面发展和他们共同的、社会的生产能力成为他们的社会财富"为基础，表现为"自由个性"。②

马克思政治经济学的成果，构成了人的全面发展理论的核心内容。③ 由此马克思完成了对人的全面发展问题的科学考察，实现了人类关于人的全面发展认识从空想变成科学的重大飞跃。

---

① 《马克思恩格斯全集》第23卷，人民出版社1972年版，第649页。
② 《马克思恩格斯文集》第8卷，人民出版社2009年版，第52页。
③ 陈桂生：《人的全面发展理论与现时代》，上海教育出版社1988年版，第53～55页。

(三) 人的全面发展内涵的科学解读

马克思虽然不是第一个提出人的全面发展的人，但马克思从现实的个人出发，科学地揭示了人的全面发展的科学内涵。

1. 人的全面发展界定

马克思的人的全面发展理论具有特定的理论内涵，"人以一种全面的方式，也就是说，作为一个完整的人，占有自己的全面的本质"①。马克思之所以能使人的全面发展理论从空想走向科学，是因为他确立了一种全新的理论视角，即对"人"的界定不同于以往的一切哲学家，这里的"人"不是指抽象的人，而是现实的人。马克思指出，现实的个人是社会历史的主体。社会历史"不过是追求着自己目的的人的活动而已"②。社会发展和人的发展是不可分割地连在一起的，离开了人的发展，不可能有社会的发展。因为社会"是人们交互活动的产物"。"他们的物质关系形成他们的一切关系的基础。这种物质关系不过是他们的物质的和个体的活动所借以实现的必然形式罢了。"③

马克思指出，人是社会历史的起点。我们考察是"从现实的、有生命的个人本身出发"，"它的前提是人，但不是处在某种虚幻的离群索居和固定不变状态中的人，而是处在现实的、可以过经验观察到的、在一定条件下进行的发展过程中的人"。④ 马克思指出："人们的社会历史始终只是他们的个体发展的历史，而不管他们是否意识到

---

① 《马克思恩格斯全集》第42卷，人民出版社1979年版，第123页。
② 《马克思恩格斯全集》第2卷，人民出版社1960年版，第118～119页。
③ 《马克思恩格斯选集》第4卷，人民出版社1995年版，第532页。
④ 《马克思恩格斯选集》第1卷，人民出版社1995年版，第73页。

这一点。"① 这些个人不是同具体社会环境隔离开来的抽象的个人，而是"真实的个人"，是"活的，现实的个人"。"现实的个人"总是追求人的全面发展的主体起点，"每个人的全面而自由的发展"②，"社会的每一个成员都能完全自由地发展和发挥他的全部才能和力量"③，"他们的体力和智力获得充分的自由的发展和运用"④，"每个人的自由发展是一切人的自由发展的条件"⑤。

恩格斯曾指出，全面发展的人，应是"各方面都有能力的人"，人的全面发展，就是要"使自己的成员能够全面发挥他们得到全面发展的才能"，⑥ "个人关系和个人能力的普遍性和全面性"⑦。因此，人的能力的全面发展也是人的全面发展的重要内容。人的能力是人类表现和确证自己社会本质的内在力量，是"人的本质力量的公开的展示"⑧。

马克思在《经济学手稿》中，对人的全面发展与社会关系问题进行了阐述："生产力或一般财富从趋势和可能性来看的普遍发展成了基础，同样，交往的普遍性，从而世界市场成了基础。这种基础是个人全面发展的可能性"⑨。在马克思看来，人的全面发展是交往的发展，是建立在人们之间"普遍交往"基础之上的"个人关系和个人能力的普遍性和全面性"，这样人才能获得全面的发展。

马克思指出，社会生产方式的变革，最后要达到每个人全面而自由发展的社会目标。他指出：未来的新社会是"一个更高级的、以每一个个人的全面而自由的发展为基本原则的社会形式"⑩。"一切民

---

① 《马克思恩格斯选集》第 4 卷，人民出版社 1995 年版，第 532 页。
② 《马克思恩格斯全集》第 23 卷，人民出版社 1972 年版，第 649 页。
③ 《马克思恩格斯全集》第 42 卷，人民出版社 1979 年版，第 373 页。
④ 《马克思恩格斯选集》第 3 卷，人民出版社 1995 年版，第 757 页。
⑤ 《马克思恩格斯选集》第 1 卷，人民出版社 1995 年版，第 294 页。
⑥ 《马克思恩格斯选集》第 1 卷，人民出版社 1995 年版，第 243 页。
⑦ 《马克思恩格斯全集》第 46 卷上，人民出版社 1979 年版，第 281 页。
⑧ 《马克思恩格斯全集》第 42 卷，人民出版社 1979 年版，第 128 页。
⑨ 《马克思恩格斯全集》第 46 卷下，人民出版社 1980 年版，第 36 页。
⑩ 马克思：《资本论》第 1 卷，人民出版社 2004 年版，第 683 页。

族，不管他们所处的历史环境如何，都注定要走这条路，——以便最后都达到在保证社会劳动生产力极高度发展的同时又保证每个生产者个人最全面的发展的这样一种经济形态。"①

马克思和恩格斯指出："只有在共同体中，个人才能获得全面发展其才能的手段，也就是说，只有在共同体中才可能有个人自由。……在真正的共同体的条件下，各个人在自己的联合中并通过这种联合获得自己的自由。"② 马克思和恩格斯所说的"真正共同体"，就是指共产主义的集体，就是共产主义社会。共产主义共同体保证着个人的发展和自由，个人的发展和自由也巩固着共产主义共同体。马克思、恩格斯指出，共产主义社会是"个人的独创和自由的发展不再是一句空话的唯一的社会"。"在共产主义社会里，任何人都没有特殊的活动范围，而是都可以在任何部门内发展，社会调节着整个生产，因而使我有可能随自己的兴趣今天干这事，明天干那事，上午打猎，下午捕鱼，傍晚从事畜牧，晚饭后从事批判，这样就不会使我老是一个猎人、渔夫、牧人或批判者。"③ 在此，马克思、恩格斯进一步指明了只有实现共产主义才能最终实现人的自由全面发展。

恩格斯在《共产主义原理》中明确指出："根据共产主义原则组织起来的社会，将使自己的成员能够全面发挥他们的得到全面发展的才能。"④ 正是在这个意义上，马克思指出，共产主义社会是以"每个人的全面而自由的发展为基本原则的社会形式"⑤，是"自由人联合体"。

2. 人的全面发展条件

根据历史唯物主义观点，人的素质的提高必须通过人自身的实践

---

① 《马克思恩格斯选集》第3卷，人民出版社1995年版，第342页。
② 《马克思恩格斯选集》第1卷，人民出版社1995年版，第119页。
③ 马克思、恩格斯：《德意志意识形态》（节选本），人民出版社2003年版，第29页。
④ 《马克思恩格斯选集》第1卷，人民出版社1995年版，第243页。
⑤ 《马克思恩格斯全集》第23卷，人民出版社1972年版，第649页。

活动。马克思关于共产主义社会是"保证人类最全面的发展"① 的思想，指明了人类社会历史发展的必然趋势，也指出了实现人的全面发展目标的社会历史条件。

唯物史观"和唯心主义历史观不同，它不是在每个时代中寻找某种范畴，而是始终站在现实历史的基础上，不是从观念出发来解释实践，而是从物质实践出发来解释各种观念形态……"②。作为唯物史观的组成部分的人的全面发展理论，也是考察直接生活的物质生产过程的结果，社会物质生活条件是这一理论的前提。

物质生活条件是人类社会赖以存在和发展的物质条件的总和，"包括他们得到的现成的和由他们自己的活动所创造出来的物质生活条件"③。即包括自然环境、人口因素和生产方式三个基本的方面。物质生活条件和生产方式是人类生存的基础。"历史的每一个阶段都遇到有一定的物质结果、一定数量的生产力总和，人和自然以及人与人之间在历史上形成的关系，都遇到有前一代传给后一代的大量生产力、资金和环境，尽管一方面这些生产力、资金和环境为新的一代所改变，但另一方面，它们也预先规定新的一代的生活条件，使它得到一定的发展和具有特殊的性质。"④ 所以，"我们首先应当确定一切人类生存的第一个前提也就是一切历史的第一个前提，这个前提就是：人们为了能够'创造历史'，必须能够生活。但是为了生活，首先就需要衣、食、住以及其他东西"⑤。这就是说，物质生产方式是人全面发展的前提。因为"人们每次都不是在他们关于人的理想所决定和所容许的范围之内，而是在现有的生产力所决定和所容许的范围之内取得自由的"⑥。人类在不同的生产力水平和状况下所获得的需要

---

① 《马克思恩格斯全集》第 19 卷，人民出版社 1963 年版，第 130 页。
② 马克思、恩格斯：《德意志意识形态》（节选本），人民出版社 2003 年版，第 36 页。
③ 马克思、恩格斯：《德意志意识形态》（节选本），人民出版社 2003 年版，第 11 页。
④ 马克思、恩格斯：《德意志意识形态》（节选本），人民出版社 2003 年版，第 22～23 页。
⑤ 《马克思恩格斯全集》第 3 卷，人民出版社 1960 年版，第 31 页。
⑥ 《马克思恩格斯全集》第 3 卷，人民出版社 1960 年版，第 507 页。

满足状况反映着人类的发展和文明进步程度。正如马克思指出:"饥饿总是饥饿,但是用刀叉吃熟肉来解除的饥饿不同于用手、指甲和牙齿啃生肉来解除的饥饿。"①

正如马克思所言:"个人怎样表现自己的生活,他们自己就是怎样。因此,他们是什么样的,这同他们的生产是一致的——既和他们生产什么一致,又和他们怎样生产一致。因而,个人是什么样的,这取决于他们进行生产的物质条件。"② 因此,要促进人的发展,必须促进物质生产方式的发展。马克思关于人的全面发展理论是以物质生活条件为前提的。在这一点上,马克思与一切唯心主义者、空想社会主义者有着根本的区别。

生产力的发展是人的全面发展的前提和动力。人的发展最基本的前提条件就是社会生产力的发展。马克思指出,社会生产力归根到底是社会历史发展的最终决定力量,是个人和社会发展的"绝对必需的实际前提"。马克思认为,人类始终只提出自己能够解决的任务,因为只要仔细考察就不难发现,只有在解决它的物质条件已经存在或者至少是在形成过程中的时候,才有可能提出新的任务。

人的全面发展从来就离不开一定的物质基础,人的全面发展目标的实现首先是以社会生产力高度发达为前提和基础的。"个人的全面发展,只有到了外部世界对个人才能的实际发展所起的推动作用为个人本身所驾驭的时候才不再是理想、职责等等。"③ 生产力的发展,社会物质财富的增加,是人的全面发展必不可少的基本条件。没有生产力的高度发达,就不可能有充裕的物质产品供给,人的全面发展就缺少必要的物质条件。正如马克思所说:"当人们还不能使自己的吃喝住穿在质和量方面得到充分保证的时候,人们就根本不能获得解放。"④ 这就表明,生产力的发展,物质财富的增加过程,是人获得

---

① 《马克思恩格斯全集》第46卷上,人民出版社1979年版,第29页。
② 《马克思恩格斯选集》第1卷,人民出版社1995年版,第67~68页。
③ 《马克思恩格斯全集》第3卷,人民出版社1960年版,第330页。
④ 《马克思恩格斯选集》第1卷,人民出版社1995年版,第74页。

发展的过程。人的发展必然以一定的社会物质条件为前提和基础，离开必要的社会物质条件，人的全面发展就失去了依托的基础。马克思说，资本家"狂热地追求价值的增殖，肆无忌惮地迫使人类去为生产而生产，从而去发展社会生产力，去创造生产的物质条件；而只有这样的条件，才能为一个更高级的、以每个人的全面而自由的发展为基本原则的社会形式创造现实基础"①。

马克思在谈到人的全面发展时总是反复强调，人的全面发展不是自然的产物，而是历史的产物，归根结底是社会生产力的产物。随着社会生产力的发展和社会财富的极大丰富，人们逐步摆脱来自"人"和"物"的羁绊和依附，"人终于成为自己的社会结合的主人，从而也就成为自然界的主人，成为自身的主人——自由的人"②。这时，"社会的每一个成员都能完全自由地发展和发挥他的全部才能和力量"③，从而最终实现人的全面发展。

消灭私有制是实现人的全面发展的根本条件。在私有制条件下，生产资料为少数人占有，人们失去了许多全面发展的机会。消灭私有制后，个人才能联合起来，全面占有生产力，人的全面发展才成为可能。

消灭旧式分工是实现人的全面发展的重要条件。在私有制条件下，分工的片面性、强迫性，造成人的发展的片面性、被动性。因此，消灭这种片面性、强制性、固定性的旧式分工，实现真正的劳动变换，是实现人的全面而自由发展的重要条件。

教育是促进人的全面发展的关键。马克思认为，在一定的社会制度下，人的发展直接取决于教育。"它不仅是提高社会生产的一种方法，而且是造就全面发展的人的唯一方法。"④ "人类的未来，完全取决于正在成长的工人一代的教育。"⑤ 教育通过提高人的素质，通过

---

① 《马克思恩格斯全集》第23卷，人民出版社1972年版，第649页。
② 《马克思恩格斯选集》第3卷，人民出版社1995年版，第760页。
③ 《马克思恩格斯全集》第42卷，人民出版社1979年版，第373页。
④ 《马克思恩格斯全集》第23卷，人民出版社1972年版，第530页。
⑤ 《马克思恩格斯全集》第16卷，人民出版社1964年版，第217页。

促进人的全面发展来促进经济增长和社会全面发展。

马克思指出:"要改变一般的人的本性,使他获得一定劳动部门的技能和技巧,成为发达的和专门的劳动力,就要有一定的教育或训练"①。恩格斯也指出:"教育将使年轻人能够很快熟悉整个生产系统,将使他们根据社会需要或者他们自己的爱好,轮流从一个生产部门转到另一个生产部门。因此,教育将使他们摆脱现在这种分工给每个人造成的片面性。"② 可见,要提高人的素质,实现人的全面发展,必须大力发展教育事业。

3. 人的全面发展理论的发展

新中国成立以来,我们党的历代领导集体都高度重视人的自由全面发展问题。结合中国实际,他们从不同方面丰富和发展了马克思主义关于人的全面发展理论。

毛泽东依据马克思关于人的全面发展的理论,提出了全面发展的教育方针:"我们的教育方针应该使受教育者在德育、智育、体育几方面都得到发展,成为有社会主义觉悟的有文化的劳动者。"③ 青年应该把坚定正确的政治方向摆在第一位,坚持又红又专,这是毛泽东一贯强调的思想。对于智育,毛泽东十分重视,强调要让学生生动活泼主动的学习,并多次提出减轻课程负担。对于学生的健康,他也十分关注。在建国初期,毛泽东就两次写信给教育部部长马叙伦,提出学校应执行"健康第一,学习第二"的方针。以后他又多次提出:"要使青年身体好,学习好,工作好","一方面学习,一方面娱乐、休息、睡眠这方面要充分兼顾"。在20世纪50年代末毛泽东还提出了"党的教育工作方针,是教育为无产阶级政治服务,教育与生产

---

① 《马克思恩格斯全集》第23卷,人民出版社1972年版,第195页。
② 《马克思恩格斯选集》第1卷,人民出版社1995年版,第243页。
③ 《毛泽东选集》第5卷,人民出版社1977年版,第385页。

劳动相结合"的思想。①

邓小平在改革开放的新时期,为了适应新时期对人才的需要,重申毛泽东提出的社会主义教育方针,提出了"教育要面向现代化、面向世界、面向未来"的三个面向思想,从而为培养社会主义现代化建设所需要的大批合格的高素质人才指出了重要的途径。1985年邓小平反复强调要教育全国人民,特别是青年一代,争做"有理想、有道德、有文化、有纪律"②的"四有"公民。他还提出干部的"四化"标准即革命化、专业化、知识化、年轻化。邓小平也坚持和主张教育与生产劳动相结合,其目的是培养有高度科学文化水平的劳动者,并认为教育与生产劳动相结合更重要的是整个教育事业必须同国民经济发展的要求相适应,"这是培养理论与实际结合、学用一致、全面发展的新人的根本途径,是逐步消灭脑力劳动和体力劳动差别的重要措施"③。

江泽民在"七一"讲话中,从人类历史发展的进程出发,从辩证唯物主义的视角深刻论述了人的全面发展与经济文化发展的关系,指出:"推进人的全面发展,同推进经济、文化的发展和改善人民物质文化生活,是互为前提和基础的。人越全面发展,社会的物质文化财富就会创造得越多,人民的生活就越能得到改善,而物质文化条件越充分,又越能推进人的全面发展。社会生产力和经济文化的发展水平是逐步提高、永无止境的历史过程,人的全面发展程度也是逐步提高、永无止境的历史过程。这两个历史过程应相互结合、相互促进地向前发展。"④ "党要承担起推动中国社会进步的历史责任,必须始终紧紧抓住发展这个执政兴国的第一要务,把坚持党的先进性和发挥社会主义制度的优越性,落实到发展先进生产力、发展先进文化、实现最广大人民的根本利益上来,推动社会全面进步,促进人的全面发

---

① 《毛泽东选集》第5卷,人民出版社1977年版,第84~85页。
② 《邓小平文选》第3卷,人民出版社1993年版,第110页。
③ 《邓小平文选》第2卷,人民出版社1994年版,第107页。
④ 《江泽民文选》第3卷,人民出版社2006年版,第295页。

展。"① 从这个意义上讲,"三个代表"思想与人的全面发展理论是完全一致的。

胡锦涛在党的十六届三中全会提出了科学发展观,即"坚持以人为本,树立全面、协调、可持续的发展观,促进经济社会和人的全面发展",按照"统筹城乡发展、统筹区域发展、统筹经济社会发展、统筹人与自然和谐发展、统筹国内发展和对外开放"的要求推进各项事业的改革和发展。科学发展观的本质和核心是坚持以人为本。

胡锦涛指出:"坚持以人为本,就是要以实现人的全面发展为目标,从人民群众的根本利益出发谋发展、促发展,不断满足人民群众日益增长的物质文化需要,切实保障人民群众的经济、政治和文化权益,让发展的成果惠及全体人民。"② 也就是把促进人的全面发展作为经济和社会发展的本体。坚持协调发展,就是要实现人与自然之间、城乡之间、区域之间、经济与社会之间的协调发展,促进生产力和生产关系、经济基础与上层建筑相适应,促进人的全面发展;坚持全面发展,就是要以经济建设为中心,全面推进政治、经济、文化建设,实现经济发展、社会全面进步和人的全面发展;坚持可持续发展,就是要实现经济发展和人口、资源、环境相协调,走生产发展、生活富裕、生态良好的文明发展道路,保障一代接一代的永续发展。坚持以人为本的科学发展观,在全面建设小康社会和建构社会主义和谐社会的进程中不断促进人的全面发展。以人为本的科学发展观从哲学方法论的角度告诉我们:发展的目的是为了人,发展必须依靠人,发展是一个以人的全面发展为主要内容的系统工程。

人本德育所提倡和强调的尊重人、依靠人、解放人、发展人,总而言之就是要促进人的全面发展。我们知道:德育的对象是人,没有人的德育就成了失去对象的德育,因此是失去了意义的德育,是急功近利的破坏性的德育。我们必须让高校德育向人本回归。这里所说的"人",应该是现实存在的人,也是发展着的人,是存在于社会生活

---

① 《江泽民文选》第3卷,人民出版社2006年版,第538~539页。
② 《十六大以来重要文献选编》(上),中央文献出版社2005年版,第850页。

中的人，而不是抽象的人。德育回归人本，就是德育应为人的全面而自由的发展创造条件，使每个人发挥其自由个性，激发人的创造力，促进人的全面发展。

人的全面发展是马克思主义哲学以及整个马克思主义的最终诉求，以人为本是科学发展观的价值基础，因而当代德育的人本转向既是"实然"，也是"应然"。[①] 人本德育既是一个理论问题，更是一个实践问题，坚持理论与实践相结合，是研究和探索这一课题的根本途径。

[①] 曹景富：《人的全面发展问题的探讨》，《社会主义研究》2004年第2期。

第三章　人本德育的发展历史

不管在东方还是在西方，人本德育并不是一个陌生的概念，而是有着悠久的历史。中国文化卷帙浩繁，博大精深。在几千年历史发展长河中，中国传统道德是中华民族文化的核心组成部分，与之相应，道德的"教化"也始终相伴并在交融中不断完善发展，以人为中心的教育从未停止。在西方，人本德育也是蓬勃发展，自由、平等、博爱、人权以及社会的进步和发展成为人们关注的中心。然而，只有马克思主义才真正找到了人本德育的真谛，实现了人本德育的历史性超越。

一、人本德育在中国的历史追溯

我国古代，最早出现与思想政治教育相关的概念是"德"和"道"。"德"的概念经历了一个发展过程。德作为道德教育的概念，在夏代已经萌生。"德"字最初在殷商卜辞中，是指"得"到财物之义，"有德"即"有得"，德便成了获得利益的"美称"，具有了道德意义。到周朝，周人把治国、为民与道德统一起来，在更大范围赋予"德"更明确的道德意义。后来，随着古人对生命意义体验的增强和明显，"道"的概念也相继出现，"道"在孔孟儒学中指的是天命与人性的合一,"修道"就是知天命、塑人性的过程,就是德育。①德育是由"德"和"育"组成的,育,义为养,《说文解字》说:"育,养子使作善也。"就是教人学好,导人向善。在教人学好、导人向善的过程中,闪烁着人本德育的光辉。

(一) 中国古代人本德育的基点与目标

人性论是中国古代人本德育的理论基点。不仅是伦理道德学说的逻辑起点,也是中国传统道德教育的理论原点。关于人性论的论述,总的来说,在重视程度上儒家论述的较多些,其他学派相对较少;在关注焦点上虽然讨论的侧重点不同,但结论或归宿点又都大致相似。孔子说:"性相近也,习相远也。"(《论语·阳货》)他对人性提出了原初性的回答。但中国古代有许多思想家是从人性的善与恶的价值判断来阐述人性的。主要观点有:第一,无善无恶说。其代表人物是告子。在《孟子》中反映了告子的相关观点,他认为:"性无善无不善也。""性犹湍水也,决诸东方则东流,决诸西方则西流。人性之无分于善不善也,犹水之无分于东西也。"(《孟子·告子上》)老子和庄子的人性论在本质上也可认为是无善无恶之说。他们认为人的本然状态或原初状态是未经污染的质朴、自然状态,这种状态是自然无为状态。第二,性善说。人性本善的思想在西周时期就已出现,孟子可谓是典型代表。孟子对人性要善有许多明确的表述:"恻隐之心,人皆有之;羞恶之心,人皆有之;恭敬之心,人皆有之;是非之心,人皆有之。"(《孟子·告子上》)由此扩而充之就是"四端","四端"即为仁义礼智四德,而"仁义礼智,非由外铄我也,我固有之也"(《孟子·告子上》)。不仅儒家有这样的观点,佛教也具有类似的精神;当然,性善在儒家体现得相当充分,也成为其人性理论的主

---

① 参见郑永廷等:《德育发展研究——面向21世纪中国高校德育探索》,人民出版社2006年版,第52页。

流。第三，性恶说。法家对之也较多涉及，但明确称人性本恶的是荀子。他说："人之性恶，其善者伪也。"（《荀子·性恶》）"（礼义）是生于圣人之伪，非故生于人之性也。"（《荀子·性恶》）第四，善恶相混说。这种观点流行于汉代，以董仲舒、杨雄为代表。董仲舒认为"天两有阴阳之施，身亦两有贪仁之性"（《春秋繁露·深察名号》）。天道是"任阳不任阴"，因此人也应该"任性而禁情"。他说："天之禁阴如此，安得不损其欲而辍其情以应天？"（《春秋繁露·深察名号》）如何达到任性而禁情呢？关键在于教化，"夫万民之从利也，如水之走下。不以教化提防之，不能止也"（《汉书·董仲舒传》）。第五，善主恶次说。李翱虽然在谈到性恶一面时没用使用"性"字，而用"情"字，但其人性论本质上是善主恶次论。这种观点认为人性中有善有恶，善性是主要的、本源性的，恶性是次要的、派生的。当然，在人的修养上就是要摆脱情的迷惑、干扰而复明人性的过程。

不管是性善、性恶、无善无恶，还是善恶相混、善主恶次，都成为了传统道德教育的理论基点，或者扩充成德，或者化性起伪，或者性本自然，或者去恶存善，或者复性弃情。虽然观点众多，但性善论成为主流，性善也成为中国传统道德教育的主要支撑系统。同时，在人性问题上，尽管中国文化历来强调集体、团队，但仍对人的自身发展充满关注。例如儒家常讲"天人合一"，意思就是人的自身发展要与社会的进步相结合。孔子所讲的"仁者爱人"也是一种广博的爱，体现了中国传统文化强烈的人文关怀。这就涉及道德教育的价值取向的问题。

中国古代人本德育追求的目标是修齐治平。不同的价值原则在一定意义上既决定着道德教育的不同性质，也从总体上制约着道德教育不同的目标指向和追求的境界。从总体上看，中国传统理想是以天人合一为哲理，追求人类美好的社会理想，这种理想就是天下为公、世界大同，也即最终指向"和谐"。欧洲人李约瑟曾经讲道："古代中国人在整个自然界寻求秩序与和谐，并将此视为一切人类关系的理想。"① 而这种和谐既包括个体，也包括社会；既体现于实体层面，也体现于非实体层面。正如有学者认为："……人从修身做起，实现人际和谐，这是一切和谐的基础；在此基础上，实现群体和谐，这是一切和谐的核心；最后实现天人和谐，这是一切和谐的最高理想境界。和谐文化模式则是最基本的三大和谐的凝结。"② 那又如何实现呢？依据"人—家—国"的推演，只有当个体通过修身实现了人际和谐，进而才能实现群体和谐，之后才能实现最高状态的和谐，也就是说最终实现世界大同的理想。

中国一直以来强调德治，主张为政以德，才可实现"譬如北辰，居其所而众星拱之"的和谐状态。孔子同时也讲："道之以政，齐之以刑，民免而无耻。道之以德，齐之以礼，有耻且格。"（《论语·为政》）这里说到治国的上上策是通过道德教化，以礼来规范人的行为，进而达到国家的长治久安。这同时也意味着，虽然在道德教育的价值取向上也有个体健康发展的作用（如孟子在《孟子·尽心上》所说的"三乐"），但是主导的价值取向则是认为道德教育与国家治乱是正相关的，道德教育是社会秩序稳定的手段。《大学》中就说："大学之道，在明明德，在亲（新）民，在止于至善。"因此，中国传统道德及其教育也必然追求和谐，实现大同世界的理想。而这种追求又是一个由近及远、由内而外、推己及人的过程。《礼记·大学》就言："身修而后家齐，家齐而后国治，国治而后天下平，自天子以至于庶人，壹是皆以修身为本。"同样，孟子也说："天下之本在国，国之本在家，家之本在身。"（《孟子·离娄上》）"君子之守，修其身而天下平。"（《孟子·尽心下》）朱熹更是进一步指出："圣贤教人为学，非是使人缀辑言语，造作文辞，但为科名爵禄之计。须是格物、致知、诚意、正心、修身，而推之至于齐家、治国，可以平治天

---

① 李约瑟：《李约瑟文集》，潘吉星主编，陈养正等译，辽宁科技出版社1986年，第338页。
② 曹德本：《和谐文化模式论》，《清华大学学报》（哲学社会科学版）2000年第3期。

下，方是正当学问。诸君肄业于此，朝夕讲明于此"（《文集》卷七十四《玉山讲义》）。这些都表明"修身"最终是为了"平天下"，道德教育是"为政以德"的重要组成部分，为国家培养统治人才和巩固统治是道德教育的重要目标；因而也表明了道德教育的价值追求将不仅是"修身"或"齐家"，而是要"治国"、"平天下"。

实际上，"修齐治平"也就是告诉人们视天下、国家为个人生命的扩延是终极取向，但从本质上说又是以人为本的，虽然没有明确提出"以人为本"四个字。因为依上述路径也表明，唯有通过社会成员个体人格的不断完善，才能达到移风易俗、天下大治的境界。

两千多年前的春秋时期，齐国政治家管子在其《管子·霸言》中提出了以人为本的原则："夫霸王之所始也，以人为本。本理则国固，本乱则国危。"在我国儒家的"人本"教育传统中，正如前文所述及的，历代思想家、教育家几乎没有一位不强调"人为贵"这一内核，而且，这一内核渗透于道德教育的各个层面、各个阶段。虽然与西方突出的神本历史不同，中国社会在某种意义上可以说是世俗的人本社会，但是这种人本社会在实质上可以说又是与"官本位"相对的"民本社会"。既然如此，社会治理就不倡导暴政，而主张广施仁政，倡导德治。而要实现"道之以德，齐之以礼"的德治，就必须要求天下民众都"明人伦"。这样一来，就要强调教育的作用了。孟子就说："善政不如善教之得民也。善政民畏之，善教民爱之；善政得民财，善教得民心。"（《孟子·尽心上》）正如《礼记·学记》中所言："建国君民，教学为先"，"欲化民成俗，其必由学乎"。这里"教学"、"学"就是教育，也就是说教育是为安邦定国服务的。

（二）中国古代人本德育的特点

如果说本体论强调德育的起点，价值取向上强调的是德育的归宿，那么，方法就是由起点到达归宿的"桥"，是过河的"船"。我国传统道德教育源远流长、博大精深，在方法论上集中于探讨道德的达成方法、途径和手段等问题，同样也闪烁着人本主义思想的智慧之光；而人本主义道德教育思想又以辩证互动的方式体现出来。中国传统道德教育的人本之光集中体现于教学的互动相长之中。

1. 以人为本的"教"

不否认传统的道德教育在某种意义上是一种"教化"，但并不能因此而否认传统道德教育是注重人的主体性、能动性的。

一方面，就教而言注重教育者的言传身教。中国传统上不仅强调"其身正，不令而行；其身不正，虽令不从"，"不能正其身，如正人何"，（《论语·子路》）而且在强调统治者的道德示范作用的同时，也强调教育者对学生的积极影响，认为"教者必以正"（《孟子·离娄上》）。

另一方面，就教与学的关系来看则注重学习者的主体地位，这也是论述较多、思想体现较为充分的一面。儒家教育中尤其注重发挥人的主动性和积极性，重视启发学生的学习自觉。孔子认为教学的基本方法要启发诱导。他说："不愤不启，不悱不发。举一隅不以三隅反，则不复也。"（《论语·述而》）"言未及之而言谓之躁，言及之而不言谓之隐，未见颜色而言谓之瞽。"（《论语·季氏》）他不仅强调要善于把握学生的心理和性格，在教中要启发学生，而且强调学生的主动积极思考。他说："众恶之，必察焉；众好之，必察焉。"（《论语·卫灵公》）孟子秉承孔子之道也重启发，他主张："君子引而不发，跃如也，中道而立，能者从之。"（《孟子·尽心上》）不仅如此，他还要求学生有"尽信书，则不如无书"（《孟子·尽心下》）的存疑精神。同时，儒家在此基础上还强调要"因材施教"，而不能实现"一刀切"。孔子说："中人以上，可以语上也；中人以下，不可以语上也。"（《论语·雍也》）也就是主张在教学中要针对不同的个体采取不同的教育方法。对此，朱熹进一步论述到："圣贤施教，各因其材，小以成小，大以成大，无弃人也。"（《四书集注·孟子·尽心上》）另外，在中国传统道德教育中还强调"有教无类"，即教育面向全体人，而不是某一阶级或阶层的人。孔子说："自行束脩以上，吾未尝无诲焉。"（《论语·述而》）据《论语》等书关于仲弓、子路等人的身世的反映，也证明孔子所收门徒并非都为王公贵族，也有许多出身贫贱的人。

2. 主张学思结合，强调学习主体的自主思考

正如张岱年先生所言，中国传统是强调道德自觉的，所以学习方面理所当然地重视个体主动性、能动性的发挥。不管是孔子说的"为仁由己，而由人乎哉"（《论语·颜渊》），"仁远乎哉？我欲仁，斯仁至矣"（《论语·述而》），还是孟子说的"人皆可以为尧舜"（《孟子·离娄下》），抑或如荀子所言"涂之人可以为禹"（《荀子·性恶》），他们都是强调通过努力就可能达到或接近理想人格的圣贤，都重视个体主体能动性的作用。这突出表现为通过个人的"克己"、"内省"、"慎独"的修养而达到理想境界。

（1）"克己"就是要努力约束自己，使自己的行为符合礼的要求。子曰："克己复礼为仁。一日克己复礼，天下归仁焉。为仁由己，而由人乎哉？"（《论语·颜渊》）如何能做到这点呢？孔子以为："非礼勿视，非礼勿听，非礼勿言，非礼勿动。"（《论语·颜渊》）也就是说一个人要努力做到"四勿"，从而达到仁的境界。

（2）"内省"就是突出强调反省内求、省察克己的功夫。曾子曰："吾日三省吾身：为人谋而不忠乎？与朋友交而不信乎？传不习乎？"（《论语·学而》）这里强调人要不断地反省以提升自己的品德。这里"三省"说了两个方面：一是修己，一是对人。朱熹就十分赞赏曾参的这种修身方法，认为这是"得为学之本"，抓住了修养的根本。他说："独曾子之学，专用心于内，故传之无弊。"（朱熹《论语集注》）

（3）"慎独"就是说有道德修养的人即使独处之时，也要使自己规行矩步。"所谓诚其意者，毋自欺也。如恶恶臭，如好好色；此之谓自谦。故君子必慎其独也。"（《礼记·大学》）也就说，要使自己的意念诚实,就是说不要自己欺骗自己。就如同厌恶污秽的气味那样厌恶邪恶,就如同喜爱美丽的女子那样喜爱善良。只有这样,才能说自己的意念诚实,心安理得。

通过对事物一分为二的分析,我们可以较清晰地看到中国传统道德教育不管是在"教"上,还是在"学"上都重视人的地位、人的主体性,也即具有人本主义精神的传统。当然,以上将教与学分开论述并不表明中国传统道德教育教学是分离的。相反,一直以来都强调教学的互动,两者是辩证统一的。

3. 突出知行合一

知行合一是强调教育应该面向学生的现实生活,反对将教育变成脱离生活实践的求知活动,主张将教育活动与生活实践统一起来的人本主义教育思想。首先,古代的思想家们认为生活实践是知识的真正来源,学生只有将学习和自身的生活实践相结合,才能真正提升道德水平。王夫之以下棋来说明真知源于行的道理:"格致有行者,如人学弈棋相似,但终日打谱,亦不能尽达杀活之机;必亦与人对弈,而后谱中谱外之理,皆有以悉喻其故。且方其进著心力去打谱,已早属力行矣。"① 同时,即便是通过读书获取的间接经验也必须与习行结合起来,古人颜元说:"周公之法,春秋教以礼乐,冬夏教以诗书,岂可不读书? 但古人是读之以为学,如读琴谱以学琴,读礼经以学礼。"② 所以,真正的学问须在实践中才显示出其价值,"读得书来,口会说,笔会做,都不济事,须是身上行出,才算学问"③。其次,知行统一是强调学习的目的是为了学生的生活实践,反对脱离实践的无用知识。孔子说:"诵诗三百,授之以政,不达;使于四方,不能专对;虽多,亦奚以为?"(《论语·子路》) 孔子认为《诗经》读得

---

① 王夫之:《读四书大全说》卷一,中华书局,1975年版。
② 颜元:《存学篇》卷一,《颜元集》,中华书局1987年版。
③ 颜元:《习斋记余》卷四,《颜元集》,中华书局1987年版。

再多，但缺乏实践中的行事能力也是无用的。荀子同样认为实践是学习的目的，"学至于行而止矣。行之，明也；明之，为圣人"（《荀子·儒效》）。朱熹也有相同的主张，认为如果学生不能将学习的知识运用在实践中就和不学是一样的，他说："为学之实，固在践履。苟徒知而不行，诚与不学无异。"① 所以，学生要获得真知，所学能够解决实际中的问题，必须将知识学习与生活实践统一起来；学习和实践脱离不仅不能获得真知，同样也不能解决任何实际问题。王廷相说："讲得一事，即行一事；行得一事，即知一事，所谓真知矣。徒讲而不行，则遇事终有眩惑。"（《家藏集·与薛君采二首》）所以，"君子之学，未尝离行以为知也，必矣"②。可见，学习必须以学生的实践为中心，这体现了古代教育以学生为本的重要原则。总之，在古代德育思想中对知行统一原则的重视特别明显。他们都认为重视培养和提高受教育者的内心道德认识水平及行为习惯的自觉性是达到言行一致的根本措施，这涉及德育中知如何转化为行，即实现内化的关键问题，核心仍然是强调受教育者在德育中主体性的发挥，以受教育者的实际行动作为德育的落脚点，这恰是现代德育人本化的根本要求。

张岱年先生说："儒家强调道德的自觉。……儒家宣扬人的自觉的思想可以称为古代的人本主义。""儒家都是教育家，儒家的哲学是教育家的哲学。儒家的主观愿望就是使人成其为人，教人以做人的道理。……专制的王权力图使人不成其为人，而儒家则力图使人成其为人。"③ "自孔子之后，我国古代先哲有坚持人性本善、人性本恶、人性有善有恶、人性无善无恶和人性善恶混杂等各种观点，尽管观点迥异，视角各有不同，但有几点是基本一致的：一是他们观察、分析的对象都是人，他们对人的本质研究在当时的知识背景下，只能作出主观的猜测和某种预设，不可能进行本质探讨和作出科学结论，这是

---

① 《朱文公文集·答曹元可书》，商务印书馆1960年版。
② 王夫之：《尚书引义·说命中二》，中华书局1976年版。
③ 张岱年：《中国文化优秀传统内容的核心》，《北京师范大学学报》（社会科学版）1994年第4期。

时代的局限性。但他们的共同点是注意到了人与动物的区别,这个区别是人要向善,人要讲德,这就是从本源上确认了人对善和德之需要。二是先哲们在探求人要向善和人要讲德的途径时,他们的主观猜测、预设和他们所处的地位,不可能使他们看到社会实践的作用,这也是时代局限。但他们都从不同角度为德育作了论证,这就从根本上确立了德育对人的作用与价值。正是先哲们的这些观点、理论,铸塑了我国传统文化的鲜明特征,形成了民族'伦理之邦'的美誉,并在悠长的历史进程中不断丰富和发展。"[①] 因此,可以说中国传统道德教育一直以来并不存在"权本"、"物本"或"神本"的单极性,相反一直都有"以人为本"的德育传统。

(三) 中国古代人本德育的局限

中国古代的人本德育思想比较丰富,有着自己独特的特征。但是,由于生产力发展水平的落后,以及历史的局限性,中国古代人本德育的历史局限性就必然存在。中国古代人本德育有进步的一面,它强调了人的问题、人的发展,比专制教育有进步之处。但是,它又不是真正以人为本。因为中国古代的教育仍然是为统治阶级服务的。这个过程推动了德育的发展,促进了人的发展;但不是真正的人本德育,局限性不可避免。

其一,中国古代德育强调人,但不是为了人。孔子侧重于从社会和个人角度提出"修己、安人"的教育目的,他站在贤人执政的"仁政"立场上,提出教育目的是要求他的学生"学为人",具体来说是为了培养奴隶主阶级所需要的辅治人才——"士"或"君子",而理想目标是要培养具有"忠恕之道"的"圣人"、"仁人"。因此,中国传统道德教育虽然关注人,但从这方面来看并不是真正重视人,

---

① 郑永廷等:《德育发展研究——面向21世纪中国高校德育探索》,人民出版社2006年版,第15~16页。

而是把道德作为一种外部力量,强调它对人的约束,强调道德教育对人的驯化作用,又可以称之为"目中无人"的教育。

其二,中国古代德育强调人的发展必须符合统治阶级的要求,且德育内容存在空疏化。基于儒家特别注重人与人的关系,而把处理好人与人的关系视为治国、做人之本而"礼"。孔子一再强调要克己,要遵从礼的规范,一切按照礼的规定生活,也就是按照自己的身份表现自己的行为,君臣父子,名正言顺,用这样的礼来教育和约束所有的人,有了规矩而"有耻且格"。到了宋明理学以后,朱熹把这种克己、服从的思想推向了极端。为了"复尽天理",所以要"革尽人欲";为了要"革尽人欲",所以要"居敬持志","诚意正心"。这样的教育也必然具有"'空疏性'(圣人教育,'存天理、灭人欲'等),只注重理想道德教育,而忽视基础道德教育,脱离社会实际、脱离学生生活实际,致使德育内容空疏化"①。

其三,中国古代德育强调人的发展,但这种发展又存在片面性。工具性的一面不仅在一定程度上出现重视人又压抑人的"二律背反"现象,而且在社会与自然中同样出现这样的问题。虽然传统儒学教育中并不完全排斥科技、自然知识教育,如儒家教育所用的教材《书》、《诗》、《春秋》中就都包含了一些自然科学知识;但才智学术处在依附道德的从属地位。可以说"古代学校德育除了它的专制奴役性、狭隘封闭性、保守落后性之外,它还把德与智、义与利、道与器分割"②。因此,是为维护封建的宗法制服务的,培养的是明人伦的君子、贤人。他们所关心的是人和此类社会规范的和谐一致,而对人和自然的关系就比较淡漠。

最后,道德教育的闭合循环性。因为德育的工具性一面,教育过程对人的关注实质上是为巩固和维护封建宗法制的;因而在时空向度

---

① 陈秉公:《以人为本的德育本体论解读——兼论由"民本"思想影响的德育到"人本"德育的历史性发展》,《教育研究》2005年第12期。
② 郑永廷等:《德育发展研究——面向21世纪中国高校德育探索》,人民出版社2006年版,第5页。

上德育也是一个闭合的圆,而不大可能螺旋上升。正如有学者提出的:"从总体上看,'古代学校德育,是一种组织化的、专制奴役性的、狭隘封闭性的德育,是一种私有者、剥削者、统治者、劳心者的阶级性、等级性的德育,它进行的是一种精神统治术的教育、扼杀人的思想和创造性的愚民教育'。它由于受奴隶社会、封建社会经济基础和政治制度的制约,受儒家伦理思想的主导,因而它也只是像历史上改朝换代那样,进行复制性更替,不可能有明显的发展。"①

二、人本德育在西方的历史沿革

希腊文化是西方文化的源头。自古希腊时期就具有人本主义传统和德育的人本主义色彩。以此为基点,虽然经历中世纪的宗教统治,但人本德育始终是西方众多学派中的一个重要支点。从文艺复兴运动开始,"神"慢慢走下圣坛,由主体的人取而代之。文艺复兴以来的近代西方人本主义思潮,其根本宗旨是确立和突出人的核心价值。随着社会由传统到现代转化,社会的现代性不断彰显,西方道德教育的人本性也获得了新的发展。

(一) 西方人本德育思想的历史走向

西方的道德教育也始终追求人本精神。其传统源自古代希腊,著名的"人是万物的尺度"的命题被看作人本主义思潮的肇始,西方德育的发展虽然经历中世纪的"神本"、近代科技大发展的"物本"思潮,但人本主义取向一直在德育中占有一席之地,并逐步成为西方

---

① 郑永廷等:《德育发展研究——面向21世纪中国高校德育探索》,人民出版社2006年版,第5页。

德育比较明晰的取向。

西方人本主义思潮可以追溯到古希腊文明。普罗泰戈拉提出了"人是万物的尺度,是存在者存在的尺度,也是不存在者不存在的尺度"的著名命题,表明"以人为中心"的人本主义思想已处于萌芽状态。被誉为西方人本主义始祖的苏格拉底则高扬"认识你自己",将人作为研究的对象,认为"我研究的并不是田地和树木,而是城里的人"。[①] 柏拉图师承苏格拉底的理性人本主义,将理性视为人的本质规定,并提出了灵魂结构说。他将灵魂分为理性、意志和情欲三部分,即知、意、情,理性是最高统帅,意志次之,情欲最低。人生真善美的境界在于理性战胜情欲,当三部分协调融洽时,人就有了智慧、勇敢、节制等美德,就认识了最高的知识善的理念,成为了"自己的主人"。古希腊人本主义的集大成者亚里士多德则认为,人和其他有生命的实体区别就在于理智,人的生活是有理智的生活,提出"人是理性的动物"的著名命题。古希腊文明的辉煌后,欧洲进入了一个神本统治的宗教统治时期;但经过漫长的中世纪宗教统治后,人本主义思潮在异化后又得到了恢复和发展。

文艺复兴时期的思想家们提出了人的概念,主张用人代替神,用人性反对神性,用人权反对神权,用人的世俗幸福和欲望反对封建禁欲主义。而西方启蒙运动更是昭示了一套与中世纪不同的价值观:"要有勇气运用你自己的理智!这就是启蒙运动的口号"[②]。因而,近现代的西方文明被认为是启蒙运动的产物。随着资本主义的不断发展,西方人本主义的思想家们继承文艺复兴时期的主要思想的同时,进一步发展了西方人本主义思想。19世纪德国的费尔巴哈第一次鲜明地提出"人本主义"的哲学口号,被人们称为人本主义的创始人。在费尔巴哈之后,叔本华、尼采、雅斯贝斯、海德格尔、萨特、弗洛伊德、弗洛姆、马斯洛等西方思想家都沿着这一思路各自发展了自己的学说,从而形成一个相当庞大且有着广泛影响的西方人本主义思

---

① 罗国杰、宋希仁:《西方伦理思想史》,中国人民大学出版社1985年版,第26页。
② 康德:《历史理性批判文集》,何兆武译,商务印书馆1996年版,第2页。

潮。直到今天，这股对人的关注的力量，仍正随着社会的发展而不断地深入发展着。

"所谓教育，不过是人对人的主体间灵肉交流活动（尤其是老一代对年轻一代），包括知识内容的传授、生命内涵的领悟、意志行为的规范、并通过文化传递功能，将文化遗产教给年轻一代，使他们自由地生成，并启迪其自由天性。"① 也就是说，教育总是社会实践的一个部分，通过教育，人总是在人类文明的长河中不断创造出"自己的新的规定性"。因而，西方人本主义传统本身必然就反映出西方德育人本性发展的历程。随着人本主义思想在社会广泛传播和逐渐深入人心，一方面，以人为本的人性化的教育理念或教育思想受到日益重视，在教育过程中，对人的地位的重视日益突；另一方面，人们也相信，正是通过教育，人的潜能和创造力得到激发，从而真正体现出人的伟大和人的价值。这一系列思想尤其明显地体现在近代教育家的思想当中。写出《大教学论》（被后人称为西方教育史上第一本教育学著作）的夸美纽斯的思想中三个突出的因素就是：民主主义、人本主义和感觉论。同时他也以此为武器对当时的学校教育进行了尖锐的批判，认为它只是用死的文字填塞学生的头脑，忽视了儿童生理和心理的发展顺序，"教导青年的方法通常都是非常严酷的，以致学校变成了儿童恐怖的场所，变成了他们的才智的屠宰场"②。18世纪，随着人的社会地位的提高，自然主义教育从外在的自然的研究，转向对人的本性发展的内在自然的研究，卢梭赋予自然教育人本化的内涵。卢梭抨击封建教育制度违反"人的自然本性"，提出教育必须适合于人，适合于人心，顺应儿童身心的发展，尊重儿童的个性，发展儿童的独立性和创造性，使儿童真正成为学习的主人。与古希腊以天赋为基础的教育主张一致，卢梭对教育中儿童天性的肯定变得更为明确。他在《爱弥儿》的开篇写道："出于造物主手中的东西都是好

---

① 雅斯贝尔斯：《什么是教育》，邹进译，生活·读书·新知三联书店1991年版，第3页。

② 夸美纽斯：《大教学论》，傅任敢译，人民教育出版社1984年，第61页。

的；人一插手就变坏了。"他认为，不但因为天性至善，教育应顺应天性的自然发展，而且就教育的效果看，唯有顺任天性发展才是上乘。卢梭比其他自然主义教育家更重视人的本性及本性的发展，强调儿童的天赋，强调率性发展，又一次向我们的教育工作者发出了震耳欲聋的声音：教育必须适应儿童天性的自然发展，"如果把教育看作是一种人为的艺术，教育事业的成功几乎是不可能的，因为成功的主要条件，不是人力所能支配的"①。

杜威是美国著名的教育家和哲学家，是现代西方教育史上最有影响的代表人物，他重视学生主体性的教育思想、德育观念在西方国家，特别是在美国，影响广泛而深远。杜威的教育思想是在批判传统教育的过程中形成和发展起来的，其以实用主义哲学为理论基础的进步主义教育理论，一方面主张将人的认识限于经验范畴，具有科学主义的特征，另一方面强调人是活动的主体、经验的主体，特别注重人的主体地位，将人的自我意识和本能欲望放在重要位置，具有鲜明的人本主义特征。

以经验论为哲学基础，杜威建构了他的教育理论。他的教育理论的主要内容是"教育即生活"、"教育即生长"、"教育即经验的改造"。杜威就是以他这三个教育命题来解释所有的教育的，其中包括德育。1916年，杜威的代表作《民主主义与教育》对教育的本质、教育的目的、教育的价值进行了深层剖析，概括出科学探究的五个步骤并以此为基础创立了"问题教学法"，即通过学生主体的实践性学习活动，让学生在解决问题中获得真知。杜威建议不仅在自然科学中使用实验方法，同时在社会研究方面也采用这种与纯思辨式相反的方法。可以说，他站在实用主义的立场，以工具主义方法论为基础，表达的是这样一种现代人本教育观——教育是生活的过程，而不是为将来生活所做的预备；教育对于个人来说是经验的改造和重组，而不是外在的灌输或传授；学校即社会，学校是改造社会的工具，是建构民主社会的基本条件。

---

① 张焕庭：《西方资产阶级教育论著选》，人民教育出版社1979年版，第95~96页。

杜威坚持以人为出发点来考虑一切教育问题。一方面，他强调儿童与生俱来的天赋本能是儿童适应环境和改造环境的内在机制，儿童凭借天赋本能可以调整和控制其活动，所以教育必须尊重和利用儿童的天赋本能，把学生的发展视为一种自然的主动的过程。杜威认为，儿童的生活在教育中具有重要地位，以儿童为中心的思想是传统教育所忽视的，他提出"以儿童为中心"的教育主张，认为"这是一场转变，一场革命。跟哥白尼把天文学的中心从地球转移到太阳的那场革命没有不同。这里，儿童变成了太阳，而教育的一切措施则围绕着他们转动，儿童是中心，教育的措施便围绕着他们组织起来"[①]。所以，教育的成功取决于"成人只有通过对儿童的兴趣不断地予以同情的观察，才能够进入儿童的生活里面，才能知道他要做什么，用什么教材能使他工作得最起劲、最有效果"。另一方面，他还强调应以民主的方式建构学校生活。杜威说："假如我们训练儿童使他们去奉行命令，使他们的做事不过是因为受了命令，不能给他们行动的自信力和独立思想，那么，我们就是在革除现行制度的弊端和建设民治理想的真义上，投了一个差不多不能越过的障碍物。"[②] 第一，在学校中，教师应是建议、劝告和辅导者，教师应当用丰富的知识帮助学生，并与学生共同工作，随时为学生提供建议，成为学生的智囊。第二，在教学中，杜威提倡的活动课程试图改变传统教育以教师、教材、课堂为中心的教育教学模式，倡导"从做中学"的教学原则，认为儿童应从自身的活动中进行学习，通过活动教学法来激发学生兴趣，教学应从学生的经验和活动出发，让学生在个体经验中获得发展，取得他们所需要的知识，满足学生的需要。第三，在具体的实施过程中，杜威提出了课程应当和学生的主动作业相结合，教育的过程就是学生主动探究的过程。为达到个体发展目标，杜威将现实中的道德疑难问题提供给学生，或者设计出一些道德两难问题，以激发学生

---

① 杜威：《学校与社会》，转引自杜祖贻：《杜威论教育与民主主义》，人民教育出版社 2003 年版，第 35 页。
② 杜威：《明日之学校》，朱经农、潘梓年译，商务印书馆 1993 年版，第 275 页。

对道德问题的好奇心和思考，引起学生对道德问题的探究式讨论，从而提高学生的道德思维和判断能力，促进其智慧和道德的发展。这避免了传统教育的强制性，避免了对学生的多加干涉，而培养学生的合作、民主精神。

总之，实用主义者以儿童的活动为中心，结合经验学习的目的，形成了独特的教育教学理论体系。杜威的教育哲学不仅深刻地影响了美国教育实践，而且影响了世界教育理论发展的走向。以杜威为代表的教育家所提倡的德育改革，是把现实生活中所获得的直接经验放到了德育的核心位置，主张受教育者积极自主参与德育的发展进程，是一种典型的经验论的德育理念、强调以人为本的德育理念。杜威称"做中学"是一种科学的方法，其强调学习者个人的直接的主观经验，提倡学生的个人摸索，重视实用的知识等，就教学过程的一个侧面而言，是有一定道理的，也是符合历史发展要求的，适应了20世纪初工业的飞速发展，需要动手能力强、有创造力的实干家和工人的时代大背景。但是把"做中学"绝对化，其结果必然导致否定间接的知识和系统知识的价值，忽视教师系统传授间接知识的主导作用，这就不免有所偏颇了。其实向学生传授书本知识是非常必要的，这并不一定就忽视了儿童在学习中的主体地位，我们对受教育者在教育中主体性的发挥也不能否定人类社会在长期教育实践中形成的科学经验。

（二）西方人本德育思想的特点

西方人本德育思想的主要代表人物是罗杰斯和马斯洛，特别是罗杰斯对人本德育问题进行了深入的研究，我们可以从中窥视西方人本德育思想的特点。

第一，让学生学会学习。鉴于世界处于迅速变化、充满矛盾、危机四伏的时代，罗杰斯主张教育目标应该是促进变化和学习，培养能够适应变化和知道如何学习的人。罗杰斯曾说："只有学会如何学习和学会如何适应变化的人,只有意识到没有任何可靠的知识,只有寻求知识的过程才是可靠的人,才是真正有教养的人。在现代世界中,变化是唯一可以作为教育的依据,这种变化取决于学习过程,而不是静态的知识。"① 传统教育把教学过程侧重点放在传授知识上,教师是知识的拥有者,学生只是一个被动的"容器"。教师以传授知识为己任,把他们认为重要的知识或可能会考试的知识不顾一切地注入"容器"里,只是教给学生一些一成不变的很快就会过时的事实材料,并不能帮助学生学会学习,以至学生不能面对社会变动的严峻挑战。所以,最有用的学习是学会如何学习,学校应该把学生培育成为"学会如何学习的人"、"学会如何适应变化的人"。也就是说,教学的基本目标在于激发学生的学习动机,让他们开放地面对如何掌握获取知识的方法。学习不仅是增长知识的学习,还是一种与个人各部分经验都融合在一起的学习,是一种自我主动的学习。学生学习的过程是对经验持续开放,并将自己与变化的过程相结合,这才是最有效的学习。

第二,发挥潜能,自我实现。罗杰斯强调教育的最终目的是塑造完美人格,学习是学习者内在潜能的发挥。他认为人人都有创造性,至少有创造性潜能,人应该主动地发展这些潜能。因此人生的最高追求是"自由创造",自由创造的实现是人的潜能的发挥,也就是人的价值的完美实现。另一位人本主义心理学大师马斯洛也认为:"教育的目的——人的目的,人本主义的目的,与人有关的目的,在根本上就是人的'自我实现',是丰满人性的形成,是人种能够达到的或个人能够达到的最高度的发展。"② 对于人类创造活动的产生,人本主义心理学认为重要的条件是无条件接受个人的价值、提供一个没有外部评价的环境、移情地理解提供的心理安全。因为当心理安全受到威胁的时候,创造性也就受到了威胁,创造性始于心理的自由,而评价

---

① C. R. Rogers, *Freedom to learn: A View of What Education Might Become*, Columbus: Merrill Publishing Co., 1969.
② 马斯洛:《人性能达的境界》,林方译,云南人民出版社1987年版,第169页。

本身也是对创造性的威胁；移情理解就是要保持对经验的开放性。这些思想的核心是建立在对人的整体的、个体的、能动的认识上的，克服了传统教育轻情感、意志的培养，忽视学生的个性发展与人格建构等弊端。而强调教育就是普遍关心培养儿童独立、自主和健全的人格，"教人"比"教书"更重要，教育应充分重视人性的培养。

第三，以学生为中心的非指导性教学。罗杰斯在以学习者为中心的教学思想指导下，提出了人本主义的非指导性教学模式。非指导性教学模式的中心思想是：以学生的经验为中心，学习是对学习者有用的、有价值经验的学习；取消指导，让学生自发地、主动地学习。罗杰斯把学生当成有个性情感的、有许多潜能但尚不完备的人来看待，要求教师必须多方面、无条件地接受学生，相信学生能够达到预期的目标；要求教师从学生的角度观察事物，站在学生的立场上考虑问题，洞悉学生的内心世界，设身处地地为学生着想。他批评了以教师为中心的传统教学模式，认为传统教学的主要特点是：只重智育，不重视整个人的全面发展；教师是知识与权力的拥有者，单纯灌输知识，学生只能接受和服从；学校实施强制管理，师生关系不平等，缺乏民主和信任感，学生经常处于怀疑和惧怕的状态之中。因此，他提倡以学生为中心的教学模式，认为包括认识和情感都投入到学习活动之中，强调学习对学习者个人的意义及学习者是否能意识到这种意义。然而，非指导性不主张教师对学生的反映做出肯定或否定的回答，只要求教师认可学生表达的内容，使学生体验到教师正在倾听他的心声，在关心他、理解他。积极倾听是对学生的一种认可，但不具有指导性，这真能使学生得到发展吗？这又是有疑问的。

第四，新型的师生关系。罗杰斯认为要使教育有效，就必须搞好师生关系。在传统教学中，师生之间缺乏融洽的人际关系，没有信任感；教育中的民主价值观被践踏，学生没有自我选择的自由；学生的完善人格没有受到足够的关注。为了促进学生人格的充分发展，教师必须具备的态度品质包括：充分信任学生能够发展自己的潜能，以真诚、关怀和理解的态度对待学生的情感、兴趣、个人经验和意见，创造一种促进学习的良好氛围。在教学过程中，教师的任务是创造学习条件，设计问题情景，鼓励学生积极探索，最大限度地挖掘学生的潜能，使学生的学习尽量赋有个人意义而有成效。他主张取消传统教育中教师对学生的"训练"或"教导"，取而代之的是对学生发展的"促进"，教师只是学生学习的促进者、鼓励者，学生才是学习的真正主体。在师生关系方面，在"无条件的积极尊重"基础上他提出良好师生关系的三要素：真诚、接受和理解。（需要指出，他提倡的无条件的积极尊重并非无条件地放弃对个体的引导、教育或放纵他不端的观念或行为，而是强调任何人身边的重要人物不会因为个体的不端而影响到他们给予个体的全部的爱或对个体感情的接受。）总之，新型的师生关系的认识是基于对学生认识的根本转变：任何一个学生都是既具有潜力的人，每个学生都需要无条件的积极的关注，在教育的帮助下，学生能够自己教育自己，最终达到自我实现的人本关怀。

总之，人本主义心理学突出强调自我生长、自我提升、自我发展和自我利益，追求个人主义、非理性主义和现实主义，将自我实现作为人的全部价值的中心，在教育中把人的因素放在第一位置来考虑，实践中把着力点放在挖掘人的潜力、发挥人的主体性和积极性上。这一思想在西方的学校教育变革、家庭教育、心理咨询与治疗等领域产生了深远的影响。尤其是对于道德教育领域，人本主义心理学的出现从根本上改变了道德教育的价值取向、教育理念以及师生关系的总体特征，对以人为本的道德教育提供了很多有价值的借鉴。但是，人本主义道德教育理论植根于唯心主义哲学范畴，将人所具有的创造性、潜能发挥和自我实现的要求看成人的本性，这虽是人类对自身认识的一个突破，但过于强调人的"自我选择"、"自我设计"，忽视人的个性、价值和创造性的社会制约性，从根本上对人的本质或人性就没有做出真正科学的回答。同时，人本主义不仅没有建立在唯物主义角度上的"立"，而且也没有辩证地对教育进行"破"。其对传统教育的批评触及的是一些长期以来在教育实践中存在而得不到解决的难题，如教育管理与学生自由的矛盾、知识传授与创造性（潜能开发）的统一、认知发展与情感发展的协调等问题。因此，人本主义教育心理学的基本观点与理论模型，为我国当前教育中存在的问题的研究与实践中的改革提供了一些新的观点和途径。然而，人本主义心理学片面强调学生的天赋潜能的作用而无视人的本质的社会性；过度强调学生的中心地位，使教学不恰当地拘泥于满足学生个人自发的兴趣与爱好；忽视教育与教学的效能，忽视教学内容的系统逻辑性和教师在学科学习中的主导作用；等等：这势必会影响教育与教学的质量，应是我们在借鉴中应该注意的地方。

（三）西方人本德育思想的局限性

西方人本德育思想具有明显的历史局限性，德育经历了由为奴隶主服务到为封建贵族、宗教神学服务，再为资产阶级服务的发展历程。特别是在西方资本主义社会，由于资本主义制度的先天缺陷，资本家追求利益的最大化，决定了资本主义德育的出发点不可能是人本的。即使是人本，也是为了资产阶级的少数人，而不可能是人民大众。在资本主义社会，人本德育的人是抽象的人，而不是具体的人；是个体的人，而不是社会的人。透视西方人本德育的思想，我们可以初略地看出西方人本德育的某些局限性。

第一，本体论上，德育从"人是什么"的追问中出发（人的理性），而忽视现实的人。和中国一样，在西方古代，苏格拉底、柏拉图和亚里士多德为代表的先哲们就关注并探索了人与德育的本质关联。苏格拉底被誉为西方人本主义的始祖，提出"认识你自己"的著名命题；柏拉图从人性论出发论证德育在个体层面的必然性，主张人应该"当自己的主人"；亚里士多德也系统研究了人的德性的来源与本质等问题，指出"人是理性的动物"。而且这种关注并没有随时代的变化而终止。相反，经历中世纪的"神本"崇奉后，既使面对势不可挡的科学主义的冲击，进入近代后对人的追问又达到了一个新的高度。不仅如此，综观西方人本主义思潮，并没有如同中国高扬人性善与恶的价值观判断，也没有固守于人的生物本性的一极；相反，他们从关注"人是什么",而聚焦于人是理性的存在。从亚里士多德明确提出"人是理性的动物",到"我思故我在"无不如此;而且也正是在对"美德是人达于理性"的追求中对道德教育给予了很高的关注并成为其育德的开端。

第二,在价值取向上,个人主义成为德育基因,忽视集体利益。个人主义作为一个外来词,在引入中国之后长期以来受到许多误解,一直都被当作贬义词使用。在这里不是将个人主义从习惯上的自私自利来理解,而是强调重视个人自由和个人意志,强调自我支配和不受外来约束的一面。从西方文化的源头古希腊哲学提出"认识你自己",就将视角着眼于人的自身了。后经过欧洲近代历史上文艺复兴、启蒙运动和宗教改革的洗礼,一直到近代科学革命,西方文化中源远流长的个人主义达到了一个新的极端。因而,也可以说个人主义是西方文化基因,或者西方道德教育中一直就含有个人主义的文化基因。

第三,方法论上,重视人的自然本性,忽视人的社会属性。早在古希腊时代,柏拉图就提出:"事实上,眼下的教育并不如某些人在自己的职业中宣称的那样,教育可以弥补灵魂中缺失的知识,就仿佛教育如视力般弥补了盲人的视觉缺陷一般。"[①] 虽然这种观点是站在唯心主义立场上的,不具有科学性,但这也从一个方面表明尊重人的自然发展在西方道德教育中自古就有了。进入近代,教育家夸美纽斯更是提出"教育要适应自然原则";而卢梭理解的"自然"已经纯人本化了,它是指人——儿童本身,儿童自然本性及发展的自然进程。他提出一个著名的命题,即"大自然希望儿童在成人以前就要像儿童的样子"[②]。综观西方道德教育的发展,重视人的自然本性的方法突出体现于:其一,阶段式。简言之,就是注重根据人在不同阶段的身心特征开展教育,认为教育可分为互相关联但又各自独立的不同阶段。这既体现于柏拉图、亚里士多,也体现于卢梭、赫尔巴特。其

---

① 柏拉图:《理想国》,黄颖译,中国华侨出版社2012年版,第196页。
② 卢梭:《爱弥儿》,李平沤译,商务印书馆1978年版,第91页。

二，启发式。就是从学生的兴趣、个性等方面出发，重视学生的学习主动性的教育性教学。苏格拉底的"产婆术"的教学方式可谓是众所周知的典型代表，当然这也和中国传统道德教育中引导学生主动思考的思想是一致的。

三、马克思主义人本德育思想

前面我们研究过人本德育的理论基础，主要就人的本质、人的主体性和人的全面发展进行过论述，现在有必要深入研究马克思主义的人本德育思想，以增强理论研究的深度，使我们对人本德育有更深入的理解，更好地指导德育实践。

（一）马克思的人本德育观

马克思和恩格斯虽然没有直接写过德育理论方面的专著，但他们对马克思主义教育理论同样做出了重要贡献。马克思和恩格斯的教育思想使人类的教育理论掌握了更加科学的武器，开启了教育发展的新时代，谱写了教育发展的新篇章。一百多年来的实践证明，马克思和恩格斯的教育思想和教育理论具有强大的生命力和重要的指导意义，成为广大教育工作者进行教育理论研究和教育实践的指南。

马克思、恩格斯运用辩证唯物主义和历史唯物主义的观点，科学地回答了教育领域里的许多重大问题，带来了教育科学方法论上的根本变革；批判了资产阶级的教育理论、教育制度和工人运动中各种机会主义教育观，批判和继承了人类优秀文化教育思想；揭示了教育的本质、教育在不同结构社会中的地位和作用，揭示了教育与社会、经济、政治、文化以及与人的发展之间的相互关系，提出了人的全面发展的学说，科学地论述了教育与生产劳动相结合以及综合技术教育理论；创立了崭新的马克思主义教育理论，成为马克思主义庞大科学体系的重要有机组成部分，奠定了无产阶级教育理论的基础，打破了剥削阶级教育理论一统天下的局面。马克思、恩格斯在批判资产阶级教育的基础上，描绘了无产阶级教育的壮丽蓝图，为无产阶级的革命提供了斗争武器，为无产阶级教育实践的发展指明了方向。马克思、恩格斯关于教育的论述，是马克思主义的基本原理在教育研究中的运用和表现，这也就显示出马克思主义的基础理论对教育科学的指导意义。它用科学的世界观和方法论武装了教育科学，从而使人们有可能进一步揭示教育现象的本质和规律。我们从中也发展了不少关于人本德育的思想火花。

在马克思和恩格斯的教育思想发展过程中，对各种机会主义教育思想的批判，是其中重要的内容。他们在《临时中央委员会就若干问题给代表的指示》中，批判了小资产阶级思想家、无政府主义的创始人蒲鲁东的教育观；在《社会主义民主同盟和国际工人协会》一文中，批判了无政府主义创始人之一巴枯宁从无政府主义立场出发，对教育的某些论述；在《哥达纲领批判》中，批判了拉萨尔的教育观；在《反杜林论》中，对以社会主义改革家面目出现的、柏林大学讲师杜林的教育观进行了批判。在批判中，他们阐述了关于教育的许多基本观点，其中包括与教育有关的道德问题、义务教育问题、"综合劳动"教育问题、自由问题、人的全面发展问题、教学计划和内容等问题。

马克思的人本德育观来源于前人的抽象人本主义观，又与之有本质区别。黑格尔将绝对理念作为世界的本体，而把人归结为自我意识，不承认人是世界的部分。费尔巴哈的人本主义向前迈了一大步，他认识到人的主体性，却又将自然和人相对立，把人抽象为具有纯粹自然性质的类本质的人，无法能动地、实践地认识世界和改造世界。正是看到了他们的局限性，马克思以唯物史观为武器，逐步发现了人的真谛。

马克思在《〈政治经济学批判〉序言》中指出："物质生活的生产方式制约着整个社会生活、政治生活和精神生活的过程。不是人们的意识决定人们的存在,相反,是人们的社会存在决定人们的意识。"① 马克思认为,教育是受社会的物质生活条件和一定的社会关系所制约的,一定社会的教育总是由一定的社会关系决定的。教育作为社会现象,将永远存在于人类社会生活中。但是,不同的历史时代和不同的社会制度,决定着不同的教育目的、教育方针、教育内容和方法。教育的历史性,在阶级社会中是同阶级性紧密相连的,占统治地位的教育总是统治阶级的教育。马克思、恩格斯指出:"统治阶级的思想在每一时代都是占统治地位的思想……支配着物质生产资料的阶级,同时也支配着精神生产的资料,因此,那些没有精神生产资料的人的思想,一般地是受统治阶级支配的。"② 这就科学地揭示了德育的阶级性。他们认为,人们的意识,随着人们的生活条件、人们的社会关系、人们的社会存在的改变而改变。因此,考察德育就不能从它本身或从一般的教育理论中进行,而要从它据以存在的社会物质生活条件中去寻求它的规律。这就使德育摆脱了从人们的思想、动机、人性等来考察德育的唯心史观的束缚,为德育研究奠定了科学的理论基础。

从《1844年经济学哲学手稿》到《资本论》,马克思一直在探索实现人的全面发展的道路。马克思认为,任何人都生活在一定的社会关系中,也是社会和历史的存在物,而且正是后者规定着人的本质。

马克思在《资本论》、恩格斯在《反杜林论》中对人的全面发展进行了完整、彻底的论述。马克思认为,人的发展是和生产相一致的,是和如何从事生产相一致的,他总是把人放在一定的历史阶段来进行考察。马克思、恩格斯深刻地分析了资本主义生产方式下的劳动的性质及人的片面发展。认为人的片面发展与分工同时并举,在手工工场内部生产过程的分工,造成了工人的畸形发展。它以人组成一台机器,劳动力从事操作的器官达到高度疲劳,其他大部分器官则衰退

---

① 《马克思恩格斯选集》第2卷,人民出版社1995年版,第32页。
② 《马克思恩格斯全集》第3卷,人民出版社1960年版,第52页。

了，劳动者不再成为一个完整的人，而是被肢解了，成为人的一个片断。手工工场使工人一生束缚于某种操作和某种工具上，把工人变成了畸形物，压抑了工人的多种多样的生产志趣和生产技能，人为地培植工人片面的技巧。到了机器生产时代，分工对人的发展的影响更为严重。在资本主义大机器生产时代，机器代替了手工生产，自然力代替了人力，工人则成了机器的单纯附属品，终身专门服侍一台局部机器。机器劳动损害了工人的神经系统，压抑了肌肉的多方面运动，侵吞了身体和精神上的一切自由活动，使工人的体力和智力受到严重摧残。与此同时，由于机器使劳动动作变得简单，童工劳动成为可能，造成了儿童少年智力的荒废。

马克思指出，"个人是社会存在物"①，"人的本质是人的真正的社会联系"②。任何个人都生活在一定的社会环境中，考察德育必须联系具体历史条件和经济关系。

在《资本论》中，马克思通过揭示资本的本质和剩余价值的秘密，得出共产主义是"以每个人的全面而自由的发展为基本原则的社会形式"③。马克思和恩格斯将人的自由、解放和全面发展看成人类最终的归结点。可以看出，人的全面发展是一个贯穿在社会发展中逐步提高、永无止境的历史过程，离开一定的生产方式、社会条件，抽象地谈人的全面发展是不切实际的。正如马克思所说："个人的全面性不是想象的或设想的全面性，而是他的现实关系和观念关系的全面性。"④

理解马克思的人本德育观，必须坚持辩证唯物主义和历史唯物主义的科学基础，在于其世界观和历史观的真理性，在于其对人在唯物史观视野中的具体的、历史的、社会的科学把握，⑤并不是脱离经济

---

① 《马克思恩格斯全集》第42卷，人民出版社1979年版，第122页。
② 《马克思恩格斯全集》第42卷，人民出版社1979年版，第24页。
③ 《马克思恩格斯全集》第23卷，人民出版社1972年版，第649页。
④ 《马克思恩格斯全集》第46卷下，人民出版社1956年版，第36页。
⑤ 钟君：《论"以人为本为本"的科学内涵和价值目标》，《中国社会科学院研究生院学报》2005年第3期。

基础和社会关系空谈"人",而是要在具体的历史条件下讲"人本"。

恩格斯在《反杜林论》中对道德教育这个问题进行了详细论述。他批判了杜林的永恒道德观,系统地阐述了马克思主义的道德理论。恩格斯认为,一切道德观念、规范都是当时社会经济状况的产物。他指出:"人们自觉地或不自觉地,归根到底是从他们阶级地位所依据的实际关系中——从他们进行生产和交换的经济关系中,吸取自己的道德观念。"道德具有历史性,在历史长河中,每一个时代都有自己相应的道德观点、道德标准和道德要求。道德随历史发展,其总的趋势是上升的、进步的。在阶级社会中,道德具有阶级性,人们经济地位、经济生活的差别,使得人们形成不同的道德观念。任何一个时代,占统治地位的道德都是统治阶级的道德。道德也具有继承性,从总体讲,不同社会公共生活中的基本规则、劳动人民的优良品质和优良道德传统、促进历史发展的那些民主性和进步性的传统,都是应该肯定和继承的。无产阶级的道德不但反映了无产阶级的阶级利益,而且集历史上一切优秀道德遗产的大成,是道德发展的最高阶段,也为未来的全人类道德奠定了基础。

马克思、恩格斯关于人的发展问题和道德教育问题,透视着人本德育的光辉思想。他们运用历史唯物主义原理,在教育史上科学地揭示了教育的本质、教育的社会作用、教育的历史性和阶级性,以及教育发展的规律。他们十分强调,教育对工人阶级的彻底解放和建设共产主义的重要意义。马克思指出:"最先进的工人完全了解,他们阶级的未来,从而也是人类的未来,完全取决于正在成长的工人一代的教育。"①

列宁在十月社会主义革命胜利的初期就明确提出,学校教育要成为培养青年的共产主义道德的事业。作为人,有其自然属性和社会属性。既然教育具有把自然人转化为社会人的这个特点,那么,作为社会的"人",绝不是孤立的存在和发展,他需要通过正确的教育途径,使自己成为一个健全的人。从人出发,重视德育,是因为德育在

---

① 《马克思恩格斯全集》第16卷,人民出版社1964版,第217页。

传授文化科学知识的过程中，能促使人的政治思想品德的形成和发展，因为人的活动并不像动物活动那样，仅仅是出于本能，而是受自己的意识所支配的。列宁指出：只有用人类创造的全部知识财富来丰富自己的头脑，才能成为共产主义者。这就是说德育必须从人出发，换句话说，我们必须发展人本德育。

（二）人本德育中国化

马克思、恩格斯的教育学说从它诞生的那一天起就显示了巨大的生命力，一直对我国的社会主义教育事业发挥着重要的指导作用，并且在伴随着我国教育事业的发展中不断地得到丰富、发展和创新，不断地使之中国化。

毛泽东是中国共产党第一代领导集体核心，他继承和发展了马克思主义教育思想，并创造性地形成了自己的德育思想，把德育提到了相当高的地位，并凸显人本德育思想。1957年，毛泽东总结了我国新民主主义时期的教育经验，在《关于正确处理人民内部矛盾的问题》中指出："我们的教育方针，应该使受教育者在德育、智育、体育几方面都得到发展，成为有社会主义觉悟的有文化的劳动者。"[1] 首次提出了使受教育者德育、智育、体育几方面都得到发展，明确了人才培养的重要标准，把受教育者的全面发展作为检验人才的依据。这既是对我国教育事业的发展目的，也是对教育功能的本质要求；既是对每一个受教育者提出的希望和努力目标，也为我国教育指明了发展方向和人才培养的标准。1958年，毛泽东又提出了"教育为无产阶级政治服务，教育与生产劳动相结合"[2] 的思想，这两者结合起来形成了毛泽东教育思想的主旨，包含了教育的目的、功能和性质，指明了社会主义教育培养的人才规格与标准。这是毛泽东对马克思主义

---

[1] 《毛泽东论教育》，人民教育出版社2008年版，第272页。
[2] 《毛泽东论教育》，人民教育出版社2008年版，第291页。

教育思想在中国的具体运用和发展。

邓小平作为中国共产党第二代领导集体核心，继承和发展了毛泽东的教育思想。他结合中国特色社会主义改革开放的实践，从当代世界发展和中华民族历史命运的高度，提出"教育要面向现代化，面向世界，面向未来"，给我国的教育改革和发展提供了新思路，为新时期德育的发展指明了前进的方向。邓小平提出"有理想、有道德、有文化、有纪律"的概念。"四有"新人理论深刻阐明了民族素质和人的全面发展的内涵，指明了现阶段促进人的全面发展的目标、要求和实现途径，为德育发展指明了方向。"三个面向"指导思想、"四有"人才的培养目标和"德、智、体"全面发展的思想，包含着丰富的人本德育思想。

江泽民是中国共产党第三代领导集体核心，在科学判断党的历史方位的基础上提出"三个代表"的重要思想，并在总结改革开放以来我国德育发展的新经验，针对国内外经济社会环境发生的深刻变化，提出了以全面提高人的素质为目标的人本德育思想。1997年，江泽民在党的十五大报告中指出："认真贯彻党的教育方针，重视受教育者素质的提高，培养德智体等全面发展的社会主义事业的建设者和接班人。"[①] 1999年6月，江泽民在第三次全国教育工作会议上指出，要"以提高国民素质为根本宗旨，以培养学生的创新精神和实践能力为重点，努力造就有理想、有道德、有文化、有纪律的，德育、智育、体育、美育等全面发展的社会主义事业建设者和接班人"[②]。江泽民根据世纪之交德育发展的新形势和世界变化的新特点，提出素质教育、创新教育的思想，使人本德育发展进入了一个崭新的阶段。

党的十六大之后，以胡锦涛为总书记的党中央提出坚持以人为本、全面协调和可持续的科学发展观。以"以人为本"为核心的科学发展观，把马克思主义对于德育问题的认识提高到一个崭新的境

---

① 《江泽民文选》第2卷，人民出版社2006年版，第34页。
② 《江泽民文选》第2卷，人民出版社2006年版，第332页。

界,赋予人本德育思想以新的内涵。

科学发展观科学地阐明了现代社会中人的全面发展的历史必然性,强调弘扬人的主体性是社会主义社会和社会历史发展的根本目的。明确其中的第一要义是发展,强调人的素质的全面提升,把满足人的发展需要、促进人的全面发展作为德育的根本出发点和落脚点。科学发展观的人本德育思想倡导主体性是人的全面发展的核心,人的发展,从根本上说,是确立人在世界中的主体地位。德育面对的是人的世界,德育的主体是人,德育的对象是人,德育的目的是培养人,在德育活动中,人是根本,人处在中心的位置,这就是人本德育。

2007年10月,胡锦涛在党的十七大报告中进一步提出了"要全面贯彻党的教育方针,坚持育人为本、德育为先,实施素质教育,提高教育现代化水平,培养德智体美全面发展的社会主义建设者和接班人,办好人民满意的教育"①的要求。因此必须树立以人为本的德育发展观,关注"人",关注生命,发挥人的主体作用。科学发展观的德育思想强调全面实施素质教育,培养学生的基本素质和终身学习能力,强调人的素质的全面发展和个性化发展,促进学生可持续发展。科学发展观的德育思想强调创新精神和实践能力的培养。"要激发学生发展的内在动力,提高学生的创新精神和实践能力。"②培养创新精神和实践能力是人本德育的核心,是人本德育的基本指向。党的十八大报告中明确提出:"凡是涉及群众切身利益的决策都要充分听取群众意见,凡是损害群众利益的做法都要坚决防止和纠正。"新"两个凡是"从尊重人民当家作主的基本权利和维护人民的根本利益出发,充分体现了以人为本的科学发展观。

2012年11月15日习近平新当选中共中央总书记同中外记者见面时,袒露心扉的1500余字的演讲中,19次提到"人民"二字,话语朴实却字字千钧。十八大后,在中共中央政治局第一次集体学习时,习近平总书记就强调,一个政党,一个政权,其前途和命运最终

---

① 《中国共产党第十七次全国代表大会文件汇编》,人民出版社2007年版,第36页。
② 《中国共产党第十七次全国代表大会文件汇编》,人民出版社2007年版,第15页。

取决于人心向背。如果我们脱离群众，失去人民的拥护和支持，最终也会走向失败。习近平提出，中国梦的本质是实现国家富强、民族振兴、人民幸福，归根到底是人民的梦；让老百姓过上好日子是我们一切工作的出发点和落脚点；等等。

（三）中国化人本德育的发展

研究德育，探讨人本德育，不能脱离人。从人出发，以人为本是中国化人本德育观的核心。人在阶级社会是有阶级性的。毛泽东在唯物史观的指导下对人性的阶级性有过十分深刻的论述："有没有人性这种东西？当然有的。但是只有具体的人性，没有抽象的人性。在阶级社会里就是只有带着阶级性的人性，而没有什么超阶级的人性。……世上决没有无缘无故的爱，也没有无缘无故的恨。至于所谓'人类之爱'，自从人类分化成为阶级以后，就没有过这种统一的爱。"[①] 因此，马克思主义以人为本观肯定人是一切社会关系的总和，人的自然属性依附于人的社会活动。在谈论"以人为本"时，我们必须清醒地坚持从社会现实出发，反对从抽象的"人"的概念出发研究人，进而研究人本德育。

1984年1月3日胡乔木在中央党校做了题为《关于人道主义和异化问题》的长篇讲话，提出应该区分人道主义的两种含义：作为世界观和历史观的人道主义，是资产阶级唯心主义的思想体系，没有任何积极意义可言；作为伦理原则和道德规范的人道主义，则应该冠以"社会主义人道主义"的名称提倡实行。[②] 社会主义人道主义是在辩证唯物主义和历史唯物主义的世界观和方法论指导下，对西方历史上的人道主义或人本主义进行科学分析，摒弃其中以唯心主义的世界

---

① 《毛泽东选集》第3卷，人民出版社1991年版，第870～871页。
② 转引自郭建宁：《20世纪中国马克思主义哲学》，北京大学出版社2005年版，第255页。

观、历史观为基础,以维护资本主义制度为前提,以个人主义为核心的资产阶级意识形态,继承和改造其中包含的人道思想、人道原则,并与社会主义制度、理想相结合而形成的当代人道主义新形态。

科学把握中国化马克思主义以人为本观的理论精髓,是切实加强人本德育、促进未成年人思想道德建设的根本保证。在当代,什么是"以人为本"?胡锦涛说:"坚持以人为本,就是要以实现人的全面发展为目标,从人民群众的根本利益出发谋发展、促发展,不断满足人民群众日益增长的物质文化需要,切实保障人民群众的经济、政治和文化权益,让发展的成果惠及全体人民。"① "以人为本"思想的提出,表明中国已经进入经济社会全面、协调、可持续发展与人的全面发展相结合的新时期,人的全面发展被提到了前所未有的高度。

人本德育是以"现实的人"为出发点,以人的全面自由发展为终极目的。德育过程中应贯彻以人为本的原则,使现代德育获得与时代发展主旋律相一致的品性和意蕴。马克思主义人本德育观正是对古今中外人本德育思想的吸收、继承、发展和创新。它以人的全面发展为目标,从受教育者的立场出发,在德育过程中充分强调对人的需要、个性的尊重和重视,强调对人的自由、解放的执着追求,不断提高受教育者的思想品德和自我修养,其核心是以人为本,充分体现了科学发展观。②

以人为本之所以是中国化马克思主义人本德育观的核心,是因为德育的对象是人,是学生。以人为本,在学校就是要以生为本。有学者认为,"以人为本"的哲学意义主要体现在对"本"的释义上,即人是本体论意义上的世界之本,人是价值论意义上之本,人是终极追求意义上之本。③ 学校阶段是人类发展和自我完善的"黄金期",加强学校德育要以是否有利于促进学生的健康发展和社会良性运转为根

---

① 胡锦涛:《在中央人口资源环境工作座谈会上的讲话》,http://news.xinhuanet.com/zhengfu//2004-04/05/content_1400543.htm,2004-04-05。

② 郑承军:《论马克思主义人本德育观》,《中国德育》2007年第6期。

③ 黄楠森:《马克思主义与"以人为本"回答以人为本研究中的几点疑问》,《北京日报》2004年3月1日。

本目的。

　　《关于进一步加强和改进大学生思想政治教育的意见》中强调要"坚持以人为本，贴近实际、贴近生活、贴近学生，努力提高思想政治教育的针对性、实效性和吸引力、感染力，培养德智体美全面发展的社会主义合格建设者和可靠接班人"。学校德育贯彻落实马克思主义人本德育思想，要求坚持以人为本。学校应该创造良好环境，形成良好氛围，在人际关系上要做到相互理解、平等对话，以达到教学相长、师生共进的目的；在精神塑造上，学校要帮助学生完善个性、陶冶情操、砥砺品德、端正思想，以提升学生精神境界，端正学生人生态度；在学习上，学校要帮助学生端正学习态度，找寻适合自己的学习方法，借鉴他人的学习经验，掌握合理安排、利用时间的技巧，以帮助学生形成良好的学习习惯，提高学生掌握和运用知识的能力；在身心健康上，学校要了解学生身心发育的规律，掌握必要的咨询辅导方法，引导学生积极锻炼身体，培育良好心态；在日常生活中，学校要关心学生的疾苦，体察学生的难处，设身处地地替学生思考、为学生分忧，切实为学生解决生活中的实际问题，达到在凡人小事的生活关心中切实贯彻落实以人为本的深刻蕴意的目的。

第四章　高校人本德育的现实背景

　　胡锦涛提出的"以人为本"的思想，为当今德育的现实发展指明了方向。人本德育就是"以人为本"思想在德育上的回应。人本德育就是德育以人为本，以人为出发点，在德育过程中贯彻人本理念和人性关怀，以促进人的全面发展。当今世界，人的问题越来越成为热门的世界性话题。正确把握德育的人本思想，深刻领会人本德育的内涵，我们还必须回到现实中去解读。

一、市场经济对人本德育的诉求

　　社会主义市场经济，既是对人类社会发展成果的继承，也是在马克思主义科学思想指导下对历史的超越。学校德育工作曾经受到过计划经济体制的影响，尽管经过十多年的改革，那些不适应生产力发展的观念已经被抛弃，但是作为一种思想方法仍然存在于我们的学校德育传统中。社会主义市场经济的实践对整个社会产生了巨大的冲击，它不仅影响到人们的道德观念，而且影响到人们的道德实践，进而影响到以社会道德实践为基础的德育活动。学校德育必须对这一影响作出自己的回答。这就是说，在市场经济条件下，德育应该以一种什么态度来应对市场经济的变化，以期培养合格的社会主义建设者。

（一）市场经济拓宽了人本德育的发展空间

市场经济的独特特性，既影响德育，又影响学生。市场经济对德育的影响，主要是影响德育改革、影响人本德育发展。学生在市场经济背景下，受到的是双重影响，既受到德育的影响，特别是市场经济背景下的德育影响，同时也受到市场经济的影响。市场经济的竞争性、开放性、效益性特征，既影响德育的实践性，又为德育实践发展提供了平台。德育在市场经济背景下，如何去发展，如何适应人的发展，如何与市场经济体制相协调，同时德育又如何去为市场经济服务，这都是我们必须回答的问题。

市场经济的出现是社会经济发展的历史进步，它对人的全面发展有着积极的作用。市场经济把整个社会范围内的所有个体联系起来，从而使市场全面反映出人的多样性的需要，引导人们去进行各种生产，并预测市场的潜在要求。这样，人的能力就得以在空间的各个点上展开，并根据潜在需求调动自己的潜能，进一步发展自己各方面的能力。因此，市场经济要求德育去发展学生的能力，以适应市场经济的需要。

人的全面发展，从根本上来说是指人的活动、关系、能力的普遍性和全面性的发展。但这种发展绝不是预先设定的、孤立的、抽象的发展，而是人与自然、人与社会、人与自身相联系的对象性活动、对象性关系和对象性能力在现实中的全面表现。而当今人们普遍关注和广泛谈论的市场经济问题，不可避免地将人的全面发展问题凸显出来。正如马克思所指出的："全面发展的个人——他们的社会关系作为他们自己的共同的关系，也是服从于他们自己的共同的控制的——不是自然的产物，而是历史的产物。要使这种个性成为可能，能力的发展就要达到一定的程度和全面性，这正是以建立在交换价值基础上的生产为前提的，这种生产才在产生出个人同自己和别人的普遍异化的同时，也产生出个人关系和个人能力的普遍性和全面性。"① 市场经济作为生产力发展的不可逾越的经济形式，决定了人的发展必然经由"人的依赖关系"发展到"以物的依赖性为基础的人的独立性"，再发展到"建立在个人全面发展和他们共同的社会生产能力成为他们的社会财富这一基础上的自由个性"。② 因而必然使马克思所说的那种"世界历史性的、真正普遍的个人"只能生成于市场经济的社会条件中。市场经济给德育提出了许多新的问题，无疑也拓展了德育的发展空间。

马克思曾经明确指出："人们受自己的生产力和与之相适应的交往的一定发展——直到交往的最遥远的形态——所制约。"③ 生产力的发展物质财富的丰富，是实现人的全面发展最根本的物质前提。只有生产力高度发达的情况下，人们才会把劳动作为自我完善的一种内容和方式，而不仅仅是作为谋生的手段。大学生的全面发展，包括大学生的生活、大学生的能力、大学生的社会关系、大学生的个性和大学生的需求等方面的发展。市场经济从某种程度上促进了大学生的活动方式、存在方式以及大学生自身的需要、能力、社会交往关系等方面的发展。市场经济的发展进程也是大学生的主体性和本质力量的发展过程。市场经济为大学生的发展提供了新的契机，成为大学生发展的催化剂，德育在这种"契机"、"催化剂"中扮演着重要的角色。

市场经济促进了大学生能力的发展。大学生能力的发展实际上是大学生素质的全面提高，是大学生内在潜能的充分发掘。大学生能力的发展主要是通过大学生的主体意识和主体能力表现出来的，可以说，主体意识与主体能力是构成大学生主体性的两翼。毫无疑问，市场经济内含着民主、平等、法制、效益观念和竞争意识、创新意识，大学生在参与市场经济的过程中，这些主体观念和主体意识将得到培养和强化。市场经济不仅强化了大学生的主体意识，而且以信息化、

---

① 《马克思恩格斯全集》第46卷上，人民出版社1979年版，第108～109页。
② 《马克思恩格斯全集》第46卷上，人民出版社1979年版，第104页。
③ 《马克思恩格斯选集》第1卷，人民出版社1995年版，第72页。

知识化为特征的知识经济还有利于发挥大学生的知识在实践中、生产中的作用，最大限度地培养大学生的多样化才能，从而增强大学生的主体能力。市场经济的运作势必给各国经济带来更多、更大的风险，从而增加了经济、社会发展的不确定性，这样势必促进利益主体面对竞争的复杂性学会趋利避害，充分利用有利因素和资源加快发展壮大自己，及时防范和控制可能出现的不利因素和风险，以加快经济与社会的发展，这一过程也正是主体能力得到锻炼和培养，主体性得到充分发挥的过程。德育在这个过程中并不是无能为力的，它必须引导学生去适应这些变化，利用这些条件发展自己的全面的能力。

市场经济增强了大学生的开放观念。大学生生活在这个世界，必然要与外界建构起互渗互化的联系，才能维持生存并获得发展。通过这种互渗互化，大学生既从外界输入也向外界输出物质、能量和信息，并把自身与集体、国家与世界、民族与人类联系起来。市场经济使世界各国的发展冲破了地域、民族和时间的界限而成为共时性、开放性的客观存在，它扩大了学生的交往范围，催生了面向世界的开放思维、全球视野，各民族、各国家都以更加开放的姿态走向世界。这种开放的观念，对于大学生的个性塑造起着重要作用。市场经济本身就是一个崇尚个性、鼓励个性充分发展的环境，在激烈竞争的经济浪潮中，鲜明的个性特征成为人的生存的一大特点，生产的个性化、消费的个性化、生活方式的个性化、学习的个性化等，成了一种时尚。市场经济为大学生的自主、自由的发展提供了平台，增强了大学生的自由度。市场经济的发展迫切要求大学生注重良好个性品质的培养。大学生面对新的环境、新的客体，不断接触新的知识，作出新的尝试，并根据新情况调整旧有观念和个性品质，从而使主客体间的对象性关系日益丰富，大学生的主体的能力、资质也得到提高。

市场经济促进了大学生全球意识的形成。市场经济使"过去那种地方的和民族的自给自足和闭关自守状态，被各民族的各方面的互相往来和各方面的互相依赖所代替了"[①]，市场经济使世界各国相互

[①] 《马克思恩格斯选集》第 1 卷，人民出版社 1995 年版，第 276 页。

联系、相互依存的关系越来越明显和变得越来越重要，每一个国家的发展都必须把自己同整个世界密切联系起来。市场经济条件下，要求学生重视市场问题，凸现全球意识、全球观念，善于进行国际交流和合作。这样每个人摆脱以往个体、分工、地域、民族的狭隘局限，积极广泛地参与各个方面、各个领域、各个层次的社会交往。人的能力得到了发展。市场经济促进了人的全面发展，随着市场经济的不断发展，人的发展也将逐步走向深入。市场经济也是人的活动方式、存在方式的社会化发展，是人自身的需要、能力、社会关系的市场经济发展。

　　市场经济强化了大学生的竞争意识。市场经济是一种竞争经济。市场经济把每个人推向世界，推向市场，参与竞争。这种全球的竞争机制对每个人来说与其说是压力，倒不如说是一种动力，它迫使人不得不挖掘、发挥自己的创造力，提高自己的能力。人为了在全球的竞争中站稳脚跟，就必须不断进行新的创造，必须不断提高自身素质，掌握先进的科学技术，从而释放潜能，展露才华。市场经济背景下的竞争是全球性的，表现为思想理念竞争、制度竞争、机制竞争、政策竞争和产品竞争、技术竞争、资本竞争、人才竞争交织在一起，使竞争呈立体化趋势，更加激烈、更加复杂，而且几乎遍布整个社会的各个方面。学生面对这种形势，要想在激烈的竞争中立于不败之地，就必须不断地完善自我，不断地改变自己的生存方式，这无疑也推动了大学生在竞争中不断地完善自我，不断地发展自身，增强了竞争意识和竞争能力。市场经济所形成的竞争机制，迫使学生不得不开拓创新以求生存和发展，这不仅有利于大学生的塑造而且必然会带来知识的丰富性、技能的多样性、能力的全面性，从而有助于形成大学生的全面的能力体系。大学生的能力在市场经济中获得进一步的发展。市场经济追求利益最大化的效率原则，为学生的发展提供了一个自由和平等竞争的环境，迫使学生投身到竞争的洪流中去。当下是一个充满竞争的社会，人们面临着来自学习、工作、就业和生活等方面的竞争和挑战。如在学习上，要取得好的学习成绩、要获得奖金需要竞争；在工作中，同样也要参与各种竞争或竞争活动，如干部竞争、职称竞争、职位竞争等；在日常生活中也面临各种各样的竞争，竞争的生活化程度日益严重。德育就是要引导学生去适应竞争，迎接挑战。竞争不仅使学生提高了认识能力，而且培养了学生的自强、自我超越意识，使学生意识到个人之间具有平等的人格。市场经济孕育出的自由、平等、竞争意识促进了学生主观能动性的发挥，能力本位的价值取向逐渐被学生所接受。德育要利用时机，引导学生适应竞争，积极参与竞争，开展合理的竞争，在竞争中实现自己的理想抱负。

市场经济提高了大学生的法律意识。世界贸易组织是以市场经济为主，以规则为基础的国际经济组织，它要求我国的经济体制运行规则等符合国际惯例和国际通行准则，要求人们必须树立较强的法制观念，使得经济生活符合法律的规范。大学生要想在社会的大背景下求得更好的发展，就必须提高民主法制观念，懂得相应的法律规则，这必然也就增强了大学生的法律意识。德育是包括有法制观教育的思想政治教育活动，它必须培养学生的法制观念，遵守社会发展的规律，做合格的社会公民。

市场经济增强了大学生的创新意识。市场经济的重要特征体现为全球经济的一体化，全球市场的形成，全球化时代的科学技术的大爆炸以及人们对物质生活和精神生活越来越高的要求，这些从本质上都要求不断地进行创新，使创新成为社会发展的一种机制。市场经济在提供人们施展才华空间的同时，无疑也给人们巨大的压力，迫使人们挖掘自身的潜力。市场经济为我们提供了广阔的学习空间和途径。可以说当今世界是信息爆炸的时代，因此人的知识在生产中的作用越来越突出，知识创新越来越成为经济发展的关键。随着竞争的日趋激烈，谁要在竞争中取得优势，就必须提高自己的认识判断、创造以及协调关系、承担风险等市场经济所需的能力。而所有这些能力的获得，又必须以掌握现代科学文化知识为基础。这就为人们学习和掌握现代科学文化知识提供了动力。如今，我们不仅可以利用传统的学习资源，还可以利用以网络化、信息化为手段的各种先进科学技术工具，不断地学习，不断地交流，使我们的整体能力不断增强并趋向全面。只有创新，才有主动权，才有竞争力。这样，在全球化过程中，人实际上是在以不断创新的思维方式来进行思维和生活的，人的知识、才能在经济全球化中的作用越来越突出，知识创新越来越成为经济发展的关键。市场经济的这种内在要求促成了要想有所作为的大学生在实践中崇尚创新意识。

（二）市场经济对人本德育发展的负面效应

事物都是一分为二的。市场经济对德育的发展有促进作用，也有负面影响。

市场经济一方面拓宽了德育的生存空间和发展空间，但另一方面又对德育产生了负面的影响。我们知道，市场经济是遵循价值规律，以市场配置资源的经济，它在发展经济、科技（生产力）上具有巨大作用，但我们不能把价值规律运用到上层建筑领域使之市场化。思想、政治、道德领域有它特定的规律。但在现实生活中，市场的强大竞争，使价值规律在社会领域得到了泛化。现在，社会上出现了极其严重的功利主义倾向，即追求物质利益、眼前利益的倾向，物本价值取向非常明显，人本价值取向受到冲击。在这种背景下，德育也受到了冲击，开始出现了功利主义倾向，即忽视德育，特别忽视理想信念教育，强化应试德育。面对如此的情况，很值得我们去思考并消除这种负面影响。

市场经济对德育的负面影响尤其表现在市场经济对大学生的思想观念造成很大的冲击。资本主义的经济扩张与思想渗透，总是紧密联系在一起的。美国《纽约时报》一则评论讲得十分明白："WTO 的资格不仅是经济问题，而是关系到全球一体化，迫使中国根据西方的贸易法律行事。它将使市场极大开放，从而使得更多的中国人能够接受外国思想的影响。"[①] 这种思想影响对大学生往往更为明显。

改革开放以来，各种西方理论思潮长驱直入，一些大学生热衷于

---

① 苑林娅：《从战略高度看中国加入 WTO》，《科学决策》2000 年第 1 期。

尼采、萨特、弗洛伊德等西方现代哲学流派，对经典的理论却漠然视之，有人还公然提出"修正"和"解构"的谬论。加入世界贸易组织后，西方文化的渗透无疑增强了，对大学生的主流意识的教育挑战更大。

市场经济冲击了大学生的价值观。市场经济，特别是经济全球化使西方发达国家的先进科学技术、资金、商品大量涌入我国，与此同时，他们的生活方式和价值观念也乘势而入，同国人原有的价值观念发生激烈的冲撞，使我国价值观领域的多元性状况更加突出。正是上述情况，造成了我国在全球化及发展社会主义市场经济的过程中，出现了价值观领域里的多元价值观与一元的、主导的价值观相冲突的格局。市场经济不仅是经济问题，还包括政治、军事、法律、文化等各个领域，各种文化思潮都在同一个舞台上激烈地相互碰撞，这必然会使我国文化的多样性、兼容性更为明显，使一些尚不成熟的大学生对西方文化产生盲目崇拜，甚至动摇已形成的理想信念。

（三）市场经济条件下人本德育发展

市场经济对德育的发展走向指出了明确的方向，那就是德育要向人本德育方向发展。我们知道：人是市场主体与生产力的核心要素，市场是人的市场，没有人就没有市场可言。在市场经济条件下，只有人发展了，经济才能发展，人是生产力诸要素中最核心的要素，只有发挥人的主观能动性，经济才能健康发展。在市场经济条件下，资源是经济发展的基础，而人才资源是最重要的资源，培养符合市场经济需要的人才，是经济发展的关键。而市场经济背景下的市场竞争机制，则非常需要有竞争力的人，非常需要人的精神动力。德育面对市场经济的需要，必须调整自己的思路，必须以人为本，培养符合市场发展规律的人才。德育在市场经济条件下，得到了很好的发展；但同时，德育也面临着现实的问题。德育如何克服物本倾向、功利倾向，这是一个很现实的问题。

我们知道：德育不仅具有政治功能，而且具有经济功能，那就是服务于现实的经济建设，为经济建设培养合格的人才。社会主义市场经济对德育提出了新的要求，德育也必须适应市场经济的发展，主动调整自己的思路，塑造具有社会主义市场经济意识的人。

社会生产力的核心要素是有智慧、有情感、有意志的人。人在改造客观世界的活动中，认识了客观世界的规律，人自身在改造世界的物质活动中获得了力量，同时人又把它运用于改造客观世界的物质活动之中。经济活动是人的积极的自我表现，任何一个时代的经济活动，都有与之相应的主体的、积极的意识，即一定的经济活动中体现出来的主体意识。一定的经济活动反映了一定的主体意识，一定的经济活动又要求具有一定主体意识的人。

社会主义市场经济环境中，生产力发展、经济关系发展与人的发展的一致性，决定了社会主义市场经济必然也体现了一定的人的主体意识——"社会主义市场经济意识"。既然社会主义市场经济是人的一定的主体意识的体现，那么搞社会主义市场经济必然也要求具有社会主义市场经济意识的人。通过德育来塑造具有这种意识的人，这就是社会主义市场经济给现时代的德育提出的根本性的命题。

在德育实践活动中，学生需要学会在市场经济中生存，学习在市场经济的条件下做"人"，这是德育的任务。市场经济确实给我们德育工作者出了一些两难问题。例如等价交换，这是市场公平的基础，但它并不能成为人际交往的普遍原则；又如，市场崇尚竞争，但它不能演变为生活中的弱肉强食。这些两难问题，似乎不能不使我们把经济活动与道德活动加以区别。这似乎又必然地要把市场经济与德育的距离拉远。然而简单地对经济与德育加以区分，对受教育者来说是缺乏说服力的，因为市场今天是他们日常生活的基础，而明天又将是他们驰骋的"疆场"。人不可能有两种生活：一种是经济生活，一种是道德生活。把市场经济与德育加以区分的二元分析的方法，于逻辑不通，于实际也不符合，这样德育就无法把握面对建设社会主义市场经济的实践它应肩负的使命。经济活动不是脱离了"人"的、纯粹客观的物质的活动，它是人的实践活动，最基本的社会实践活动。因此任何一种经济活动，作为人的活动，总蕴涵着人的一定的价值取向；任何一个历史时期的经济活动，总有一定的社会意识与之相适应，或反映着它的一定的时代精神。社会主义市场经济与德育的关系，只能从一定的社会经济与一定社会的时代精神的关系上才能获得合理的解释。

人本德育，是德育面对市场经济的最好选择。社会主义市场经济意识体现了人，确切地说体现了中国共产党领导下的中国人民在改造客观世界的过程中，自身主观世界改造所获得的新发展。德育是塑造人的活动，德育所应当塑造的人是社会实践，尤其是社会主义市场经济实践中所需要的人，所以当前的学校德育应努力塑造具有社会主义市场经济意识的人。学校德育工作面对建立社会主义市场经济新体制的这一现实，就不能不进行相应的改革，即两者必须统一于中国特色的社会主义市场经济。人本德育，恰恰是德育从学生出发，主动地迎接市场经济的现实诉求，所进行的理性回答。

社会主义市场经济既是对人类社会既有发展成果的继承，也是在马克思主义科学思想指导下在新的条件下对历史的超越。我们之所以能够超越，是我们已经建立起代表人类社会历史发展方向的社会主义制度。社会主义市场经济是整个社会主义运动的一部分，它不是对以往实践的否定，而是新的历史条件下社会主义经济发展的明智选择。人本德育，也不是对以往几十年形成的学校德育传统的否定，实际上是对德育传统的继承，并根据新的历史使命对德育的要求，所进行的合乎时代要求的现实发展。

市场经济的发展使学生认识到，最终决定一个国家或地区经济和社会发展速度的不是物质资源，而是人才资源。当今市场的激烈竞争，实质是人才质量的竞争。作为给社会输送人才的高等院校，在德育上要积极探索新时期对人才质量的要求，建立新时期的人才质量标准。人本德育，就是从新时期人才质量的标准出发，培养具有独特个性特征的复合型、适应型、开拓型的人才。因此，人本德育就是要培养学生全方位的意识和能力，培养学生的职业意识、创业意识、敬业意识、质量意识、竞争意识、公关意识、科技意识和法制意识，同时要在实践中培养学生良好的自学能力、自省能力,能够正确面对挫折和失败的考验。

马克思和恩格斯在《共产党宣言》中指出:"现代资产阶级本身是一个长期发展过程的产物,是生产方式和交换方式的一系列变革的产物。资产阶级的这种发展的每一个阶段,都伴随着相应的政治上的进展。"① 这说明政治的发展是与一定的社会物质生活的生产方式密切相关的。换言之,人本德育有它的物质性。它的物质性强调了人本德育的形成和发展同物质生活的生产方式的关联性,以及同物质生产活动中的生产力发展水平的关联性。它是社会的物质生产活动在德育中的投射。

我们是不是可以说,市场经济的发展程度越高,对人本德育的要求越强烈?我想是这样的。社会生产力越发展,市场经济的程度越高,为人本德育的提升创造了条件,提供了发展的空间,同时对人本德育的诉求也越强烈。马克思说:"物质生活的生产方式制约着整个社会生活、政治生活和精神生活的过程。"②

当前,我国已经确立了社会主义市场经济体制,这意味着我国人民摆脱了传统的对人的依赖状况,而开始了以对物的依赖为基础的人的独立发展阶段。人的独立发展,必然要求人有自己完善的人格,有自己的主体意识,有自己的独特个性,而这些品质在以社会为本位的教育目标体系中是不能够培养好的;相反,这些品质将会受到异化。人本德育旨在发展学生的个性,发展学生良好的人格,所以与市场经济关系密切。市场经济凸显了"以人为本"的德育理念。纠正了德育"德育无人"的弊端,为当今德育发展提供了理论上的启迪,凸显了人的发展的时代主题。

---

① 《马克思恩格斯选集》第 1 卷,人民出版社 1995 年版,第 273～274 页。
② 《马克思恩格斯选集》第 2 卷,人民出版社 1995 年版,第 32 页。

二、政治民主化对人本德育的诉求

政治作为社会大系统中的一个重要的子系统,实现"政治民主化"是建构人本德育的重要保证,人本德育是实现政治民主化的重要途径。政治民主化是指人类政治生活中各种政治行为主体之间、政治系统各子系统之间协调统一的一种状态。因此,政治民主化的发展,必然催生人本德育的诞生;人本德育的诞生,加快了政治民主化的进程。研究人本德育,不能脱离政治民主化的发展背景,只有把政治民主化与人本德育结合起来研究,才是人本德育研究的出路。

(一)政治民主化的性质

社会主义政治民主化,是社会主义现代化建设的重要组成部分,是一个与物质文明建设、精神文明建设既不可分割,又相对独立的建设系统。这一系统,如果按建设的任务、目标来划分,则主要有民主政治建设与法制建设。

我国政治、经济、文化的迅速发展,提出了民主政治建设与发展的迫切需要。我国社会对内对外开放的扩大,使人们依托市场体制和现代商品经济,冲破过去的封闭状态和自然经济的束缚,从狭隘的地域关系和人际关系中走出来,成为面向世界、面向社会,广泛联系,具有开放思维、开阔视野的社会个体;在交流与比较的过程中,人们对自身和社会关系的更加全面的本质认识,既是人们政治素质提高的表现,也是人们对全局事务,以及政治关注、知情、参与的要求。这种要求就是一种民主要求。同时,社会主义市场经济体制的形成与发展,使人们增强了独立性与自主性,成为面向社会竞争、自主发展的主体。主体性的发展是民主发展的基础与前提。另外,科学技术与教育的发展与普及，为人们增强民主意识，摆脱自发自在与愚昧无知状态，激发人们追求文明，提高自身思想政治素质提供条件；文化领域与价值取向的多样化，既以民主政治为条件，又以民主政治发展为特征，是突破价值取向单一性后的一种经济、政治、文化发展的综合状态。

我国社会的政治、经济、文化发展，既有力地推进了民主政治的发展，又迫切需要民主政治的发展。能否正确认识、适应推动民主政治的发展，不仅关系到政治文明的进步，而且关系到经济、政治、文化的发展。在民主政治发展方面，一些封建社会的政治现象依然存在，对此，邓小平进行过深刻的分析："革命队伍内的家长制作风，除了个人高度集权之外，还使个人凌驾于组织之上，组织成为个人的工具。家长制是历史非常悠久的一种陈旧社会现象，它的影响在党的历史上产生过很大危害。"① 邓小平指出，从理论上讲，社会主义民主"是历史上最广泛的民主。在民主的实践方面，我们过去作得不够，并且犯过错误"②。

我国民主政治建设与发展，不是一帆风顺的，它将会遇到来自传统与现实、观念与体制等各方面的阻抗，它也只能在不断消除这些阻抗的过程中，与经济、政治、文化协同发展。任何关于民主政治建设与发展的"自发论"、"无关紧要论"都是错误的。

社会主义政治民主化的另一个重要内容，就是加强社会主义法制建设。建设完备的法律体系，依法治国，将我国建设成为社会主义现代化的法制国家，使法律成为整个社会管理的最高准则。社会主义民主建设与社会主义法制建设是相辅相成，不可分割地联系在一起的。社会主义民主建设是社会主义法制建设的基础和前提，社会主义法制建设是社会主义民主建设的规范与保证。没有社会主义民主，法制社会就会走向专制；没有社会主义法制，民主就会流于形式。社会主义民主薄弱，必然导致社会主义法制疲软；社会主义法制无力，也必然

---

① 《邓小平文选》第 2 卷，人民出版社 1994 年，第 329～330 页。
② 《邓小平文选》第 2 卷，人民出版社 1994 年版，第 168 页。

导致社会主义民主脆弱。社会主义民主建设为社会主义法制建设提供广泛的群众基础和合理性取向，社会主义法制建设保证并实现社会主义民主的制度化、规范化、程序化。

法制建设的目的，是依法治国，将我国建设成为社会主义现代化的民主和法治国家，使国家的政治生活、经济生活和文化生活以及民主等各个方面，使人民民主和专政的各个环节都能真正做到有法可依、有法必依、执法必严、违法必究。法制建设，包括法制理论、法制思想、法律体系、执法机构、法制队伍等方面的建设，在这些内容中，法制理论与法制思想建设是意识形态建设的重要内容，对其他建设具有指导作用。自改革开放以来，我国在法制建设方面取得了丰硕的成果，诸如初步形成了比较完善的法律体系，制定了相关配套的法律条文，强化了司法、执法机构与队伍的建设，依法办事的风气正在我国形成，法制建设在我国社会主义现代化建设中所发挥的作用越来越突出，也越来越重要。但是，应当承认，我国法制建设所投入的社会成本，相对而言是比较大的，法制建设的推进也比较曲折和艰难，这与法制建设所遇到的来自社会和传统的阻抗有关，也与法制建设中的有形建设（即法律条文、法制机构、法制队伍建设）与无形建设（即法制理论、法制思想建设）不协调有关。

同时，法制建设如果没有民主建设作为基础，也会因为缺乏民主监督、民主管理而自行其事，有失公正，甚至可能成为民主建设的障碍。另外，法制建设如果没有道德建设的配合，执法人员缺乏内在道德法庭的审理，执法的不道德行为就会直接损害法制的诚信与威信，引发社会上的道德失范、冲破道德底线而走向违法乱纪。因此，根据我国的文化传统，法制建设应当坚持以人为本，标本兼顾，把有形建设与无形建设、法治与德治结合起来。邓小平强调法制建设的根本问题是教育人，他指出："我们国家缺少执法和守法的传统，……法制观念与人们的文化素质有关。""所以，加强法制重要的是要进行教育，根本问题是教育人。"[①]

---

① 《邓小平文选》第3卷，人民出版社1993年，第163页。

（二）政治民主化是人本德育发展的保证

政治民主化对德育的影响包括两个方面：一方面，政治民主化需要德育培养具有民主思想的人；另一方面，政治民主化又促进了德育的人本发展。政治民主化赋予大学生更多的是自主、自由、平等、公正，更多的是对人权的尊重，这些价值首先是通过政治、法律制度予以保证的。德育是帮助学生认识、理解、实现这些价值的重要途径，特别是引导学生正确认识民主与法制、自由与纪律、主体性与社会化的关系。没有德育，没有德育培养的具有政治民主化思想的人才，政治民主化就是句空话。政治民主化推进着、促进着德育的发展，特别是德育向人本德育的发展。

我们可以这样说，政治民主化为人本德育提供了前提和保证。不惟如此，作为"整个社会的正式代表和有形组织集中表现"的政治体系，不仅是人本德育的政治前提和制度保障，同时也是人本德育的集中反映和重要标志。

恩格斯在《家庭、私有制和国家的起源》中谈到国家起源时指出："国家是社会在一定发展阶段上的产物；国家是承认：这个社会陷入了不可解决的自我矛盾，分裂为不可调和的对立面而又无力摆脱这些对立面。而为了使这些对立面，这些经济利益互相冲突的阶级，不致在无谓的斗争中把自己和社会消灭，就需要有一种表面上凌驾于社会之上的力量，这种力量应当缓和冲突，把冲突保持在'秩序'的范围以内；这种从社会中产生但又自居于社会之上并且日益同社会相异化的力量，就是国家。"[①] 这就是说，国家存在的条件就是"缓和冲突，把冲突保持在'秩序'的范围以内"。换句话说，就是国家的存在是以"和"为前提的；没有"和"，不能将冲突限制在一定的范围之内，就不可能有国家的存在和发展。

---

① 《马克思恩格斯选集》第 4 卷，人民出版社 1995 年版，第 170 页。

恩格斯的这段话是关于国家的经典论述，较好地体现了政治民主化与人本德育的内在联系。就是说，政治体系要行使对社会资源进行权威性分配的职能，既需要自身机制的不断完善和发展，更需要得到社会的广泛的认同。简单地说，政治民主化的完善和发展就是政治结构功能的合理性，人本德育为这种合理性提供了广泛认同。一是对政治权威的认同，也就是政治主体的合法性。人本德育培育的正是具有民主化思想的主体。在现代社会，人民同意是政治合法性的道德基石，在法权上就是人民主权的政治原则，并通过一系列民主化的制度安排，以法治的形式落实和体现上述道德准则和政治原则。二是政治主体对政治产品的认同，也就是对包括政治制度安排、政策法规在内的政治结果的认同，这实际上表征的就是政治的正义性。唯有符合合法性、合理性和正义性特质的政治安排所形成的社会才是有秩序的社会。离开了政治，离开了政治民主化，任何形式、任何程度的社会和谐都不可能持久。

因此，我们完全可以说，政治是社会秩序的根本保障，政治民主化则是人本德育的制度前提和根本保障。从系统论的角度看，人本德育有赖于特定的政治结构充分发挥其社会服务、整合和协调功能。同时，作为社会关系集中体现的政治关系的和谐，也是人本德育的集中体现和重要标志。政治关系就是一种社会关系，是社会关系的集中体现。因此，人本德育首先是政治民主化的社会所要求的，是各阶级、阶层、集团之间的利益在公共权威的控制下按照一定的规则有机构成和有序整合。

从政治结构来看，人本德育是一系列社会基本结构首先是政治结构的正义性安排的结果。罗尔斯说，正义是社会制度的首要价值。如果认可这一点的话，那么也可以说正义性是人本德育的基本标志之一。而正义性的获得需要包括政治结构在内的社会基本结构的合理安排。可以说，正义原则确立、实施的全过程都离不开整个政治结构。离开了政治结构，社会的正义将是不可思议的，人本德育也将是不可思议的。

因此，撇开意识形态差异和社会制度差异不论，对于现代社会，其正义性的获得离不开合理的政治结构和制度安排。只有拥有合理的政治结构和制度安排的社会,也就是说只有政治民主化的社会,才有可能是正义的社会,因而德育也才有可能是人本德育。政治民主化是人本德育的重要标志和前提条件。

人本德育对政治领域的要求首要的是良好的政治秩序,是政治稳定与政治文明的加乘。人本德育反过来又促进了政治民主化的进程。"人们在特定的政治关系中,通过社会政治实践活动,逐步获得知识和能力,形成和改变自己的政治心理和政治思想。"① 当今世界民主化已经成为不可逆转的历史潮流,主要西方国家在不断地调整民主的形式,许多发展中国家也把民主化作为政治发展的重要目标,不断地推进民主建设的进程。"胜利了的社会主义如果不实行充分的民主,它就不能保持它所取得的胜利,引导人类走向国家的消亡。"② "民主意味着在形式上承认公民的一律平等,承认大家都有决定国家制度和管理国家的平等权利。"③ 因此,政治平等观念的直接体现就是政治民主化。民主是保证政治民主化的手段,民主有维持现存秩序的功用。

政治民主化的过程必然是一个政治法治化的过程。政治法治化的要义就是法律具有最高终极意义上的规范和裁决政治行为的力量,法律是政党、政府以及司法活动的最终导向和唯一准绳,不论是政府还是个人,都必须首先并完全受法律的约束。政治法治化表现在政治制度法治化、政治行为法治化、政治意识法治化三个方面。

人本德育就是要培养具有平等法治观念的现代合法公民,积极参与国家的民主法治建设,管理好社会主义国家。邓小平说:"政治上,充分发扬人民民主,保证全体人民真正享有通过各种有效形式管理国家、特别是管理基层地方政权和各项企事业的权力"④。

---

① 王浦劬:《政治学基础》,北京大学出版社1995年版,第281页。
② 《列宁全集》第23卷,人民出版社1958年版,第70页。
③ 《列宁全集》第3卷,人民出版社1958年版,第96页。
④ 《邓小平文选》第2卷,人民出版社1994年版,第322页。

民主的优点就是能让各种不同的声音、不同的意见表达出来，然后通过协商加以解决，不至于使矛盾长期潜伏在表面上高度一致的背后，一遇突发事件就迅速激化和扩大化，形成政治动乱。如果没有民主表达的渠道，矛盾已经十分尖锐和复杂，领导核心还不觉察，直到已经构成对政治稳定和社会安定的威胁，再着手解决就不容易了，哪里还谈得上政治民主化。民主已经成为世界发展的大潮流，多数发展中国家已经把发展民主作为政治建设的重要目标。对我国来说，发展民主是实现政治民主化的重要前提，也是人本德育的重要条件。

（三）政治民主化进程中人本德育的发展

人本德育在政治民主化进程中有发展，也有矛盾。一方面是政治民主化促进了人本德育的发展，另一方面是德育在政治民主化进程中的表现又不尽如人意。后者主要表现是：德育活动的民主性、参与性不够；德育对民主与法制、自由与纪律从理论研究上多，特别是理论阐述比较多，而实践规范少；在政治民主化进程中，学生的主体性增强，社会化程度加快并增强，然而实践规范不够。这样就形成了政治民主化过程中德育发展的矛盾性，特别是人本德育发展受到了一定的影响。

我国政治民主化既是历史发展和时代的要求，又是社会主义制度的本质规定。政治的民主化意味着政治向公民参与的政治的转化，由封闭的、保守的、维持性的政治向开放的、变革的、发展性的政治的转化。人的社会自主性的提高，即成为自己的治理者和与他人协作，是政治民主化程度提高的集中体现。人们的权利义务观念、法治及道德观念、参政议政的意识和能力，以及代表公民从事政治管理和政治活动的人的政治素质都对政治民主化的推进有着先导作用。既然政治民主化的根本在于人。那么，政治民主化的重要任务之一就是加强对人的政治文明程度的提高，人本德育就是实现这一目标的重要手段。

新形势下人民内部利益矛盾错综复杂，目前中国各阶层之间、社会阶层内部、地区之间、地区内部以及长远利益和短期利益、群体利益和个人利益之间都存在着这样或那样的利益矛盾；在政治关系方面也同样存在一些不尽如人意的地方，和谐的程度还处于较低水平，如党政关系、政企关系、党群关系等政治关系还需要更高水平的平衡。政治民主化的提出是对现实境遇的清醒认识，也是中国现代化发展的内在要求；政治民主化是建立在整个社会实现现代化基础上的一种相应的政治秩序。因此，中国社会主义政治民主化是与中国现代化建设相互依存的，政治民主化为现代化提供前提和保障，而现代化的发展为政治民主化奠定了重要的现实基础。人本德育以人为中心，通过说服力和劝导力从政治意识角度来提高人的政治素质和道德觉悟，是政治民主化的重要条件。

在中国的现代化进程中，与经济建设相比，政治民主化存在着滞后发展的现象。这种状况在有些大学生中表现为追求物质享受、缺少民族认同感、强化个人至上、淡漠政治、公民意识较差、依赖性较强以及公德意识缺乏等，这与对人本德育的重视程度不够是分不开的。传统的高校德育内容包括世界观、人生观、价值观的培养，爱国主义、集体主义、社会主义、形势政策和民主法制教育及职业道德、社会公德、家庭美德教育，这些内容无疑是政治民主化的主要内涵。对大学生进行爱国主义、集体主义、社会主义教育，加强他们的社会公德建设，引导大学生树立建设有中国特色社会主义的共同理想和正确的世界观、人生观和价值观，养成文明高雅的礼仪风范，应该是人本德育理念落到实处的有力之举。人本德育以人为本，它通过广泛的道德力量和精神力量的渗透以及理想和信念的建立，全面地提高人的素质和文明程度。

在社会主义初级阶段，每个人要想获得自由而全面的发展，就离不开社会主义市场经济的日趋完善和市民社会的健康发展，也就离不开蕴涵着理性、秩序、正义、自由、平等、权利、人权等丰富价值内涵的民主法制建设。只有建立健全社会主义初级阶段的民主法制建设，才能真正实现市场主体的高度自主性、市场竞争的公平合理性、市场秩序的行为统一性、市场体系的内外开放性和国家调控的宏观有效性，也才能真正确立人的主体地位，形成人的丰富关系，促进人的能力发展，保证人的价值实现，从而实现人的发展的普遍性、全面性和独立性。从人本德育的基本特性来看，"人本"是政治民主化产生和存在的要素。

社会主义政治民主化体现了人本德育价值取向。全球正在经历着现代化发展的迅猛时期，当现代化成为社会发展的主导力量，它就必然要求社会、经济、政治和文化的全面转型和发展，政治作为社会有机系统中的一个子系统必然面临现代化的选择。就政治发展来说，它不能抛开现代政治文明成就所提供的基础，它所能做的，同时也是它必须做的，就是如何在更高的形态上确立和发展现代政治文明。社会主义政治民主化是现代的政治文明形式，是在中国现代化进程中对政治发展的探索所形成重要资源的积淀的基础上提出的更高形态的价值追求。

邓小平在全面总结建国以来我国社会主义民主政治建设经验教训的基础上，对民主政治发展的世界性潮流进行分析，提出了"没有民主就没有社会主义，就没有社会主义的现代化"[1]的科学论断，揭示了民主是社会主义的本质规定，强调民主政治建设是社会主义现代化建设的基本目标。为此，党的基本路线把民主作为社会主义初级阶段的三大目标之一，并制定了有中国特色社会主义民主政治建设的纲领。

为了结合我国实际和发展，切实加强民主政治建设，江泽民在党的第十五次代表大会上，提出了探索社会主义民主政治发展规律的任务。江泽民提出："社会主义愈发展，民主也愈发展。我们要在实践中积极探索规律，不断推进有中国特色社会主义民主政治的发展，使它在二十一世纪展现出更加蓬勃的生命力。"[2] 党的十六大报告指出："发展社会主义民主政治，最根本的是要坚持党的领导、人民当家作主和依法治国的有机结合和辩证统一。""发展社会主义民主政治，

---

[1] 《邓小平文选》第 2 卷，人民出版社 1994 年版，第 168 页。
[2] 《江泽民文选》第 2 卷，人民出版社 2006 年版，第 33 页。

建设社会主义政治文明,是社会主义现代化建设的重要目标。必须适应经济发展和社会全面进步的要求,在坚持四项基本原则的前提下,继续积极稳妥地推进政治体制改革,发展有中国特色社会主义民主政治,巩固民主团结、生动活泼、安定和谐的政治局面。"① 江泽民不仅明确肯定了民主政治建设在现代化建设总体布局中的战略地位,而且明确指出了民主政治建设必须与经济建设、文化建设有机联系,从而为探索民主政治发展提供了方法论指导。

胡锦涛在党的十七大报告中谈到坚定不移发展社会主义民主政治时说,人民民主是社会主义的生命。发展社会主义民主政治是我们党始终不渝的奋斗目标。要坚持中国特色社会主义政治发展道路,坚持党的领导、人民当家作主、依法治国有机统一,坚持和完善人民代表大会制度、中国共产党领导的多党合作和政治协商制度、民族区域自治制度以及基层群众自治制度,不断推进社会主义政治制度自我完善和发展。

2012年11月17日,习近平在中共中央政治局第一次集体学习时强调:中国特色社会主义制度,坚持把根本政治制度、基本政治制度同基本经济制度以及各方面体制机制等具体制度有机结合起来,坚持把国家层面民主制度同基层民主制度有机结合起来,坚持把党的领导、人民当家作主、依法治国有机结合起来,符合我国国情,集中体现了中国特色社会主义的特点和优势,是中国发展进步的根本制度保障。②

当前,中国共产党进一步理清了推进中国民主政治建设的战略方针、目标任务、具体步骤和基本思路,把推进政治建设和政治体制改革逐步纳入制度化、规范化和程序化轨道,继承并发展了关于政治民主化的重要成果。

所有这些,也是人本德育的努力方向,是人本德育的价值取向。

---

① 《江泽民文选》第3卷,人民出版社2006年版,第553页。
② 习近平:《紧紧围绕坚持和发展中国特色社会主义学习宣传贯彻党的十八大精神》,《习近平谈治国理政》,外文出版社2014年版,第10页。

当社会发展到一定程度时，人们对政治民主化的呼声会越来越高，人本德育培育了政治主体，并提高了政治主体对政治民主化的诉求。社会政治民主化进程体现和反映了人本德育价值取向。

人本德育推进了政治民主化进程。在社会主义初级阶段，政治民主化的目标就是十六大报告中指出的："社会主义民主更加完善，社会主义法制更加完备，依法治国基本方略得到全面落实，人民的政治、经济、文化权益得到切实尊重和保障。基层民主更加健全，社会秩序良好，人民安居乐业。"[①] 具体说就是发展有中国特色的社会主义民主政治，加强民主团结，创建生动、活泼、安定、和谐的政治局面。

我们党提出，发展社会主义民主政治、建设社会主义政治文明是全面建设小康社会的重要目标，这说明我们党对社会主义民主政治建设的重要性有了更为深刻的认识。政治民主化是政治文明的重要内容，政治民主化的程度体现着一个国家政治文明的发展和水平。

人本德育在推进政治民主化发展的进程中，扮演着重要的角色。具体而言，人本德育透过具有"人本"思想的政治主体，发挥着人本德育在政治民主化进程中的政治功能。一是缓和政治矛盾。具有"人本"思想的政治主体，往往具有民主的政治思想。在现代民主政治系统结构中，平等的政治主体之间特别是权力精英之间形成了制衡关系，同时，政治权力具有了更广泛的社会基础和代表性。在没有绝对的政治权威的条件下，功能结构合理的政治系统使得各种社会群体利益表达有通畅的渠道，各种社会矛盾可以及时释放，不易因矛盾和冲突的日积月累而酿成危机。所以没有"人本"思想，就不会有真正的政治民主。二是协调政治功能。"人本"思想是调节政治观点的根本。如果不是从人出发去寻求解决政治矛盾问题，那么政治民主化就是空话。政治系统中的权力运作、各种政策的制定等都要经过代表不同利益群体的权力精英的反复交涉、协商，最终达成妥协。在这过程中，"人本"思想起着重要作用。从人出发，为人服务，国家权力

---

① 《江泽民文选》第3卷，人民出版社2006年版，第543页。

机关实施的政策、法规就可以较好地综合各方面的利益要求，使社会矛盾在利益综合的过程中得到不断的调整。三是政治整合功能。整合是政治系统的政治稳定和谐功能最重要的体现。利益矛盾与冲突是任何一个政治系统都客观存在的事实，任何一个社会中都有不稳定因素。政治系统的整合功能使各种利益群体可以通过合法的政治参与，在一定程度上实现、满足或修正自己的利益诉求。这样，凡参与政治活动、提出利益诉求的社会群体的政治行为，在客观上都是以承认政权的合法性、权威性为前提，这就意味着政权将各种社会群体整合到了现行的政治体制之下，从而获得了广泛的代表性与稳定性。在这个整合过程中，"人本"思想是整合的共识。从历史的发展上来看，无产阶级革命建立起来的社会主义政治文明，建立在人民群众享有不同形式的生产资料所有权和支配权的基础之上，公民通过各种形式和途径享有管理国家和社会事务的一切权利，人民当家作主，经济上、政治上的平等决定了各种政治关系的和谐。这其中"人本"思想功不可没。

三、文化多元化对人本德育的诉求

　　文化多元化是在多元文化的基础上产生的，指的是不同民族、国家的文化共存的一种状态。即在同一时间，同一个社会、国家或民族中存在多种文化，并且它们并不是孤立存在的，而是相互作用、相互影响的。在对内对外的开放环境中，文化多元化发展趋势越来越明显。中国在漫长的历史发展中，总是从容吐纳文化百川，始终保持着一以贯之的文化风格与精神。随着中国经济与社会的不断繁荣和稳定，中国将逐步成为多元文化的交汇处，多元文化必将对人本德育产生深远的影响。

（一）文化多元化对高校德育的积极影响

文化多元化格局的形成是对外开放的结果，多元文化的交汇、交流与激荡，无疑将会丰富我国的文化内容，拓宽人们的文化视域，丰富人们的文化生活，促进我国文化的国际扩展，这就为我国德育建设提供了丰富的可供选择的文化资源和国际文化环境。德育在文化多元化环境中，坚持马克思主义文化的主导性，用社会主义的先进文化去感染学生，鼓舞学生，教育学生；同时，又吸收、学习和借鉴世界文化潮流中文化多元化的优秀成果，特别是科学技术文化成果，培养具有中国风格、世界视野，全面发展的合格的社会主义建设者和接班人。

多元文化的比较、竞争推动中国社会主义政治文化的不断革新。政治文化是由得自经验的信念、表意符号和价值组成的体系，这个体系规定了政治行为所由发生的主观环境。① 政治文化制约和影响一国政治结构运行状态，乃至政治发展的模式。它主要是一个国家民族的、历史的和时代的特点的沉淀，同时也是人类文明发展相互交汇的产物。文化多元化给政治心理、政治思想等政治意识的形成提供了一个十分广阔的思维时空，有利于形成一些新的思想观念和意识，从而破除旧思想、旧观念的束缚。中国是个幅员辽阔、历史悠久的多民族国家，两千多年的民族融合和文化交流，形成了统一的中华民族和以儒家为主体的正统文化。儒家的"大一统"政治思想固然对形成和巩固封建专制主义统治起了重大的作用，但长期形成的中国封建传统政治文化造就了人们普遍的皇权意识和臣民心理，权力崇拜与惧怕的政治情感，等级意识、官本位意识、"人治"理念等，这些对中国的政治发展产生了极大的负面影响，也是当代中国政治发展的重要阻

---

① 迈克尔·罗斯金等：《政治科学》，林震等译，北京华夏出版社2001年版，第131页。

碍。当前,社会主义民主、自由、公正、人权等现代政治价值,以及开放的政治心态、民主的政治观念、改革进取的思想精神、振兴民族的统一政治认同、参政议政的政治欲望等不断增强,我国公民的自主意识、平等意识、法制意识也有了很大的提高。利用各种文化不断交汇与碰撞的时机,通过制定相关政策,有利于加快中国特色社会主义政治文化的形成。德育所承担的责任就是要引导青年学生去经风雨、见世面、明是非,在我国政治体制改革中发挥自己的作用,培养遵纪守法的模范。

多元文化格局有利于我国吸收和借鉴国外先进的教育成果。教育是人类共同的理念,是人类发展的共同财富,是人类智慧的结晶。人类教育的发展必然存在自身发展和创新的规律。人类教育发展的历史演进是教育资源的分配、控制与整合日益合理的过程,是人的价值不断被发现、人的权利逐渐被尊重的过程,是制度设计、制度安排日趋科学和不断创新的过程。教育发展的规律都是不以人的意志为转移的,要求不同国家在其教育过程中必须遵循。德育是教育的重要组成部分。我们必须在总结我们成功经验的基础上,学习和借鉴国外先进的教育成果。毛泽东提出:"我们的方针是,一切民族、一切国家的长处都要学,政治、经济、科学、技术、文学、艺术的一切真正好的东西都要学。"① 这充分体现了我党在对待人类教育有益成果问题上的唯物辩证态度。但是,遗憾的是,很长一个时期,由于国内外的客观环境的影响,我们封闭了很久,只能结合自己的国情进行创造。我们虽然走出了一条建设中国特色社会主义教育的正确道路,但不可否认,走了不少弯路,付出了相当大的代价。

改革开放后,邓小平强调"必须大胆吸收和借鉴人类社会创造的一切文明成果"②,主张吸收世界各国的先进成果来发展和完善我们的教育制度。改革开放大门的打开,文化多元化的发展,给我们提供了一个很好的学习发展机会。当然,我们吸收和借鉴外国的教育成

---

① 《毛泽东著作选读》(下),人民出版社1986年版,第740页。
② 《邓小平文选》第3卷,人民出版社1993年版,第373页。

果，应用到德育实践中，不是简单的制度移植和条文照搬，而是要结合我国国情有所选择、有所舍弃并加以改造，使之符合中国的特点，在当代中国德育发展中切实发挥效用。

文化多元化有利于我国向国外推介、宣传自己的德育成就。文化多元化的发展，不仅意味着中国改革开放将进入一个全面深化和发展的新时期，而且也意味着中国将全面介入世界文化发展的进程，中国与世界的交往将更加频繁。中国在深受世界文明进步影响的同时，也会对世界文化发展产生一定的作用。尤其是可以通过文化这个途径，利用各种传播手段，实事求是地宣传我们国家的经济、文化特别是教育（当然包括德育）发展的成就，改变或者影响外国人对我国教育的不正确、不合理的看法。在这一过程中，可以同时提高我国德育发展的本土价值及其全球价值，而不以贬抑别国的教育价值为借口，从而使中国特色的社会主义德育表现出对自身价值的更强信心，体现出它维护自身存在意义的努力和张力。当然，在这一过程中，我们不能丢弃自己民族的优秀传统文化，必须坚持马克思主义文化思想，坚持社会主义先进文化，保持自己民族的文化特色，坚定不移地走自己的德育之路。同时，我们也不能不加选择地一味吸收国外的教育理念，或全面排斥外来文化。如果这样，那只能滋长一种文化拿来主义或盲目主义，结果是妨碍自己德育的发展和进步，不仅使德育跟不上时代发展的步伐，甚至会造成非常大的危害。

（二）文化多元化对高校德育的消极影响

在文化多元化进程中，不同文化之间的交往在促进文化的交流融合时，也会造成不同文化之间的冲突。特别是一些西方国家往往会借助文化多元化的国际化发展趋势，借助其强大的传播媒介，大力推行西方的政治价值、政治模式、政治思潮、生活方式等。这无疑会影响我国的德育，甚至改变学生的人生观、世界观和价值观，产生某种离散效应，侵蚀我国社会主义德育。所以，我们面对文化多元化对德育的影响,不仅应当看到它对德育的积极面,也要看到它的消极影响,全面分析才能使我们保持清醒的头脑。

　　文化多元化无疑给西方价值观念、思潮的传播提供了更大的机会,无疑会对学生的思想观念、政治观念、道德观念、价值观念和生活方式等产生深刻的影响,侵蚀着学生的政治信仰,给我国德育工作带来了前所未有的压力。文化多元化的碰撞,使各民族的文化缺点以及文化价值观念上的差异越来越突出,并且使西方第一次拥有了"所谓"文化的优势和自由空间来贯彻它关于普遍价值的解释。德国赖纳·特茨拉夫教授指出:"在这里,人们所重视的并不是我们的全球化状况,而是其他人即我们的竞争对手或我们合作伙伴的世界观的形成、改变或者贬值。在有关全球化压力下人类共存条件文化对话的出路问题上,这些具有决定性的意义。"①

　　美国凭借其在全球化过程中的主导地位,向全世界输出其价值观。文化多元化在文化上带来的消极作用是巨大的,它使我国的价值观念受到了西方价值观念的挑战。在西方文化的强大攻势下,文化品位和文化习俗正在日趋西方化,可口可乐、迪斯尼等具有象征意义的美国文化正逐渐改变着人们的生活方式、生活观念。另外,一些别有用心的人大肆宣扬"历史终结论"、"民族国家终结论"、"马克思主义失败论"等反动论调,攻击马克思主义在意识形态领域的统治地位。东欧国家巨变的境况是:"今天的市场竞争不再停留在铁幕前,整个东欧都在资本主义泛滥所带来的非社会化后果中呻吟。破产了的前社会主义国家根本就没钱帮助人民克服现行政策带来的不可避免的失业和贫困。所以东欧人为重新获得的政治自由和只有少数人才有能力利用的消费付出了高昂代价。"② 这是需要我们高度警惕的。

　　在当前,特别是文化多元化中非常突出的个体本位思想,使得大

---

　　① 赖纳·特茨拉夫:《全球化压力下的世界文化》,吴志成等译,江西人民出版社2001年版,第15页。
　　② 格拉德·博克斯贝格等:《全球化的十大谎言》,胡善君、许建东译,新华出版社2000年版,第31页。

学生的集体主义价值观受到削弱，从而在促使他们摆脱依附性、从众性、趋同性的同时，追求个人利益的愿望日益强烈，整体和全局观念淡化，甚至导致了"以自我为中心"的个人本位主义、利己主义和极端个人主义的滋生，表现为国家意识和互助精神、奉献精神的减弱。[①] 学生的价值取向也不再局限于我们过去所接受、所理解、所追求的那些传统的文化观念和标准，学生将会有更多的价值判断标准和多样的价值取舍，去选择适合自己个性和趣味的文化，使奉献与索取共处于一体，在一定程度上追求私利得到了人们的认可，享乐主义在部分人中也有了一定的生存空间，而对舍生取义却争论不休。

在现实社会中，文化的多元化给学生提供的将不再是单纯的色彩、固定的理念，而是以丰富多彩的文化为特征，是本土文化、外来文化和由多种文化融合而产生的混合文化共存的局面。世界上不同的地域、不同的国家、不同社会制度下的文化相互融合、吸收，并共处于同一环境。因此，在文化多元化影响下，如何进行社会主义意识形态的一元主导的教育，增强德育的针对性，提高德育的有效性，引导学生认识、适应当代社会的文化多元化环境，进行正确的选择，坚持正确取向，更是德育的重要课题。德育要致力于发挥和发掘我国民族优秀传统文化资源，学习借鉴西方国家有益的文化，坚持中国特色的社会主义文化，坚持德育的民族性与德育的世界性的统一，使德育既拥有丰富多彩的文化资源，又坚持社会主义意识形态的一元化主导。因此，德育要在理论与实际结合上，正确把握文化多元化与民族文化的辩证关系，在引导学生适应并推进全球文化多元化的进程中，增强民族认同感；在教育学生立足民族发展的同时，扩大开放视野，既要避免忽视文化多元化发展趋势的狭隘民族主义，也要克服忽视民族发展与民族根本利益的所谓"全球一体化"倾向。

---

① 于海：《价值观的多元化与道德教育的多层次》，《复旦教育论坛》2005 年第 11 期。

（三）多元文化格局下人本德育的发展取向

文化多元化的发展，既给高校德育发展带来了机遇，也带来严峻的挑战。它需要我们以世界的眼光、开放的姿态参与和融入文化多元化，并给予科学的回应。

人本德育的提出与发展，给文化多元化背景中的德育发展指明了方向。德育，由人出发，以人为根本，促进人的全面发展，对文化进行科学的选择。列宁曾指出：马克思主义"并没有抛弃资产阶级时代最宝贵的成就，相反却吸收和改造了两千多年来人类思想和文化发展中一切有价值的东西"[①]。在文化多元化背景中，人本德育一方面要继承中国传统的德育文化资源，又要学习和借鉴文化多元化浪潮中的先进文化，既立足于时代潮流，又坚持社会主义德育方向，这就是高校人本德育在文化多元化背景中发展的路向。

文化的全球化发展趋势为各国文化开放创造了条件，社会主义人本德育不能脱离人类德育而孤立存在，在坚持社会主义德育文化方向的同时，必须主动走上面向世界的革命之路，应该也能够与其他类型的德育通过碰撞发展自己，显示自身的优越性，推进人类人本德育的发展。社会主义人本德育应当借鉴和吸收人类德育的优秀成果，尤其是资本主义德育的精华。同时，要把灿烂的中华德育文化传播于全世界，在教育、文化、科技等领域加强国际交流，发挥国际合作的职能，在建立世界文化新格局中做出中华德育文化应有的贡献，创造能够为世界各国所认同和接受，具有中华民族优秀德育文化内核，又广泛吸收世界各国、各民族文化精华的德育文化，在中国文化和世界文化之间跨越"文化沟"，构架"文化桥"。

适应文化多元化的时代发展要求，培育社会主义人本德育。人本德育是德育的重要思想，是德育的重要组成部分，它影响着德育政策

---

① 《列宁选集》第4卷，人民出版社1995年版，第299页。

的确立和稳定，是制约德育效果的重要因素。文化多元化对我国传统德育的封闭性和保守性以较大冲击，对人本德育的形成以有力促进，增强了德育对社会变革的适应性和包容性，但也增加了德育工作的复杂性。社会主义德育的主导地位和统合作用面临着挑战。现实社会中存在的对马克思主义理论的怀疑和漠视，对社会主义和共产主义理想信念的动摇和淡化，改革开放过程中出现的极端民主化、盲目崇拜西方政治模式的思潮和倾向等问题，都与文化多元化的影响有关，都与我们的德育发展存在不足有关。因此，在社会主义人本德育建设中，要适应文化多元化发展的情况，建设政治性、教育性、民族性、科学性、大众性和民主性统一的中国特色社会主义人本德育。

弘扬民族精神，高扬和谐文化，促进人本德育建设。民族精神是一个民族在漫长的繁衍生息过程中逐渐形成的渗透在其思想文化、思维模式、伦理道德、风俗习惯、心理结构、语言文字之中的共同的价值观，是一个民族赖以生存和发展的精神支撑。作为一种内在的凝聚力，它是推动中华民族人本德育建设的内在精神动力。追求和谐是中华民族的一贯主张，追求和谐社会是中华民族的理想。和谐社会凝集了中华民族精神，再现了中华民族精神，是中华民族精神在当代的反映，也是中华民族奋发向上的精神动力。"和"文化可谓源远流长，是中国传统文化中的优秀文化，是一种有生命力的文化。"和"文化中包括非常丰富的德育文化，是中国人本德育的反映。

四、社会信息化对人本德育的诉求

20世纪90年代以后，随着以网络化、数字化为主要特征的各种现代技术在我国范围内的广泛应用，我国全面进入信息化的发展阶段，社会信息化程度越来越高。信息化的快速发展对德育来说既是机遇，又是挑战。高校德育的人本转向正是信息化发展对德育强烈诉求的回应。信息化是现代社会全方位改变与塑造人的重要力量，它培育与提升了人的综合信息能力、自主创新能力，赋予了现代人广泛的自主信息选择权利。高校德育应当充分尊重学生的主体地位，尊重学生的自主判断与选择，从学生的实际出发，在纷繁复杂的海量信息面前给予学生正确的价值指引，从而切实提升学生信息素质、信息能力，保证学生充分享有与合理行使自主的信息选择权。这就需要德育的引导。人本德育就是这一要求的合理走向。

（一）信息化是德育发展的动力

信息化已经渗透到社会生活的各个方面。信息化是推动德育发展的物质动力，是德育发展的不竭动力。信息化通过其造就的科学思想和科学思维方式，为德育发展提供了丰富的营养，奠定了坚实的基础。"科技革命最先作用于生产力，引起产业革命，产业革命导致社会结构的变革，社会结构的变革引起政治结构的分化，并引起社会变革，促进社会向前发展。"[1]

信息化为德育建设提供了新平台，丰富了德育的资料宝库。信息化不仅催生了人类社会全新的生产方式、思想方式、行为方式和生活方式，而且也为德育提供了重要契机和新的平台，丰富了德育建设的资料宝库，同时对德育建设构成了新的环境变量。信息化大大丰富、拓展了德育传播的手段和界面。传统德育传播的手段和界面主要是讲授、书籍等形式。讲授、书籍的受众面是有限的，时效性较差。网络信息化具有其无法比拟的优势。网络创造的空间是无限的，它的受众由昔日的确定多数转变为今日的不确定多数，由"有限"化为"无限"；网络的时效性、信息量更是其他各种传播手段和界面所难以企及，它使传统德育传播的手段和界面有了革命性的突破。传统德育工作的资料以纸为主要载体，不仅成本高，而且时效滞后，信息量有限，无论是教育者还是受教育者，无论是教师还是学生，常常因为缺

---

[1] 向华文等：《科技革命与社会制度嬗变》，中央编译出版社2003年版，第43页。

乏丰富的资料而烦恼。而在信息网络化时代，只要移动鼠标，在网上键入"德育"相关的关键词，足不出户，就可以迅速了解到包括高校德育在内的最新德育学术动态和详尽的参考资料等信息，大大丰富和充实了德育信息量。信息网络化有利于德育工作者及时了解学生的思想动态，使信息传输的方式从线性叙事和单向式转变为立体式发布和双向式互动交流，每个教师和学生既可以是信息的发布者，也可以是信息的接收者，学校可以通过网络发布制度和规定，教师可以通过网络提出建议和意见，学生可以通过网络把自己的思想和呼声反映给组织及其教师，便于及时发现问题、解决问题，有效地克服了一些人为的"障碍"与"门槛"，畅通了上下沟通的渠道。网络成为教师沟通学生的重要桥梁。

信息化增强了德育工作的亲和力与感染力。在网络环境下，西方资本主义的"和平演变"、"文化侵略"和社会上人们价值取向的多元以及各种利益的激烈碰撞、诱惑，不可避免地要反映到高校这个思想文化的前沿阵地，反映到学生身上。与计划经济环境相比，当前学生的思想状况比较复杂，有些学生在各种利诱面前迷失了方向，找不到自己应有的正确位置，或者对传统德育不感兴趣，有意或无意地脱离、疏远组织和教育。因此，加强学生思想政治工作就显得比以往任何时候都更加重要而迫切。信息网络技术的发展为德育提供了便利的方式，使德育在新形势下找到了新路子，突破了单纯文本、声音、影像和面对面直观德育的线性模式，形成了文本、图像、音频和视频等多种信息有机融合的，能进行思想观念和情感交流的智能化互动平台，实现了从单纯显性教育到显性教育与隐性教育的融汇和单向性"灌输"与双向式互动的有机结合。信息网络化技术在德育工作中的应用，正好迎合了青年学生追求"平等"、"自由"的心理，网络的多元开放性、多边平等性、双向互动性，特别是匿名性，消除了学生担心因为表露真实思想而影响自己前途的心理，在相当程度上弥补了德育工作中"直面式"思想教育和交流的缺陷，增强了德育工作的亲和力与感染力。

信息化突破了德育的时空限制，扩大了德育工作的覆盖面，提高了德育效率。信息网络的超时空性和全天候性，能有效克服传统德育工作覆盖面小和"实体性"组织生活受制于时空等诸多不足，扩大了德育工作的覆盖面，拓展了德育时空，使德育空间由校内延伸到校外，从"定时"拓展为经常，从"同步"转化为"不同步"，使学生随时随处都能学习和把握德育信息，德育经常化也可得到有效保障。同时，网络的实时共享性，提高了德育工作的效率。借助于网络技术，德育工作所需的各种文献、理论学习资料、政策法规、领导讲话等都可以在网上发布和下载，而且，信息内容动态更新，便于学生及时把握最新的德育动态，大大降低了传播和获取德育信息的时间与成本，提高了德育信息资源的覆盖面与利用率，使德育工作能够及时得到多样反馈。还有，利用信息网络可以改进德育工作者与学生的沟通方式。我们可以把电子信箱、BBS、QQ群、博客、微博、微信作为德育工作者联系学生的一个重要渠道，开展互动式教育与交流，扩大学生参与面，增强德育工作的公开性、透明度，对学生提出的问题、建议和意见予以及时答复和解决，化解矛盾，增进了解与理解，稳定学校教学环境。

信息化推进了德育的发展。早在一百多年前，马克思就指出："生产力中也包括科学"[①]，"自然界没有制造出任何机器，没有制造出机车、铁路、电报、走锭精纺机等等。它们是人类劳动的产物，是变成了人类意志驾驭自然的器官或人类在自然界活动的器官的自然物质。它们是人类的手创造出来的人类头脑的器官；是物化的知识力量"[②]。这里，马克思实际上已经指出了信息化作为生产力，是通过"物化"形式体现的。它表明："一般社会知识，已经在多么大的程度上变成了直接的生产力，从而社会生活过程的条件本身在多么大的程度上受到一般智力的控制并按照这种智力得到改造。它表明，社会生产力已经在多么大的程度上，不仅以知识的形式，而且作为社会实

---

① 《马克思恩格斯全集》第46卷下，人民出版社1980年版，第211页。
② 《马克思恩格斯全集》第46卷下，人民出版社1980年版，第219页。

践的直接器官，作为实际生活过程的直接器官被生产出来。"① 信息化的不断发展，促进人们的思维方式变革，推动人类思维方式的进步，从而推进德育的进步和发展。

科学精神为学校德育的不断发展提供精神动力。在信息化发展的进程中，蕴藏在科学活动之中，并支撑其不断积累和向前发展的是一种科学精神。科学精神大致包括以物（外在对象）为尺度、追求真实、探索规律、推崇理性、重在获取真知、注重实证判据、实现最大功效等内容，也可表述为"客观精神"、"理性精神"、"实证精神"、"实效精神"等。② 科学精神既是信息化活动的准绳，也是人们正确认识社会和人类自身的基础。正如江泽民所说，科学精神"不仅可以激励人们学习、掌握和应用科学，鼓舞人们不断在科学的道路上登攀前进，而且对树立正确的世界观、人生观、价值观，掌握科学的工作方式和方法，做好经济、政治、文化等方面的领导工作和管理工作，也具有重要的意义"③。江泽民说过"科学精神的精髓是实事求是"④。实事求是恰恰是社会主义德育的重要内容。信息化的发展和进步，使人们对自然认识由朦胧、模糊逐渐清晰，从受制于自然到揭开自然的层层奥秘，支配和利用自然的能力显著增强。信息化的发展丰富着人们的知识，提高着人们的能力，提升着人们的自信。人类越来越认识到自身的力量和价值，人的主体地位不断被赋予新的内涵。

马克思主义极为重视社会信息化对社会发展的重要作用。马克思认为，"科学是一种在历史上起推动作用的、革命的力量"⑤，而且"把科学首先看成是历史的有力的杠杆，看成是最高意义上的革命力

---

① 《马克思恩格斯全集》第46卷下，人民出版社1980年版，第219～220页。
② 肖峰：《论科学与人文的当代融通》，江苏人民出版社2001年版，第115页。
③ 中共中央文献研究室：《江泽民论有中国特色社会主义（专题摘编）》，中央文献出版社2002年版，第272页。
④ 中共中央文献研究室：《江泽民论有中国特色社会主义（专题摘编）》，中央文献出版社2002年版，第273页。
⑤ 《马克思恩格斯选集》第3卷，人民出版社1995年版，第777页。

量"①。列宁则把社会信息化看成实现共产主义的重要条件和手段，指出："共产主义就是利用先进技术的、自愿自觉的、联合起来的工人所创造出的较资本主义更高的劳动生产率。"②邓小平继承和发展了马克思主义观点，分析和审视当今世界科学技术和社会发展的新特点和新趋势，提出了"科学技术是第一生产力"③的论断。信息化既是人类文明的重要成果和标志，又是推动社会文明发展的重要力量。信息化不仅为不同国家和民族之间德育的学习、交流和借鉴提供了物质支撑条件，而且也为世界政治的协商、合作，为世界政治向民主化、文明化方向发展提供了内在动力。由于信息技术广泛的渗透性，正演变为影响国家综合实力、国际竞争力的关键因素。

改革开放以来，党中央、国务院一直高度重视信息化。20世纪80年代初，我国就成立了计算机和大规模集成电路领导小组及其办公室，1993年成立了国民经济信息化联席会议，2001年成立了国家信息化领导小组。邓小平1984年就提出"开发信息资源、服务四化建设"的战略构思；党的十五届五中全会明确指出，信息化是覆盖现代化全局的战略问题；十六大又提出了信息化带动工业化、走新型工业化发展道路的要求。

信息化的一个十分重要的特征，就是和全体人民密切相关，因为任何人、任何时候都离不开信息。要使全体人民充分享受信息化带来的好处，信息化就必须"以人为本，惠及全民"。惠及全民，在德育的建设中，就是必须通过信息化发展战略，提高广大青年学生的科学文化素质和生活质量，改善其学习条件，以培养合格接班人。信息化是现代政治、经济、科学技术发展到一定阶段的产物，与政治、经济具有不可分割的天然联系。随着社会发展进步，信息化具有信息传播、舆论监督引导、文化价值塑造等功能，作为一种综合的力量在现代国家社会各方面占有特殊的地位。

---

① 《马克思恩格斯全集》第19卷，人民出版社1972年版，第372页。
② 《列宁选集》第4卷，人民出版社1995年版，第17页。
③ 《邓小平文选》第3卷，人民出版社1993年版，第274页。

面对信息化迅速发展的情况，德育建设是一场崭新的社会实践。只有经过反复的实践和比较，在党和国家的正确领导下，团结广大教育工作者共同努力，不懈奋斗，才可能摸索出德育与信息化建设之间的内在规律。

（二）信息化对德育提出新挑战

信息化对德育的挑战主要表现在两个方面：

一是信息本身的挑战，即信息的海量、多变、多重（虚假、诱惑、不良信息）影响鉴别、选择，导致复制性、碎片化、感性化倾向。在这种情况下，德育怎样从海量信息中去粗取精，在多变信息中透过现象看本质，在多重信息（包括虚假信息、诱惑信息、不良信息）中去辨别、去鉴别、去选择、去消除影响，这是德育面对信息化必须回答的问题。

二是在信息化背景下，西方依托高科技的发展，使得发展中国家面对信息不对称挑战，即西方借助强势经济与网络的信息占有与渗透，大肆宣扬西方的价值观念，影响青年学生的成长和发展。德育必须寻求对策和出路。

我们知道，信息化既是一种物质力量，也是一种精神的力量。作为一种精神力量，它可以直接作用于生产关系、上层建筑，推动德育的发展，"逐渐地、强有力地和不可抗拒地改变人们的意识，改变他们的观点、标准、动机和价值判断。科学成为愈益深入到社会生活的各个领域的东西。不仅社会的经济活动受其影响，而且社会的意识形态也越来越多地受到科技的严重制约"[①]。信息网络化的迅速发展在给德育带来了难得的发展机遇的同时，也给德育带来了严峻的挑战和冲击。

由于信息化环境的开放性及信息交流的自由性，西方资产阶级的

---

① 邢媛：《当代社会发展观导论》，社会科学文献出版社2002年版，第100页。

人生观、价值观可以毫无遮拦地在网上传播。特别是互联网产生于美国，所使用的语言技术都来自美国，以美国文化为代表的西方文化，将会利用网络加强对其他国家的渗透，在世界范围内全方位、全时空推销自己的价值观念、意识形态、社会文化，从而实现一种"文化霸权"、"文化殖民"。美国学者阿尔温·托夫勒曾指出，世界已经离开了暴力与金钱控制的时代，而未来世界政治的魔方将控制在拥有信息强权的人的手里，他们会使用手中掌握的网络控制权、信息发布权，利用英语这种强大的文化语言优势，达到暴力、金钱无法达到的目的。"西化"、"分化"我国是西方敌对势力的既定方针。信息化技术的迅猛发展，则又成了实现他们这一图谋的助推器，企图达到用金钱和武力无法达到的目的。我们必须保持高度的警惕性，迅速回应网上的攻击。

在传统的大众传媒形式下，我们拥有一套成功地引导舆论的调控管理机制和办法。信息网络化打破了传统的传播媒体自上而下的传播方式，为我国民主政治的发展带来了机遇，但不可否认这种信息传播的无政府性也不可避免地带来了一些不利因素。国内外的某些敌对势力或个人会和我党争夺宣传阵地，制造谣言蛊惑人心，煽动青年学生的不良情绪，等等。网络信息的"无政府"状态让许多"垃圾"信息自由传播。互联网所容纳的信息生产者数量极其庞大，对信息的产出当前还无法进行有效的控制。这就不可避免地产生了大量的反伦理、反社会，以及色情、暴力内容。例如一些网站在利益驱动下，为了吸引人们浏览，内容中夹杂着许多黄色下流的文件与图片，造成了严重的"信息污染"。这些网上垃圾时刻引诱着沉浸于其中的青年学生，使他们在虚拟与现实之间迷失自我，不能自拔；甚至使许多青年学生的人生观、价值观、道德观发生扭曲和错位，使他们把拜金主义、享乐主义、极端个人主义作为自己的价值取向和人生目标，从而在道德错位与信仰危机中失去正确的方向。

信息化对大学生的思想和行为造成了很大的影响，给德育提出了一系列的问题。信息化影响大学生的价值取向。由于信息社会中"信息爆炸"现象的出现，使大学生接触到的信息多而杂，他们在这些信息影响下形成多元化的价值观是信息社会对大学生价值观产生影响的必然结果。由于信息社会中各种信息传播的速度加快、信息量大增，大学生为了适应这种客观情况，必须吸收各种不同的文化资源。大学生由于受到各种不同文化、不同价值观的冲击，他们本身的身心成长也处在尚未完全成型的时期，在做人的"标准"、"规范"选择上就会出现"游移不定"的状态——在"公"与"私"、"个人"与"社会"等利益发生冲突的时候，显得不知所措，道德人格出现了"矛盾性"。信息化容易造成大学生主体性的"缺失"，尤其是在以网络为中介形成的虚拟社会中，现实中人与人之间的关系和互动"在场"不见了。因此，信息社会中大学生的主体性就更容易被忽视。

开放时代的到来，科技尤其是计算机网络以及通信技术的突飞猛进，使得学生所面对的信息环境发生了根本的改变，信息的流变速度惊人，信息量的扩容速度前所未有，信息的传播瞬时全球同步。大学生被赋予了广泛的信息选择的自由和权利，但他们中的很大一部分信息素质、信息能力却仍然处于相对滞后的发展状态。因而，在多元、流变的信息面前他们无所适从、失去主张，甚至被强势发展的信息所牵制，陷入信息异化的发展困境。相当一部分大学生在面对现代社会汹涌而至、瞬息万变的海量信息浪潮时，不是以人为本位和目的，根据自身的需要，以主体的身份独立、自主、理性地选择和利用信息，而是以信息为本位去判断和选择信息，被信息所淹没、所奴役，其实质是人的目的被外在物的目的，也即信息的目的所替代，人的主体地位丧失，人走向对象化、工具化，沦为追逐信息的工具，成为信息主宰的客体。信息异化的发展困境在大学生当中呈现出纷繁复杂的症候表现。

西方反华势力借助自己科技的优势和信息化发展的程度，为推行"西化"、"分化"阴谋提供了便利途径，给我们的德育工作造成很大的压力。西方资产阶级认为，通过信息传播自由民主思想，对东方进行渗透，要比设置导弹更为重要。据统计，针对我国新疆地区进行渗透的电台就有自由亚洲之声、美国之音、东突之声、塔什干国际广播电台、英国BBC、伊朗伊斯兰电台等。西方国家借助其强大的科技力量，向东方特别是中国进行信息倾泻，把承载资产阶级思想的信息传输到中国，特别是青年学生，进行貌似公正、合理的宣传，实质则是制造混乱，影响学生的人生观、价值观以及理想信念。

据 2015 年 2 月 3 日中国互联网络信息中心（CNNIC）发布的《第 35 次中国互联网络发展状况统计报告》显示，截至 2014 年 12 月，我国 IPv4 地址数量为 3.32 亿个，域名总数为 2060 万个，网站总数为 335 万个，网民规模达 6.49 亿。[①] 在国际互联网的信息中，80% 以上的网上信息和 95% 以上的服务信息是由美国提供的，而我国仅占 1% 左右。近年来，我国网络技术虽有了长足发展，上网人数不断增加，但是，总体仍然落后，存在的问题也很多，规模小，数量少，信息更新速度慢，访问次数少，影响力小。西方发达国家凭借他们在技术、经济和语言方面的优势，在网络所及的范围内，鞭挞异质文化，宣传自己的意识形态和文化风格。据统计，近年来，美国《读者文摘》48 种国外版的月发行量为 2500 万册，仅在我国香港年订阅量就达 30 万册。目前传播于世界各地的新闻，90% 以上被美国和西方发达国家垄断，美国就控制了全球 75% 的电视节目的生产和制作。美国新闻署署长约瑟夫·杜菲就曾指出，尽管 20 世纪 90 年代国际形势发生重大变化，但是美国新闻署的核心目标没有发生变化，即用外国文化所能信赖和接受的语言解释和鼓吹美国的政策，它的使命是了解、告知和影响外国公众，以增进美国的国家利益。

信息全球化，打破了民族的藩篱，把各民族文明都卷进大交流、大融合的浪潮，引发民族文明的认同危机，使学习德育面临着空前的压力。罗伯特·赖克指出，"我们正在经历一场变革，这场变革将重新安排即将到来的世纪的政治和经济。……每一个国家的基本政治使命将是应付全球经济的离心力，这种力量正在拆散把公民联系在一起

---

① 中国互联网络信息中心：《第 35 次中国互联网络发展状况统计报告》，http://www.cnnic.net.cn/hlwfzyj/hlwxzbg/hlwtjbg/201502/P020150203548852631921.pdf。

的纽带"①。实际上，各国承受的政治离心力更大。资本主义文化的扩散，实质上就是资本主义思想的全球张扬。它鼓吹绝对的个性自由，攻击社会公德准则，凸显非理性和价值相对主义的后现代文化，消解民族认同。英国诺丁汉特伦特大学汤林森博士对信息全球化的结果这样评论："全球化的效果，势将削弱'所有'民族国家的文化向心力，即使在经济上强势的国家，亦不能幸免于此。"②

资本主义国家借助信息化传播的途径，进行西方意识形态的渗透、对中国式发展道路的歪曲和攻击、反华势力的本土培植等必然加剧当代中国社会思想的嬗变与冲突，在一定程度上削弱了建设中国特色社会主义理想对转型期社会利益分化和文化多元状况的整合作用，可能消解大学生对中华民族文化的认同感，不利于大学生的健康成长，对德育提出了挑战。

（三）信息化推进人本德育发展

"经济越发展，科技越进步，越需要人的人文素质的提高。人类必须把高人文、高精神渗透到高科技之中，确保高科技、高技术为人类的繁荣和富强服务。说到底，就是要实现德育和智育协调发展，把育德和育智统一在人的发展的全过程。"③

面对当代大学生信息选择权的扩展与信息能力相对不足的矛盾，乃至发展当中出现的信息异化的现象，高校德育必须积极回应，其根本点就是人本德育的路向。人本德育就是要改变德育外在于人的需要和目的，改变单纯作为政治宣传机构信息传输工具的地位，明确德育

---

① 罗伯特·赖克：《国家的作用——21世纪的资本主义前景》，上海市政协编译组、东方编译所译，上海译文出版社1998年版，第1页。
② 赵修艺：《解读汤林森的〈文化帝国主义〉》，上海人民出版社1999年版，第13页。
③ 王仕民：《平衡与渗透：德育和智育关系的现代走向》，《中山大学学报》（社会科学版）2006年第5期。

以人为本位，以人的全面发展、素质和能力的全面提升为根本目的的发展理念。

信息化时代，德育以人为本位，具体表现在德育对人的信息素质、信息能力的充分关注和着力培养。因此，德育应该紧跟当代科技发展潮流，把科学知识、科学思想与科学精神结合起来开展德育，是德育应对信息化的重要措施，也是德育主动适应信息化、提高科技含量的重要途径。

德育针对落后观念与消极影响，用先进文化和先进的科技手段进行舆论引导和环境建设，特别是要反对安于现状、因循守旧的倾向，形成敢于竞争、开拓创新的氛围。现代科技成果已经广泛运用到社会生活的各个领域，成为人们的活动方式与发展方式。各项工作也都在加快实现信息化、手段现代化。运用现代科技手段，改革德育的传统方式，成为增强德育有效性的重要途径。人本德育由人出发，把科学技术和现代科技手段应用于德育工作之中，服务于人，最大限度地发挥人的潜能，促进人的全面发展。

德育，运用大众传媒进行的信息调查、选择、加工处理、传播反馈、沟通交流、储存转移等，可以有效提高德育工作的及时性，扩大德育工作的覆盖面，增强德育工作的影响力。高校德育可以根据高校师生广泛利用互联网的实际，建立德育网络平台，不仅传播德育工作信息，而且可以成为师生发表意见、进行交流的场所。

德育，运用现代信息化科技手段进行校园环境与文化建设，赋予校园环境以感染、教育与规范功能。紧跟当代信息化科技发展潮流，满足师生发展愿望，为师生提供交流、探讨、激发、共同促进的场所与条件，把科学知识、科学思想与科学精神结合起来开展教育与引导，是德育工作的重要措施。江泽民强调要开展科技教育："科学知识、科学思想、科学方法和科学精神，可以引导人们奋发图强，积极向上。"[1]

---

[1] 江泽民：《致全国科普工作会议的信》（1999年12月9日），http://www.people.com.cn/item/ldhd/Jiangzm/1999/zhidian/a104.html。

网络是一个集全球各领域、各机构的各种信息资源为一体，供上网用户共享的信息资源网。网络是一个无穷无尽的文化信息源，它具有信息量大、传播速度快、交流互动性强和影响范围广的显著特点。网络是社会和人发展的一个手段，特别是高校大学生，他们利用网络满足自身需求，不断完善自我，促进自身和社会的发展。不可否认，网络已经对大学生全面发展产生了多方面的促进作用。

网络使学生可以通过自我教育、自我思考将一些国家政策转化为他们内在的律令，通过参与网络上国家大事、社会热点问题的讨论，增强了学生积极参政议政的意识和主人翁责任感。网络为大学生提供的比现实世界更为广阔的虚拟世界，以先进的电子技术手段向学生适时地传播全人类优秀文化遗产及价值观与行为规范，使青年人在一个比以往更加广泛的社会环境中积累社会知识，发展和形成自己的个性，顺利参与社会生活，获得在现实世界难以得到的经验。网络是知识和信息的载体，它作为一个全新的事物进入我国，引发了创造性极强的大学生群体的极大好奇。网络上丰富的信息资源使学生从中获得养料，完善知识结构，学习发达国家的科学技术、管理模式和先进经验，并借助世界各地的专家、学者、技术人员甚至普通人的力量发现问题、解决问题。网络的发展引起了教育方式的历史性变革，对大学生学习行为产生了巨大影响。

由于社会的快速发展，人的主体性地位日益突出。德育理论也相应地发生了从重视物质、经济因素到重视精神、文化因素的变化，实现了从重视社会客体（物）因素逐渐向重视社会主体（人）因素的转移，德育现代化问题也就自然成为备受关注的时代课题。从一定意义上讲，人本德育就是德育现代化的具体体现。人本德育关注人的本性、人的动机、人的需要、人的素质、人的发展，最大限度地激发人的积极性、能动性，最大程度地理解人、尊重人、依靠人、解放人、发展人，使"人终于成为自己的社会结合的主人，从而也就成为自然界的主人，成为自身的主人——自由的人"[①]。人本德育理念（以

---

① 《马克思恩格斯选集》第3卷，人民出版社1995年版，第760页。

人为本）既是一种价值观，又是一种方法论，符合德育现代化的精神和要求，顺应和满足了德育现代化的需要，是德育现代化的出发点和归宿。

第五章　德育偏离人本的现象解析

研究人本德育，必须对人与德育的关系问题有一个历史的考察。我们只有考察了德育的历史走向，才能发现德育发展中的问题，才能知道德育走向了何处，为什么会这样走，以及原因何在。只有如此，我们才能体会德育回归人本的意蕴。

一、德育偏离人本的种种倾向

德育是因为人而生，人因为有德而活。人与德育内在地成为一个整体。但是，在人类社会发展的历史过程中，德育与人的关系，也是亲疏有间，若即若离，甚至矛盾重重。研究德育与人关系的历史走向，我们能够更好地体会人本德育的内涵，感受人本德育的珍贵。

（一）德育本来是人本的

远古的时候，德育和教育是不分的，都是起源于人的生存和发展。那时的德和得是一个概念，指的是得到某种东西的方式。德育是为人服务的，从人出发的，我们可以说，此时的德育是原始的人本德育,是人与德的原始统一。当时的德育是简单的、单纯的,主要是协调人们在劳动中的相互关系,传授人类生存的经验。所有的一切都是为了人的生存和发展。德育没有过多的欲望,一切都围绕人、服务人,人是德育的核心和灵魂。

随着人类劳动技能的掌握和提高,剩余产品的产生和劳动者剩余时间的出现,以及阶级统治形成后,古代德育开始发生变化,即教育,包括德育开始从社会生活中分离出来,成为学校的专司,并被统治者掌握。统治者为了维护统治,按照自己的意志,依靠知识分子,提出了教人做人的知识,目的是求善求知,着重于人的教化、维护社会稳定。古代的德治与德教,一方面蕴涵了以民为本的思想,另一方面也充斥着以官为本的价值取向,这就是剥削阶级必须采取的一种矛盾方略。所以,古代社会提出了民为邦本的思想,如《大学》有言:"大学之道,在明明德,在亲民,在止于至善",便是一个明证。

西方情况也类似,不论是培养和谐自由公民的雅典教育,还是训练勇敢忠诚武士的斯巴达教育,或者教人忍耐顺从的宗教教育,其目的都在于培养人的品质,教人做人。因而在古代,德育具有人本倾向,德育是为了人,德育与人没有对立状况。

马克思主义认为,教育担负着社会的劳动力再生产的任务。作为培养人的社会活动,德育不仅把前人所积累的生产经验和技能传授给下一代,而且把一定的社会规范传授给下一代,使他们能够适应现存生产力与生产关系的要求,以维护和巩固一定的社会政治制度和经济制度。人类在传授知识和技能的同时,也传授着道德,即德育作为社会发展的需要亦向下传递着。可见,德育是为统治阶级服务的,统治阶级在培养自己接班人的同时,也必须从人出发,发挥人的积极性,从而使德育具有人本德育取向。

"当我们深思熟虑地考察自然界或人类历史或我们自己的精神活动的时候,首先呈现在我们眼前的,是一幅由种种联系和相互作用无穷无尽地交织起来的画面"[1]。马克思的唯物辩证法理论指导我们把

---

[1] 《马克思恩格斯选集》第3卷,人民出版社1995年版,第359页。

世界看作相互联系的统一整体，因而要求我们用整体的观点来观察和研究德育。

我们知道，人的成长过程是身心两个方面发展的过程，身体是一个自然实体，是人的心理得以发展的物质基础，心理的发展则是人的精神世界的形成。构成人的精神世界的东西有两种：一种是知识技能、技巧，这是人为社会服务的本领，它主要是通过智育、体育和劳动技术教育来完成的；一种则是思想观点、道德品质和世界观，这是人对社会、对他人、对所面临的客观世界所持的主观态度，它主要是由德育和美育来完成的。我们这样说，并不排斥在智育、体育和劳动技术教育过程中对学生思想品德的教育和培养，也不排斥在德育过程中学生对道德伦理与审美知识的获得。这是因为德育最终的社会功效和结果是给学生以巨大的精神力量，使学生能够正确地对待社会、对待他人、对待他所面临的客观事物；智育则是通过学生所获得的知识、技能和技巧，通过学生的身心素质，最终形成改造社会、改造自然的本领，从而使学生作为生产力的主要因素之一，成为推动社会前进的巨大物质力量。这二者使学生获得必备的知识，即在总体上、客观上遵循人类认识的普遍规律来改造学生的世界观，进而改造世界。但二者在方法论上又因各自解决的主要任务不同，使得二者之间必然既有密切联系，又有一定区别。[①] 无论是德育或是智育，抑或体育，都与人关系密切，由人出发，调动人的积极性，发挥人的优势，体现了德育的精神，德育仍然沿着人本德育的路径向前迈进。

加里宁说："在我看来，教育是对受教育者心理上所施行的一种正确的、有目的的和有系统的感化作用……如培养一定的世界观、道德观和人类公共生活规范，造就一定的性格和意志、习惯和兴趣，发展一定的体力上的本领等等。"[②] 用现在的话说就是使受教育者在德、智、体、美、劳方面全面发展，成为有理想、有道德、有文化、有纪律的"四有"新人。可见，德育要施加"一种正确的、有目的的和

---

① 王仕民：《德育文化论》，中山大学出版社2007年版，第176页。
② 加里宁：《论共产主义教育》，莫斯科1951年中文版，第88页。

有系统的感化作用",必须符合人的需要,也就是由人出发,有针对性地进行教育。

心理学研究认为:"德"标志着个性的意识倾向性,是心理基本动力系统的核心,它对人的心理活动起着定向调节作用。学生的政治觉悟、学习态度、理想层次、道德境界往往与学习成绩成正比。有理想、学习目的端正的学生,学习的积极性就大,就有较强的创新精神和实践能力。

荀子《劝学》中说道:"目不能两视而明,耳不能两听而聪。"只有见贤,才有可能思齐。苏格拉底曾主张"知识就是美德",认为一个人只要知道什么是善良和正确,就一定会去实践它;可怕的是不知道什么是真正的美德。

这就从理论上说明了德育和人的关系:德育作用于人,实现着人的物质力量和精神力量的统一;德育在改造社会、改造世界的人类活动之中,最后变成了物质的力量,改造着人类社会,也改造着人类自己。

(二) 德育偏离人本的倾向

历代的统治阶级为培养忠于自己的人才,都十分重视德育。在我国奴隶社会和封建社会的学校中,德育也居于首要地位。西周时,学校教育的内容"六艺"礼、乐、射、御、书、数中,"礼"字当先。据《周礼·地官司徒》记载,师氏"以三德教国子:一曰至德,以为道本;二曰敬德,以为行本;三曰孝德,以知逆恶。教三行:一曰孝行,以亲父母;二曰友行,以尊贤良;三曰顺行,以事师长"。当时的所谓"三德"、"三行"的教育,完全是为维护西周奴隶制服务的德育。孔子强调"以德教民",孟子提出设立学校的目的,"皆所以明人伦也"。

在西方,古希腊的苏格拉底主张通过教育来培养人的美德;亚里士多德认为培养美德一是靠实践,二是必须通过理性的教育手段。

然而，任何事情都是一分为二的，德育与人的关系也不例外。德育偏离人本，甚至对立，自有阶级社会以来就发生了。

在中国的封建社会，由于处在自然经济条件下，人与人之间的交往较少，相互间处在隔离与半隔离、封闭与半封闭的状态；这种生产力不发达的情况，造成德育与人的分离。一方面，封建统治阶级为了强化自己的统治地位，加强了道德教育，强化了德育；另一方面，德育的内容却逐渐远离了人本身，不是从人的发展出发，而是从维护统治阶级的统治和利益出发。同时，德育包括道德教育，只是少数人的理想目的、理想追求，甚至是获取功名的途径或条件。换句话说，统治阶级为了维护自己的统治，把统治阶级的意识转化为德育的规范。如果你想获得功名，就必须延续这些规范、遵循这些规范；如果你想保持自己的地位或功名，就必须保护这些规范。如此而已。德育不是建立在经济上和科技上的道德人格，它是没有物质基础的、没有科学内涵的理想化的、超现实的道德人格。[①] 这时的德育，是一种超现实的德育，它传播的是一种精英文化，只为上层贵族阶级服务。德育是由文化人创造、供文化人和上层社会享受的文化，以求古、求纯、求玄为特点，即越古稀、越距现代久远越有价值，越纯正、越不与异种文化融合越有价值，越玄奥、越不着边际、越不切实用越有价值。中国封建时代，德育实质上是娱民的，非真正意义上的德育，是抑制性德育、片面性德育。德育脱离了经济，德育脱离了科技，德育最后偏离了人本身。

西方中世纪，宗教神学统领一切。这时，教会垄断了文化和学校德育，具有浓厚宗教神学色彩的经院主义教育思想产生了，并在学校德育领域中占据了统治地位。经院主义教育思想强调德育，重视德育，但是把德育看作实现神性的重要途径，即培养具有虔诚信仰的基督教教徒。奥古斯丁从维护耶稣基督以及基督教信仰的权威出发，主张德育应该为教会和神学服务，培养虔信的基督教教徒和教会的教士。他说："主，你是我的君王，我童年所学到的一切有用的知识都

---

① 王仕民：《德育文化论》，中山大学出版社2007年版，第180页。

将为你服务，是啊，不管我说、写、读或数的是什么，都让它们为你服务。"①可见，西方中世纪，学校德育传播的是宗教神学，德育是为宗教服务的，是为神服务的。德育也与人分离了。

在资本主义社会，资产阶级以追求利润为目的，片面发展科学技术，忽视道德教育，使人成为经济的奴隶、科技的奴隶。人对物的依赖性，使人成为"经济人"。随着现代科技地位的不断提高及其作用的不断强化，人们把科技作为"神"加以顶礼膜拜，使一些人成为"工具人"。在资本主义社会，资本家为了自己的最大利益，一方面采取残酷地剥削工人阶级的方式榨取剩余价值；另一方面采取引进技术、改进技术，发展科学技术，极大地推动了现实生产力的发展，使资本家获得了更多的利润，反过来又加大了对机器和技术的投入，使得科学技术在资本主义社会呈现飞速发展。恩格斯指出，道德的根源在于人们的经济关系。这种现象反映在德育上，就是资本主义社会更多地注重科学技术知识的传播，而忽视精神、道德、人文知识的传授，造成了人文知识与科技知识的分离；就是资本主义社会德育与人的严重分离，甚至畸形发展。

在今天，在现实生活中，德育与人有没有分离呢？其实也是有的。特别是升学竞争造成的"应试教育"，使德育逐步脱离了人本身。德育在某些学生的心目中，不再是自己发展的需要，而是考试的需要，德育在学生心目中失掉了应有位置。因为在中国，对学校尤其对高中的评价指标实际上被简化为只有高考升学率一项了。德育由于不像智育那样可以量化为看得见的分数，它是"软"的，而分数是"硬"的。因此，哪个学校的升学率下降了，校长的日子不好过，老师们也抬不起头。所以，在学校教学活动中，本来应该位于首位的德育让位于智育了，智育甚至完全取代了德育。老师热衷于向学生进行科学文化知识的灌输，没有把对学生的思想道德教育渗透到科学文化知识的传授中；有的虽然迫于某种压力，勉强把德育渗透到智育中去，也是牵强附会。这种贴膏药式的德育显得苍白无力，教师讲得不

---

① 奥古斯丁：《忏悔录》，周士良等译，商务印书馆2009年版，第18页。

舒心，学生听得不用心。德育对于高考中的学生显得不是那么的重要，人本德育更是难以谈起。

（三）德育偏离人本的原因

德育偏离人本具有非常复杂的原因，既有传统的德育思想、德育理念的影响，又有现实的社会因素影响。在社会生产力水平发展较低，科学技术水平还不发达的情况下，广大人民群众接受教育的机会受到了限制，他们对自然、对社会的认识就受到了限制，在万般无奈的情况下，他们往往把自己的希望寄托在超自然的力量之上，容易陷于信神、信迷信、信权威之中；由于这种执着的追求，他们又往往容易被愚弄。相反，统治阶级就有受教育的机会，有从事脑力劳动、统治社会的条件，进而统治社会。我们可以说，神本信仰、器本信仰是生产力落后条件下人们的价值取向。具体而言，我们分析它们对德育的影响时，不能离开具体的条件和环境。

1. 神本信仰对德育带来的不利影响

神本信仰具有深远的历史，因为神的信仰历史深远。神本信仰的实质是人们对人的歪曲理解，在于离开人的实然向度去一味地架构人的超越追求世界，是对人之理解在实然与应然之间断裂式的信仰表达，当然这种断裂式表达往往会带有很大的时代性。当代神本信仰呈现了许多新的时代特征：一是神本信仰的多元化，对多种主义和多种信仰兼信并存，且时常变换；二是神本信仰的世俗化，除了对终极目标和主义理想的追逐与感召之外，神本信仰还具有对金钱、权力等世俗之物的追求，导致学生往往不择手段来满足自我的金钱、权力等这些世俗的欲望；三是神本信仰的迷信复归化，加之现代社会的风险性与复杂性，学生最容易出现心理困惑和信仰危机，由此社会上的封建迷信之风也吹进高校学生的心里。

显而易见，神本信仰是以非科学的信仰作为感召，离开现实的人去对应然世界进行信仰表达的德育形态。这种信仰的多元化、世俗化和迷信化等特征，具有很突出的时代性，正好在当今大学生所处的社会转型时期找到了施展魔力的时代境遇，因此趁机在当今大学生信仰选择与精神构造上产生更加突出的影响，在不同程度上使大学生在确立信仰与追求精神的过程中步入了迷途，概括起来有以下几种情况：一是理想淡薄，信念动摇。一方面，从神本信仰本身而言，其大力宣扬的宗教唯心主义神灵观以及所渲染的宗教神秘色彩，在一定程度上对大学生的信仰产生了冲击，也吸引了一些大学生开始信仰和参加这些唯心论的宗教活动；另一方面，当今大学生正处于"三潮"时期，即资本主义"西潮"、社会主义"低潮"、市场经济"商潮"①，导致一些学生理想淡薄，信念动摇，对马克思主义产生怀疑，因此出现信仰危机。我们知道，马克思主义作为一种信仰，虽经历史岁月的风雨洗礼，但仍然显示出巨大的生命力和科学性，因此得到了全世界工人阶级和广大劳动人民的支持和拥护，成为中国共产党人精神世界的指导思想。当然，随着时代的发展、社会的变迁、条件的改变，马克思主义学说中的某一些具体结论、具体观点会随着时代条件的变化而过时，这就给当代大学生中一少部分本来就对马克思主义信仰意识淡漠的人提供了机会，他们认为马克思主义早已过时。这种指导思想的不坚定还引发了诸如"社会主义到底还能在中国坚持多久"、"共产主义只不过是一种新型的乌托邦而已"等的理论认识混乱现象，从而成为神本信仰的生存滥觞之地。但是，我们必须深刻认识到马克思主义的核心、它所揭示的普遍真理，以及作为一种科学的世界观，作为观察问题和解决问题的立场、观点和方法，则是永远不会过时的。而且，作为一种对未来美好社会的憧憬和追求，共产主义理想也是不会过时。因此，当代德育应充分注重神本信仰对学生理想信念教育的消极影响作用。二是精神追求取向错位。人离不开精神追求，离不开精神动力。无论是信仰马克思主义，还是信仰迷信、宗教甚至是邪教，

---

① 陈静：《解析"三潮"冲击下的"信仰危机"》，《学习与探索》2001年第1期。

都是一种精神力量。只不过前者是正确的精神追求，产生强大的积极的精神动力；后者则是错误的精神追求，产生消极的精神动力。神本信仰对当代大学生的影响，正是迎合了社会大气候，刺激了一部分学生的错误精神欲望，逆转了他们以往心目中的精神追求的方向。例如，有的大学生在自己日常生活中就相信所谓的"宿命"说，消解了自己应有的积极应世与开拓创新的时代精神，将自己的不成功归结为"命该如此"，以此作为自己消极懒惰的借口；有的大学生将自己的前途过多地寄托在求神拜佛上，忽视了自身潜力挖掘与开发的主导命运力量；除封建迷信之外，还有一些大学生对金钱、物质充满了无限的向往与寄托，为了金钱和物质待遇，有的大学生可以出卖肉体做情妇、当"二奶"，还有的公然愿意做亿万富翁的情人，或与名人搞"一夜情"，等等；更有甚者，极少数学生信仰"法轮功"邪教，违背了社会道义和人类道义，陷入可悲的境地。

　　透过上述两个方面的现象，分析其原因，主要有以下三个方面：首先是德育环境方面的因素。不可否认，目前社会上信仰迷信、宗教甚至邪教之风气开始盛行。如许多地方寺庙祠刹林立，香火旺盛，风水公司挂牌营业，风水先生招摇过市，迷信产业一派"繁荣"。尤其是封建迷信披着"现代"的、"高科技"的外衣死灰复燃，以新的伪装面孔出现，迎合人们的迷信心理，推波助澜。如20世纪80年代以来，国内出现的"电脑算命"、"高科技预测命运"，以及陈林锋的"遥测卫星反射"、贵州安顺的"灵鸽菩萨"的巫术，到"水变油"闹剧和沈昌的"信息茶"等事件，最后发展到李洪志的法轮功事件。可见，大学生出现信仰迷途，与这种社会环境因素有很直接的关系。有人做过专门研究，在对"影响你人生信仰的因素主要是什么"一题的回答中，54.2%的学生选择的是社会环境。[①] 可想而知，对学生的信仰影响最大的是社会环境。其次是大学生自身因素。当代大学生处于全球化的大时代和我国社会改革开放转型期的社会环境，对社会

[①] 董艾辉：《当代大学生信仰教育的现状及障碍分析》，《中国特色社会主义研究》2003年第1期。

主义运动的低谷、市场经济的功利色彩、互联网信息的鱼龙混杂、社会改革的新生问题如贫富差距悬殊、竞争白热化与风险增大等因素，缺乏正确的分析、全面的把握、理性的判断。毕竟，他们缺乏人生阅历、社会实践和生活经验，不能历史地、现实地、辩证地分析当代社会现象，容易走入极端与片面，甚至误入歧途。最后，高校德育方面的因素。高校德育没有及时了解、把握学生的思想动态与精神生活，没有采取有效措施消解社会上的负面影响，没有针对学生的思想困惑、心理疑惑、精神空虚等采取有力措施，甚至是避而不谈。例如，对马克思主义教育还存在简单说教，而对宗教信仰还是一棒子打死的做法，没有正面应对社会上的种种消极现象，没有解决学生中存在的思想问题与实际问题，缺乏人文关怀和心理疏导，缺乏对学生心灵深处的精神世界予以积极的抚慰。因此，高校德育还需要大力改进，走向人本德育。尤其是在德育社会环境的认识与大学生精神需求特性等方面进行把握，以解决大学生的信仰追求问题为重点，改进高校德育。

一方面，在竞争激烈、信仰多元的社会环境条件下，高校德育应着重解决大学生的信仰教育问题。当代社会是竞争社会，竞争体现在各个方面，不仅有物质方面的竞争，如经济竞争、军备竞赛、人才竞争，还有精神方面的竞争，如文化竞争，甚至信仰竞争也是其中的一种。我们知道，当前各种宗教、各种信仰纷纷出现，竞争激烈，都在努力地争夺各自的信徒，扩大自己的势力。在这种竞争激烈、信仰多元的严峻形势下，如何让大学生树立正确的信仰和追求，不仅关系到大学生的健康成长，更直接关系到中国特色社会主义伟大事业。高校德育则要在这种多元信仰的格局中凸显马克思主义信仰的主导作用，自觉以马克思主义世界观、方法论和人类的科学文明成果作为大学生信仰的基础，引导大学生在多元信仰的选择中认同马克思主义信仰，并自觉内化为精神食粮，体现在生活行动中。

另一方面，高校德育应努力提高大学生自身的内在精神动力，激发其内在的健康的精神需求和强大竞争动力。精神需要与物质需要一样，是人体的重要需要之一；同样，精神动力与物质动力一样，也是人自身的动力系统之一。正如鸟之两翼、车之四轮一样，缺一不可。人之具有精神需要，对其个体的生存与发展具有重要的价值。充分理解这种价值，就会增加学生自主追求健康的精神需要，以及抵制错误的精神生活的自觉性、主动性。这样有利于塑造健全的人格，树立正确的价值导向，自我主宰精神世界；同时，有利于避免形成"技术单面人"和"精神畸形儿"，因为纯粹的科学技术教育缺乏正确的精神诉求，缺乏健康的精神生活，在科学发达、技术至上主义的今天，难免会培养出只知科学技术、不懂价值信仰的片面人、单面人。

2. 器本信仰给德育带来的不利影响

现代科技高速发展，将人类带进了信息化与网络化时代。这是一个让人兴奋不已的时代，也是让人提心吊胆的时代。人们一方面在乐于享受高科技带来的鲜美食品、太空旅游等美好事物，另一方面又在担心转基因食品的危害、克隆人的伦理危机，等等。诚然，科技发展一方面给我们带来了便利，另一方面也给我们带来了灾难。在这样一个利弊交加的时代背景下，教育开始面临着更大的机遇与风险，高校德育也不例外。可以说，高校德育面临着科技的挑战。器本信仰的现实影响就是其中一个突出的表现。

计算机和网络技术的迅猛发展，催生了赛博虚拟网络空间这块现代德育的处女地。随着高校互联网的迅速普及，网络已成为大学生生活的重要组成部分，它既给高等教育带来了更为便利的条件，也给高校德育带来了诸多机遇与挑战。网络的发展不仅丰富了德育内容，增加了德育手段，加快了德育资源收集、信息索取，而且更主要的是开辟了高校德育的新阵地，使高校学生扩大了接受教育的时间与空间容量，极大地突破了传统地域空间和固定时间的局限。例如说，德育主题网站、网上咨询、网上讨论等方式，充分发挥德育教育对大学生的服务、引导、教育功能，在社会上产生传播、辐射和渗透效应，因而成为德育发挥作用的重要新空间。此外，利用网络这一阵地进行德育，可以增强公开性、透明度、参与性和直观性，因此无疑增强了高校德育的效果和效率。

不过,网络科技给德育发展带来了新挑战。科技本身就是一把双刃剑,网络科技更是如此。不可否认,网络的确给人类带来了无与伦比的便利,甚至改变了人类的生活方式、工作方式和思维方式。但是,它给人类带来的危害也是无法想象的。就网络科技对于高校德育的影响来看,也产生了巨大挑战。一是网络空间的开放性改变了高校德育的单纯格局,在增加了信息来源的同时,也增加了信息的不确定性、不可靠性。这些通过学生自主搜集到的信息,实际上构成了与学校德育进行竞争的另外一种力量,而且这种力量不容易驾驭,有时甚至比教育者渠道获得的信息的力量更加强大,导致高校德育有限信息发挥作用的难度增大,客观上冲击了高校德育的主导地位。二是网络信息的不可控性污染了高校德育的信息环境。网络信息的多样化、综合化在方便学生获取与交流信息的同时,也出现了鱼龙混杂的不可控制的问题。网络信息可谓无所不有,从意识形态问题的渗透与反渗透,到色情、暴力等"黄、赌、毒"思想的侵害,这些信息的传播容易影响大学生的是非判断和行为选择,导致出现精神萎靡、道德责任丧失的情形。一句话,网络信息的多样性、复杂性、不可控性造成信息垃圾的泛滥,确实污染了高校德育环境。在这种被污染的环境里成长的学生,必然是身心欠缺健康的。三是网络社会的虚拟性带来了高校德育的新问题。社会现实与网络虚拟同时并存,容易导致大学生网上与网下行为与角色的分裂。"大学生由于上网而逃避现实生活中一些重要的事件的现象也是存在的,它对个体的社会化和人格发展来说极其不利,甚至导致一系列心理问题。资料表明,网络成瘾与精神障碍的共同发病率较高,尤以抑郁症和社会交往损害最为严重。"[1]现实表明,一些大学生常常上网有瘾,导致逃课逃学、成绩下降,甚至出现身体拖坏、心理障碍等身心健康问题,以及情感问题、人格问题,等等。可见,高校德育面临着严峻的网络新问题。

---

[1] 王卫红、卢亮:《大学生使用网络情况调查》,《高校保健医学研究与实践》2006年第1期。

3. 文本德育观带来的不利影响

所谓文本德育观,就是以书为本、从理论出发的德育观,就是在德育过程中,只重备课,忽视"备人";只讲抽象理论,忽视学生特点;注重文本逻辑性,忽视学生的发展需要;强调文本意义阐释,忽视社会实践发展等;概括起来就是只重书本,不重生本。这种文本德育观是理论脱离实际的教条主义,抽象化、概念化的形式主义,经院式、学究式的本本主义。教条主义、形式主义、本本主义,在过去德育中曾多次出现,它的基本特征是理论脱离实际,既窒息马克思主义理论的生命力,又导致德育实践发展的模式化,从而使学生思想僵化保守,给人才培养造成危害。

在学校德育过程中,人本德育观是与文本德育观相对应的。人本德育观就是学校德育要以学生为本的教育观与发展观,它强调学校的根本就是为了学生发展,学生是发展的目的。坚持人本德育观,首先要把学生的全面发展作为学校的根本目标,把学校的一切工作归于满足学生的发展需要,把学生的全面发展作为代表学生及其家长根本利益的体现。

二、德育偏离人本的错误取向

由于社会分工的精细,导致了德育和智育发展的不平衡,加上学校教学的"智育化"倾向,促进了学校德育与智育的分离,造成了学校德育偏离了以人为本的轨道。① 德育价值取向偏离了德育的方向,于是学校德育出现了一些奇怪现象:一方面德育似乎加强了,因

---

① 王仕民:《平衡与渗透:德育和智育关系的现代走向》,《中山大学学报》(社会科学版)2006年第5期。

为德育的重要地位更加突出，教学内容更加丰富，师资力量更加雄厚；另一方面德育似乎又更加削弱了，因为德育的针对性不强，实效性不佳。可见，学校德育并不缺乏，只是德育偏离了人本方向。那么德育走向了何处？我们有必要进行深入的研究。

（一）德育的知识化取向

人类对知识的崇拜自古有之。早在古希腊时期，著名的哲学家苏格拉底就提出"知识即美德"的命题。后来，夸美纽斯、赫尔巴特、柯尔伯格等都或明或暗地接受了这种观点。尽管杜威提出的新三中心论颠覆了苏格拉底的这一观点，把德育的中心引向生活中的儿童，但是，学校德育仍然没有彻底摆脱视德育为知识传授过程的惯性，而且将德育知识化的弊端显露无遗，因此加速了人本德育的缺失。

在传统德育中，我们比较重视对学生进行道德知识的灌输和教育，以此来丰富学生的道德知识，提高学生的道德认识。以受教育者习得道德知识、发展道德认知能力为德育的主要目标，教学手段以德育课程化、课程知识化、教学灌输化为主要特点。德育的考核与评价，也不由自主地偏重于考察学生对道德知识的掌握，以及老师对于课程教学的技巧与熟练程度。这种将德育学科化、知识化、课程化的做法虽然在某些方面说明了我们对德育工作的重视，但从德育本身的特点看，这一做法却很难达到实现德育的目标。长此以往，在某些学生的意识里，道德似乎仅仅成为了一门学科知识，而不是人的一种内在素质、一种品行修养。学生靠死记硬背得到的高分数，似乎代表了品格的高尚。这样，仅仅将道德作为某种知识尤其是抽象的理论来对待，而不是在生活指导、文化素养、内在素质上下功夫，这其实就是德育知识化的做法。

所谓德育知识化，就是将德育仅仅当作一门知识，教师将德育当作知识来传授，学生将德育当作知识来学习，脱离了道德品质的培养和德性养成的德育本质，视德育为智育，将德育智育化、知识化，实质上是一种知性德育。高德胜博士对此作了专门研究。他深刻指出：知性德育是一种对象化的、割裂的德育，其所遵循的逻辑是知识和认知的逻辑，建立在对德性错误的认识之上，是对真正意义上的道德教育的异化。知性德育潜在的根本信念是：道德与科学知识一样是一种外在于人、外在于生活的存在物，是可以像探询外在的、客观的、对象化的自然知识一样来"研究"和"学习"的。①

既然作为教育组成部分的德育已经加盟于外在化教育的行列，那么，德育以知识化的形态存在也是必然的了。它向学生传输的是被普遍化和客体化了的道德知识，这种知识隔绝时空因素，追寻有逻辑体系的知识内容，追寻抽象的道德概念、规范、细则，它被赋予的是指导道德生活普遍准则的意义。这种知识抽去了具有主体生命表征的丰富而具体的内容。然而，道德之知的内容不是道德的抽象，而是存在于生活中的道德。为此，道德知识的教育和学习必须有实践的担当、道德的承诺。但是，当代的教育却无视道德之知的实践特性，也把它同其他知识一样放在科学理性主义的过滤器中筛选成普遍化、客体化的知识，彻底割断了它长在母体身上的脐带，断绝了它与生活实践的联系。事实证明，被普遍化、客体化的道德知识既无助于现实生活中道德问题的解决，也难于促成人之德性的发展和生成，道德的知识找不到回归生活和实践的路径。

本来，作为教育的一个部分，德育同智育一样，要承担起培养有知识的大学生之重任，这是显而易见的，并且相对于中国数千年的道德教化传统来说，还是一种巨大的进步。但是，如果高校德育在培养大学生方面过分夸大了知识的效用，遗忘了知识家园之生活的价值与归宿，将德育当作知性德育，导致德育的知识化，偏离德育应有的最终目的，必然会导致人本德育的缺失，不利于当代大学生身心才学与素养能力的全面发展。这种德育具有种种表现，主要是如下四个方面：

---

① 参见高德胜：《知性德育及其超越——现代德育困境研究》，教育科学出版社2003年版，第36～37页。

其一，在德育目的上，德育知识化将道德知识传授作为德育的最高目的。这种知性德育的理念认为，德育不过是一种外在于人的客观的自然知识的传授过程，而不是人的品行与德性、素质与能力的培养过程，不是培养个性自由、全面发展的人的过程。在他们看来，德育同科学知识一样，只是一种外在于人、外在于生活的存在物，是可以像探究外在的、客观的、对象化的自然知识一样来研究、学习和掌握的，因此德育只是像教授自然知识一样的一种智育而已，只不过其内容是与社会规范有关的道德知识罢了。

其二，在德育内容上，德育知识化脱离学生道德实际。随着高校教学改革发展不断深入，大学德育也正在加强改革与创新。相当多的德育教师乃至于教育管理部门，努力思考和积极探索的是如何丰富德育内容，增强德育的针对性与有效性，使之成为富有魅力的深受学生欢迎的科目。基于目前我国的基本国情，高校德育科目具有高度的统一性，思想品德与法律基础、马克思主义基本原理、中国化的马克思主义以及近代史纲要的书本内容教学，成为每个大学生必修的德育内容。很显然，德育的目的就是要对大学生进行主流意识形态和人生观、世界观以及价值观的理论教育，这本无可厚非。但是，在实际教学过程中，往往出现两个倾向。一是德育教师只注重对学生进行道德知识、道德观念、道德价值的教育甚至是灌输，缺乏对学生生活实际的了解。例如，教师对大学生的心理状况、经济困难、就业情况、职业规划、情感问题和学业成绩等问题了解不够，因为他们与学生脱节，没有深入学生的食堂、宿舍、课室，与学生深入交谈，细心谈心，只是在课堂上匆匆忙忙上完课就走人。学生所学的书本内容又与生活实际和社会现实相脱节，让学生陷入纯粹的理论和书本之中。且不说有些书本内容的建设相对滞后，就是应对时代节奏编写的最新教材，也会多多少少脱离活生生的现实。毕竟，实际生活尤其是在大变革大发展的现代社会条件下的社会生活，远远走在书本的前列。所以，现代德育的内容应该更加贴近学生，贴近学生生活，贴近学生思想实际。现代德育内容已由固定不变的一般化、单一化的社会、阶级和民族规范教育，逐步增加着现代社会的一般或普遍的社会规范和技术规范教育的内容，人道主义、科学精神、法纪和道德教育的内容，环境意识、法律意识等全社会、全人类共同的一般行为规范教育已成为德育的重要内容。教育者应开阔眼界，自觉地以开放、发展、创新的意识来顺应时代的发展，并在平日里注意积累教育的素材，学会利用先进的教育手段，利用身边的教育资源进行德育思想的传扬。二是教师在教学时，更容易陷入一个误区，就是追求教学的理论之系统、之完整、之深刻、之"正确"，他们喜欢用书本上的文件语言、理论语言、学术语言，甚至是大段大段的马列原著、领袖讲话等一字不漏地引用。似乎越是如此，越能显示出自己的学术水平和理论功底，也越能显示出德育课程的"重要性"和"正统性"。他们忘记了，十几岁、二十几岁的学生，不仅需要思辨的深奥的理论灌输，更加需要的是大量生动、新鲜、能动、创新的教育内容，辅之以灵活多样的教育方法，这样才能促使学生的知识与能力、理论与方法、思想与现实融为一体，相得益彰。

其三，在德育方法上，德育知识化强调走技术化路线。我们知道，传统的德育手段强调灌输，基本上是"说教式"的硬性注入，教育者总是把自己定位于一个授予者的角色，在与受教育者的关系中总是处于居高临下的优势地位，受教育者则处于被动的吸收者的地位，他们似乎随时都会犯大大小小的错，必须接受监督、质询，这种角色定位系统是有失偏颇的。课堂教学是高校德育的主渠道。当德育教师把德育内容像自然科学一样来传授时，就难免走自然科学技术化教学的轨道。显然，德育之类的人文教育是不同于自然科学之类的科学教育的，前者归属于生活世界的教育范畴，而后者主要是科学世界的教育范畴。当然，二者之间并不是完全割裂的，恰恰相反，科学世界教育的技术化和生活世界教育的人性化之间应当是互补的。但问题是，将德育知识化过程中，一定会过分夸大科学世界教育的技术化路线的作用，造成了生活德育人性化要求的萎靡。正如有人直言，"这种教育只关心要把人培养成何种类型的人——这些'类型'也是预先规定的抽象模式，却不关心每一个人独特的生长环境，不关心他们的内心潜藏着的愿望、热情等现实生命冲动所指的方向，一切活动都不准越出其规模化规范化程式化的流程与逻辑。由于同具体主体生活世界的疏离，它的抽象技术逻辑决定了它不会追问自己：为什么要按照固定的模式培养这个人，这样做对这个人来说其意义与价值何在，以及这样做在其终极意义上是否'应该'?"① 不难看出，德育知识化的程式化逻辑就是：预先忽略了大学生的生活世界，结果是采取教条式的推理与劝导方式，似乎学生的道德观念与政治信念和科学知识一样，都是在课堂传授与分析中形成的。这种教学方式恰恰忘了德育所具有的理解和认同品质，没有学生的内在建构和体验认同，观念和道德的说教就只能停在学生生活的外表，不能参与和融入到学生现实生活这一实践中去。何况是高校的大学生呢？他们已经拥有了一定的价值分析与判断能力，有一定的选择和理解能力，在这样的群体中就更应该意识到大学生在教学中的主体位置，应该采取大家都熟悉的双主体沟通教学模式，即通过意义的互相分享和交流，达成视阈的重叠共识，在分辨与碰撞中师生共同进步，最终达到"教是为了不教"的教育目的。所以说，一旦德育知识化，那么德育就会忽视大学生的生活世界与文化积淀，不利于学生们现实自我建构能力的培养。

其四，在德育评价上，德育知识化强调以分数为中心。德育知识化的必然结果是：在德育评价上以考试为中心，以分数为目标，其结局就是重认知结果的分数崇拜，轻大学生的人格培养。固然，德育乃至于学生的品德的评价、考核，具有一定的特殊性，因为学生的道德品质具有潜藏性、不可定量性、变动性等特点，而道德教育的效果如何，又不能完全像数学、语文那样通过知识点的考核加以检查、评价与考核。所以，德育的评价不像其他自然科学或其他人文社会科学那样相对直观和具备可操作性，它关涉到人的精神世界和价值导引的特殊领域。因此，如果在教学评估上不充分注意这一特殊性的话，就会出现评估的各种各样的问题，对老师和学生的发展都会造成不良影响。德育知识化的做法，就正好套用了传授自然科学那样的评价方

---

① 项贤明：《泛教育论——广义教育学的初步探索》，山西教育出版社2000年版，第263~264页。

法，于是出现了种种评价弊端。最突出的问题是，学生只重认知结果的评价，只重视考试分数，于是只重视对道德规范、细则、条目等所谓的道德知识，实际中又演变成对老师的讲课讲义、笔记进行死记硬背。再者，将学生的德育操行进行分数鉴定，细化到学生日常生活的方方面面。做错事扣分，做对事加分，做好事加更多分，乃至发展到A同学有意弄丢饭卡让B同学拾金不昧以获取加分之类令人啼笑皆非的事情。德育量化标准化的结果是德育分数中的水分太多，钻空子太容易，以至出现了学生德行分与实践德行之间严重背离的危险结局，成为大学生两面割裂人格的一大病因。可见，德育过程已经渐渐异化为学生获取道德知识的分数的活动，学生的道德丰富个性与多样发展就无形中被这一普遍的分数考核扼杀了。

对于德育教师而言，这种德育评价方式也将教师的工作重点导向了歧途。当今的评价方式往往偏重于定量评价，把德育教学分解为几个项目，如内容备课方面、教学讲解方面、教学手段与工具方面等，然后按一定的标准赋予一定的分数权重，再让学生进行评价打分。分数高者教学效果就好，而分数低者教学效果就不好。在这种评价指挥棒的挥舞下，德育教师只好被迫将德育教学往教学评估的要求方向靠拢。而这样做的风险是，一些（尽管可能只是极少数）教师会为了获得学生较高评价分数而讨好学生，迎合学生，给予学生较高的分数。至于对大学生健全人格的培养、优秀品质的塑造，则全然不在自己的关注范围了。可见，这种评价方式不仅没有促进教师的道德教育实施，促进学生的道德形成，反而冲击了大学生品格培养的根本目的。此外，对德育教师评价还以其教学、科研的状况为标准。例如，发表论文数量和档次、承担课题经费、上课的课时等都作为评价指标。这无疑又将教师引向学术化、数量化的轨道，教师为了追求上课的课时、发表的论文和承担的课题数量，把德育当成智育，把德育知识传授过程本身看得比品行培养结果更为重要。

（二）德育的形式化取向

德育内容的传授、德育过程的展开，都需要一定的形式作为依托。无论是第一课堂的教学，还是第二课堂的活动，都需要有一定的形式作为载体，作为德育的途径和手段。例如，第一课堂上德育教师采用幻灯片教学、师生之间的互动、第二课堂的学生校园文化活动（如演讲、辩论、主题班会等），都是很好的德育形式。离开这些有效的形式，德育就无从下手。但是，形式是为内容服务的，不能冲淡内容，更不能取代内容，那些只有形式而没有内容的德育，就是德育形式化了。德育形式化，也使得高校德育远离人本，导致高校人本德育的缺失。

长期以来，传统德育被理解为理论的强制灌输，跟学生的思想实际、心理需求相差甚远，不适应学生的身心发展特点，不适应社会发展的新变化，对德育的关注只停留在学校组织了哪些活动，德育教师上了哪些课程，班主任、辅导员与学生谈了几次话，学生是否循规蹈矩等问题上，很少关心这些形式具有什么效果。这导致了德育教条化、形式化，致使学生对德育缺乏兴趣，甚至反感。德育形式化具体表现在如下四个方面：

首先，德育存在着大量的表面化现象，甚至弄虚作假。必须承认，我们很重视德育，给了德育崇高的地位，提出了很多很好的口号，如"德育为先"、"德育为首"、"德育首位意识"等。这些词语常常出现在一些领导的文件、讲话中，出现在工作计划和总结报告中。然而，这种名义上的"无比重视"，却由于应试教育、社会环境等原因，实际上高校德育并没有那么重要，"名"、"实"不符，因而显得非常滑稽，形式化倾向更加明显。当德育仅仅作为一种口号、号召、文件中的"首位"时，德育势必与教学分离，与学生实际脱节，与教育目标悖逆，德育便成为高不可及的无法与现实接轨的"空中德育"。而且，这种口号化的德育，暗含着集中统一管理的德育制度安排，客观上更加强化了德育的"形式化"，消弭了德育固有的内涵和德育对丰富多样的人性的遵从，愈加暴露了其形式化的印记。这就演变成一种"口号化"的德育，而不是实实在在的育德。另外，道德教育存在着追求表面的现象。由于社会上的不正之风，如某些官员盛行搞所谓的标志性工程、政绩工程、形象工程，追求所谓的新闻效应、轰动效应。这种歪门邪道也侵入到学校教育中。因此，一些学校也大搞标志性工程，大做表面性文章。在这种大氛围下，德育也难免误入表面化的歧途。长期以来，学校德育一直没有摆脱应试教育的羁绊，德育教育也成为一种形式、一种表面文章。例如，德育教学评估、学生卫生检查、宿舍文明评比等活动，撇开其中的某些表面化动机不谈，单就其评估、检查、评比过程中的一些随意应付行为，甚至为了获得优秀而弄虚作假的行为，不仅将德育内容与德育过程形式化、庸俗化，而且让学生心目中留下难以抹去的阴影。在如此形式下进行的德育，不但没有正面效果，反而让学生学会了弄虚作假的坏品质。

其次，德育内容脱离社会实际，显得苍白无力。学校德育本应与社会道德教育相结合，两者相互补充，相互促进。但是，当前我国正处于社会转型期，社会上难免出现种种不良风气，极大地冲击了学校道德教育的效果，甚至起到了抵消作用。例如，当今社会上出现的种种不道德行为，无论是不文明的言行举止，还是食品掺假甚至放毒，或者贪图享乐甚至腐败，似乎比道德行为还要多。面对这种社会现实，学校德育显得苍白无力，不仅不能纠正这些社会上的无德之举，仍然在大讲那些书中的条文戒律，有些老师甚至是德育老师，其本身就在上课之时、在课外之余，多有不道德之举动，却依然道貌岸然、口若悬河地讲授所谓的道德和品质。如此，安能让学生信服道德条文，安能让学生养成道德品质？这样的学校德育简直就是流于形式，是纸上谈兵。

再次，德育活动存在着程式化倾向，形式化痕迹明显。德育活动指学校为了道德教育而开展的第二课堂。丰富多彩的德育活动，本应成为道德教育的有效载体和良好形式，促进学生在第一课堂之余，体味道德知识，培养道德情感，锻炼道德意志，养成道德品性，践行道德规范。可是，目前学校德育活动却有形式化、套路化之嫌。例如，先是请领导做报告，发文件，印资料，贴标语，挂横幅，大造一番声势。此后，开始座谈，讲认识，写心得，谈体会，表决心，喊口号。最后，开总结表彰大会，发论文，出书籍，唱歌跳舞，演讲辩论，网络宣传，电视报道。整个程序一环接一环，前后衔接紧凑，彼此分工明确。总是一样的套路，没有创新，没有深度，没有吸引力，像数学公式一样，多少年不变。固然，将一些做法固定下来，规范起来，有利于活动的开展；但是，过于程式化，总是简单重复，不求创新和发展，只有空洞的活动形式，没有丰富的德育内涵，只追求活动的娱乐性、参与性，却忽视活动的思想性、教育性，学生是会厌烦这种做法的。结果，最积极参与其中的，不是学生，即便有，也只是一少部分学生干部，而大部分学生则好像群众演员一般，在需要充当观众的时候才出席。因此，对于大部分学生而言，这种套路化、程式化的德育活动，就像演戏一样，他们不是其中的参与者，更不是受益者——如果真有受益者的话，也只是那些活动的策划者：一些领导、老师和少部分的学生干部，他们在年终写总结的时候，正好与年初的计划相吻合，既有轰轰烈烈的活动，又有准确全面的数据。

最后，德育过程简单，方法单一。现在大部分学校采用教师讲德、学生听课的方式进行道德教育。德育没有与社会实际紧密结合起来，没有与学生思想实际紧密结合起来，也没有与学生道德实践紧密结合起来。学校这种单一的德育方式很容易制约学生心灵的发展。学生出于心理发展的需要，甚至是出于课堂纪律或考试的需要，在课堂上可能会恭维老师传授的道德，但是课后却很少投入到实践中去。这样，道德模式的单一使学生德育过程中断，缺乏应有的教育连贯性，因此效果不大，产生"课上有道德，现实缺道德"的情景。再加上社会风气没有起到德育作用，甚至阻碍了学校德育的效果，学生产生了"众人无德，我又何需"的心理，备受现实的打击，因此这样单一的模式使得学校德育效果几近泡汤。仔细分析起来，这种单一化的德育没有形成全方位的立体式的完整体系，而是单纯地强调某一突出问题，什么任务什么政策什么文件一来，就开始搞什么活动，好像针对性强，但其实基础性、系统性很弱，常以片面性、表面性的德育环节来替代系统复杂的德育过程。所以，这种单一化的德育往往只能是以这样的方式来进行总结和评价：活动开展多少次，多少领导出席，多少人次（学生）参加，写了多少篇文章，文体竞赛多少次，等等，最后是效果显著，成绩很大。但是，学生在知、情、意、行等各个方面到底发生了多少变化，却无人问津，没有人关心。其实，道德的塑造是一个知、情、意、行循序渐进的复杂过程，德育本是一个有机的系统，德育过程需要有完整的系统的内容和方法。惟有如此，德育才能实现其最终目的，即是培养学生自由的个性、良好的品行、健康的身心、全面的发展。因此德育是一个复杂的、全面的、系统的工程，而绝非单一的讲授课本或开展活动就能实现。将如此复杂的德育过程单一化，就使得德育走过场，搞形式，应付一下了事。

（三）德育的工具化取向

在工业化技术时代，教育存在着被工业化和技术化的巨大危险。为了有效培养大工业生产所需要的各种工人，教育被作为一种生产工具，与其说是为社会培养了大量人才，不如说是为大工业量身订做了大量标准商品。在工具价值论的导向下，教育异化成为工业的工具，德育也就出现了工具化走向。德育工具化同德育知识化、德育形式化一样，进一步使得高校人本德育缺失。

教育是人的一种实践活动。作为实践活动，教育具有两重性结构：一方面，教育的根本指向是人的发展和完善；另一方面，教育也要使人获得改造、适应外部世界的品性和素质，使人具有一定的谋生能力。由于当代人在他们的生存实践中所关注的只是凭借科学技术去认识和支配外部世界，当代的教育也不再以人自身的发展和完善为最终目的了，其所要培养的只是那种能够征服和占有外部世界的人。人在教育中只被看成未来的生产力、未来的人力资源，教育要使人成为现代体制庞大机器上的零部件，要把人塑造成为物的手段。教育丧失了它的本意上的价值——人的全面发展、人性的完善和提升等，教育的价值已不在人自身，而是表现在人之外的各种物质利益、效率之中。这就是教育的功利性目的。德育同样具有如此的功利化倾向，这种德育模式可称之为工具化的德育，或者是德育的工具化倾向。

在德育工具化倾向下，德育的核心内容不是道德，而是政治，政治与道德被诠释为外在化的行为规范和规则。当代道德教育的主旨就是把道德的规则和规范从外面注入于人的行为，把已经成为碎片的人重新组装到一架经济技术的大机器上，使它得以有序地转动。在这种境遇中，道德只是人用于客体世界的一个调节器。在工具理性、主客两分思想的指导下，道德的规则和规范被看作只是源于客体世界的运行规律，而与人自身发展的需要毫无涉及的实体，它外在于人，是与人相对立的异己物。道德规则和规范既然不是来自人自身生活的需要，这样的规范和规则教育也就难于深入人的心灵，去激起人的道德需要，丰富和发展人自身的道德品性。在这样的道德教育中，人们的道德学习也完全变异为一种外在化的过程，造成在道德学习中道德不在场的荒谬现象。这种德育工具化倾向主要有如下几种表现：

第一，德育工具化将德育与智育、体育等教育割裂开来，甚至将德育与法律教育、规范教育分离出来，导致德育"无可依靠"、"孤立"。在德育的理论体系上，应当确立"道德需要"的观念，并将之作为道德教育的理论基础，把道德作为一种人生智慧、人伦原理来对待，由此实现人才培养中德育与智育的贯穿、道德与能力的统一。不要以为德育就是为了培养人的道德素养，解决人的思想观念问题和政治立场问题，为智育服务。其实，在市场经济条件下，全面贯彻教育方针，就是要实现德能统一，而德育与智育的结合点就是道德价值的二重性。传统教育往往将德、智、体视为缺乏内在联系的三个独立的单元，似乎德育就只是培养品德，与能力培养无关，教育的任务就是先造就道德，然后才培养能力。事实上，道德本身就是一种能力，德育、体育在某种意义上都是培养能力。现代教育理论表明，影响受教育者素质的提高及其潜能发展水平的因素，既有主观性的，也有客观性的。除了受教育者的智力与体力外，他们的思想觉悟、学习态度、兴趣、志向等因素，都构成受教育者的素质，并影响其能力的发展及其作用的发挥。首先，受教育者的道德素质决定了其能力发展的方向。任何能力的发展和运用，都是为了实现一定的目的，都有一个方向问题。当前，在我国就是要确立为社会主义经济建设服务的方向。其次，受教育者的道德素质决定着其能力发展的水平。一个人的发展潜能，在一定条件下是一个客观存在的相对确定的量。但是，这种相对确定的量，其发展水平又存在着不确定性。近年来，重智育轻德育的现象成了一种普遍的倾向。从过去的"只要学好数理化，走遍天下都不怕"，到今天的"出国热"、"电脑热"，人们的意识中或多或少都有些看重知识、看重分数的倾向。家长只关心子女的科目考分而漠视其思想道德品质，高校录取新生也只看政治课程的考分而淡化学生的现实品德表现。这反映出人们普遍具有功利化倾向。

第二，德育工具化将德育的目的与手段颠倒了。当代的教育既已背离了人自身完善的根本目的，发展和提升人之德性的教育也当然落在这种教育的视野之外。道德教育就其原本意义而言，它的主要职能是导人以成人之道、做人之理，它使人成为一个真正意义上的人。也即是说，道德教育只在使人成为人，而不是使人成为某一种人——从事某种职业、具有某方面技能的人。然而当代的学校教育为了使学生能成为世界的征服者、占有者，却着力于使他们成为某一种人——成为掌握某一领域、某一方面的知识才能的人。道德教育既然不能使人具有某种征服、占有世界的本领，它也必然地被判定为"无用"的教育。"去道德"成为当代教育的"潮流"。这是一种将德育客体化的倾向，只是将道德作为对人的约束力量，而看不见它对人的发展功能。把道德作为约束力量、控制力量，因此，就把德育作为一种工具，一种培育控制力量的工具。这种德育培养出来的人，当然也只是作为一种支配力量出现，只是一种物化的工具而已。这显然是德育的目的与手段的颠倒。

第三，德育工具化歪曲了德育课程内容。学校教育离不开课程设置，而课程设置反映了价值观取向。为此，有人把课程设置分为三类：强调以学术为中心的学术性课程理论，强调以社会问题为中心的社会改造课程理论，强调以学生发展为中心的人本主义课程理论。① 很显然，任何一种课程观都有其局限性，因此整合这三种课程观才可能具备全面的深刻性与合理性。我国目前德育的内容主要是为社会主题服务的，即那些有利于巩固社会的品质为内容，呈现出偏重社会外在价值的片面性，反映了高校德育内容取舍的实用化趋向。因此，我们的课程内容偏重于德育目标而忽视过程，主张服从已有的规范而限制了创新，德育自身内容和德育课程体系设置的波动性、不稳定性过于频繁。这样，只有那些社会需要的内容作为德育内容，而人的价值性被排除在外，学生只能按照既定的规则，接受德育目标，重复规定好的行为路线，由此导致学生丧失了活动的主体地位以及作为人的个性，成为受动的被动物。其结果必然是人成为"工具人"，缺失理想之翼。

第四，德育工具化将德育的形式与功能泛政治化。在德育实践中，因过度强调德育的社会效应，把革命战争时期某些经验不恰当地引入和平时期的道德教育中，形成了德育运动化倾向和口号化的德育局面。毫无疑问，我们学习一些道德模范人物如雷锋、王进喜、孔繁森、徐虎等，以此提高全国人民的道德素养，净化全社会的社会风气，这是没有问题的。可是，我们常常把它作为一场运动来开展，提出了许多政治性、运动式的口号，虽有一定积极作用，但是容易让人感觉到德育的运动化、政治化、工具化。而且，在相当长一段时间里，我们将教育的社会属性片面理解为阶级属性、政治属性，德育被当作政治手段，甚至社会道德问题实际上变成了以阶级斗争为主要内容的政治附属物。一方面强调阶级斗争觉悟为最高道德标准；另一方面道德问题往往上纲上线为政治问题，用解决阶级矛盾的方法、阶级斗争的手段来解决道德问题。由此把德育作为政治工具甚至简单化为整人的工具和手段。当然，德育政治化倾向有其传统渊源。在我国的

---

① 参见冯建军：《当代主体教育论——走向类主体的教育》，江苏教育出版社2004年版，第342页。

道德教育哲学中，自然之天被赋予了"人格"与"道德"的含义，在孔子那里，具有道德理想意义的"仁"上升到本体地位，董仲舒、朱熹以来，道德理想则以"天理"为基础，体现为统治阶级的典章礼仪、伦理规范。德育抽象化与工具化的后果必然是德育为统治阶级服务，德育为政治服务。如此传统的深远影响，加上"文革"期间的不正常的社会氛围，德育的政治化、运动化倾向更加浓厚，就不难理解了。德育的政治化、运动化，实际上是将德育作为一种控制人的工具，是一种奴化德育。

第五，德育工具化存在着片面开发和利用德育资源的现象。建国以后相当长时期内，我们对封建社会伦理道德和西方资本主义的教育思想大肆进行批判，忽略了挖掘继承几千年传习下来的许多优秀的传统道德资源，也摈弃了西方许多先进的德育思想和理论，割裂了传统道德与社会主义道德之间、资本主义道德与社会主义道德之间的联系，背离了道德建设和发展的基本规律。当然，我们也吸收和借鉴了我国古代和西方文化中的某一些内容，不过，这也大多是为当时的政治任务服务的。因而，在古今中外的德育资源开发与利用方面，存在着明显的片面性。这种片面性实际上反映了视德育为工具的为我所用的功利心理，也是一种视德育为手段的工具心态。

三、德育偏离人本取向的不良影响

前面论述了德育偏离人本的表现形式，虽然只是德育发展过程中的局部倾向，但其后果与影响不容忽视。这是问题的一个方面，现在进一步分析德育偏离人本后的后果和影响问题。只有如此，才能把握问题的深度，寻找问题的解决方略。

（一）德育知识化取向的不良影响

任何事物都是辩证统一的。尽管德育知识化现象存在着许多弊端，但我们还是应该实事求是地分析其积极意义。只有这样，才能更加充分、全面地了解这种德育模式的利弊、得失，从而为后面的进一步深入分析奠定基础。

正如价值是一个关系范畴一样，意义也是有对象的。所谓积极意义和消极意义，都是相对于具体的事物而言。德育知识化的积极意义，就是相对于两个方面而言的。

第一，相对于当时宗教神学道德观而言，德育知识化具有一定的积极意义。德育知识化倾向的基础是知性德育模式。而知性德育注重德育知识的讲解与传授，将德育知识看成科学知识一样来进行研究与分析，它适应了工业社会的需要，促进了当时工业社会人们的道德发展。这是因为当时的统治阶级采用以禁欲主义为核心的宗教神学道德观来蒙蔽、欺骗普罗大众，人们在神性德育故弄玄虚的神秘性、不可挑战神圣性以及政教联盟的宰制性面前，只能束手待毙。而新兴的资产阶级强烈反对宗教神学道德观，以人性和理性反对神性和蒙昧主义，喊出了个性解放的口号，极大地刺激了人们的心智和行为，迎来了科学主义的时代，开启了价值方向与精神寄托领域进行理性分析与科学考量的认知境地，也引发了高校德育的近代革命与范式转型。由此可以说，相对于神学德育的欺蒙与规训来说，知性德育的教化显然是一种进步。

第二，相对于口口相授的传统德育而言，德育知识化具有一定的积极意义。在人类社会早期，道德没有形成系统的知识体系，道德教育也没有像当今学校课堂教育那样完整。人类社会的道德规范传递，很多时候是需要口头传授。而知性德育在弘扬学生的主体精神和德性推理能力与判断能力确实起了里程碑式的进步作用。德育教育形成知识体系，具有一定的积极意义。一方面，学生可以系统地学习掌握道德知识，毕竟，有知识者比没有知识者更容易养成德行。因为道德知识是德行的基础。难怪哲学家说知识即美德。从心理学的角度来看，人们往往是先知而后行。当然也有知而不行，或者行而不知的。但是，毕竟知对行具有一定的促进作用。列宁说的"没有革命的理论，就没有革命的实践"，也说明了理论（知识）对实践（行为）的指导作用和促进作用。另一方面，教育者通过传授系统的道德知识，其自身也必须对道德知识体系加以学习、领会，因此道德教育的过程也会促进道德知识体系的研究、建构和创新，这显然有利于人类社会的道德知识体系的发展和深化，促进人类道德规范的完善与升华。所以，知性德育在提高大学生的德育认知、政治分析、人生认识等方面确实起了非常重要的作用。

但非常可惜的是，德育在社会发展的流变中过分注重知识传授，在形成德育知识化倾向的时候，知性德育也就由适应变得逐渐不适应起来，它忽视了学生的情感、习惯、行为、文化等因素，以致其局限性在当代日益成为批判的对象与德育模型新一轮转型的内在支撑。

然而，知性德育过分强调德育的知识化和课程化，就忽视了对学生个体内在品德的培养。在学校德育中，德育内容的传授往往会变成一个又一个的知识点来让学生掌握。德育唯智论的一贯做法是把社会公认的美德通过知识教学的形式让学生背诵、牢记。教师传授知识，学生获得知识，在期末评价中进行德育量化，以考分的区分度来看待学生的优劣。道德知识确实是个体品德形成所必需的，但是不良道德品质并不都是道德无知造成的，只有将道德品质真正转化为个体的内在素质才能称为品德。把德育从其他教育形式中分离出来，把教育者分为德育工作者和非德育工作者，反而削弱了德育的实际效果。生活即是教育，传统德育忽视了德育在生活以及其他教育形式中的潜移默化，最终使德育变成了道德知识的教育。这种德育知识化做法的严重消极影响就越来越暴露出来，主要表现为三个方面：

首先，德育脱离生活实际。知性德育的书本教学，本身是大学生生活世界的一种抽象和归纳，它的生命力和有效性是不能脱离大学生的生活世界土壤的。但问题就在这里，正如高德胜博士所言，"人的德性发展与智性发展有着本质的不同：人们可以与社会生活隔离开来集中学习知识经验，却不能与社会生活相隔离去学习道德。道德是社会生活的规范和准则，真正的学习必须在社会生活过程中进行。"①扩展到大德育的层面上，情况也是如此。这种道德与生活关系的失衡，没有正确处理好德育知识书本符号与它所代表的生动丰富的生活意蕴之间的张力关系，仅热衷于书本的德育知识世界，结果当然是导致出现有德育书本知识没德育生活智慧的悖论。

其次，德育脱离情感认知。知性德育关注的是个体道德理性与政治分析能力的张扬与发展，相对来说，道德动机、道德情感、政治心理等因素基本上都受到了漠视和冷落，这样一来，导致德育出现了认知和情感的失衡。事实上，德育过程中推理能力的培养是无法自然引导大学生们道德情感和政治心理的健康发育的，因为它们彼此是不同的两回事，是无法自然移植和取代的。科尔伯格的知性德育就充分体现了这个道理，即过于关注认知发展，夸大认识理性能力的作用，忽视情感、意志、心理、信仰等非理性因素，沉迷于个体的理性判断与选择之维，忽视个体内心的情感体验与发育向度。知性德育的这种认知与情感的失衡，导致高校德育成为大学生有德育知识、没德育文化症状的追溯病因之一。

最后，德育脱离学生实践。知性德育以为只要解决了"知"的问题，"行"的问题就会自然解决的想法，毫无疑问是过于简单与单纯了，它没有充分考虑到知行命题的内在复杂性与紧张性。"片面强调德性中知的一面，忽视了行的环节，在实践中往往使'道德变成了在课堂上谈论的东西，而不是需要身体力行的东西'。"② 不难看到，这里的德育同样也会因为没有保持知识评估与行为践履之间的均衡与互动，既导致知识评估的片面与僵化，又导致知德与行德之间的

---

① 高德胜：《知性德育及其超越——现代德育困境研究》，教育科学出版社2003年版，第127页。
② 高德胜：《知性德育及其超越——现代德育困境研究》，教育科学出版社2003年版，第126页。

高度紧张,高分低德就是最明显的例证。

简言之,德育知识化倾向将德育缩减为书本上纯粹知识和技能的教与学,放弃和疏远了大学生们丰富的生活实践,成为束之高阁的象牙塔里的抽象辨析,走向了德育异化的曲折之路,在知识和技能的轨道上忘记了自己价值的回归。其结果自然会越来越不适应当代社会的发展和大学生精神生活的需要,成为批判和抨击的对象。所以有学者指出:"尽管现代德育发展正在证明直接的道德教学不是不可能,但是道德难以直接地教依然是一个普遍的事实。"[①] 以至有人提出,那种违背学生意愿的学校德育和教育者本身,就存在一个道德与否的问题。

总而言之,知识化德育,从内容上看,偏离生活实际;从后果上看,培养学生只有知识(甚至还只是一种片言只语,或者零碎的概念、规范,而不是系统的知识体系),更谈不上内化的品行和操守。如此的德育模式的确违背了德育的基本宗旨。

(二) 德育形式化取向的不良影响

形式与内容是揭示事物内在要素及其结构、表现方式的一对范畴,两者具有复杂的关系。由于事物的内容是复杂的、无限多样的,因此形式也是复杂多样的,两者既对立又统一,任何事物都是形式与内容的辩证统一体。不过,一般来说,在内容和形式的发展中,内容决定形式,有什么内容,就需要有什么样的形式来表现;内容变了,形式或迟或早也要改变。形式虽然居于次要的从属的地位,不过,形式对内容也具有反作用,它能积极地反作用于内容。好的形式不仅能有效地反映内容,而且使内容更加生动,更加易懂,也更加让人接受。德育形式与德育内容的关系也是如此。

当前,我们应大胆创新德育形式,如加强学生的互动式德育、关

---

① 黄向阳:《德育原理》,华东师范大学出版社2000年版,第93页。

爱式德育、生活式德育等，增强德育活动的新颖性、开放性、民主性、独立性、自主性、思想性、娱乐性、平等性等，增强德育活动的吸引力，规范德育活动的体系性，巩固德育环节的连接性，有利于调动学生自我育德的积极性、主动性和参与性，丰富学生自教自律的手段和载体，可以有效地推进德育活动的开展，促进学生在道德情感的塑造、道德意志的磨练和道德行为的实践过程中充分发挥其主体作用。因此，必要的德育形式是重要的。但是，我们明确反对德育形式化，搞所谓的形式主义德育。因为德育形式化具有恶劣的消极影响，不但不能实现促进学生育德的目标，而且悖逆了德育的根本宗旨。

第一，消解了教育者和受教育者的主体性。一方面，打击了学生德育的自主性。因为是形式化的东西，甚至是走过场，搞形式主义，让学生对德育失去兴趣，甚至产生反感，不但不能听进老师的教导，反而产生逆反心理，使学生丧失了自我育德的积极性、主动性和自主性。另一方面，教育者的积极性也受到打击。形式化的德育不仅有损于学生，而且教师也深受其害。教师作为传道授业解惑者，他们所从事的本应该是极为严肃的教书育人的工作，如果他们大搞形式化德育，消极应付，弄虚作假，其师道尊严将受到学生的质疑，其人格将受到严重贬损。

第二，导致德育内容的不确定性。教育内容应有一定的知识体系，保持一定的系统性、结构性、严整性。德育也应充分考虑我国基本国情、学生身心发展规律，以及时代特征，保持基本的稳定性和系统性，以此推进学生德行形成的螺旋式上升、波浪式推进。但是，形式化德育却抛弃了德育内容的这一内核，着力于外在的形式，或者随着所谓的时代变化、形势发展而忽东忽西，摇摆不定。表面上是各个方面都做到了，实则是蜻蜓点水，浅尝即止。当然，这也有一个客观原因。总结建国几十年来，我国德育内容变化较大。例如，20世纪50年代初，我们进行爱祖国、爱人民、爱劳动、爱科学、爱公共财务的五爱教育；1958年变为阶级观、群众观、劳动观、辩证唯物主义观的四个观点教育；"文革"期间，又进行以阶级斗争为纲教育；粉碎"四人帮"后，进行四项基本原则教育；1981年提出五讲四美教育，后来又补充为五讲四美三热爱教育；1983年进行有理想、有道德、有文化、有纪律的四有新人教育；1989年动乱以后，进行反和平演变教育、两史一情教育；现在又进行传统美德教育。可见，过于变动不居的德育内容让人眼花缭乱，把握不定，"吃不准"到底明天要教育什么东东，只好在每个阶段、每个环节、每个内容摆摆形式，走走过场，应付了事。因此，我们也应反思全社会的德育内容体系，防止客观上催生德育形式化的产生。

第三，弱化了德育的正常效果。导致德育形式化的原因是多种多样的，最主要的是教育者的指导思想偏离了科学轨道，把德育搞成应付形势而采取的被动措施，而非首要。这样，工作中满足于学期初制定出轰轰烈烈的计划，计划内的活动往往致力于使学生热热闹闹，学期末写出厚厚的总结报告了事。这些形式其实并不是真正的德育，并不关心学生的道德水准的提高和品行的塑造，更不关心学生身心素质的健康和完美个性的塑造，没有促进学生创新能力提升、全面发展，以表面化的形式来填补政绩的空缺。形式化的德育忽视德育内容，冲击德育目的，偏离德育目标，浪费德育资源，使德育违背了其根本宗旨，将德育僵硬化、简单化、庸俗化，产生了负面效果，具有消极作用，让德育本来具有的效果受到阻碍，抵消了教育的积极效应。

（三）德育工具化取向的不良影响

德育工具化偏离了德育的本质，使得德育扭曲成为一种主体模塑客体的过程，一种技术加工物件的过程。当德育过程被界定为一种有计划的施加影响、以期达成某种变革时，它的实质就是教育者模塑受教育者的过程，教育者与受教育者之间的互动关系转变为主体和客体的单向关系。在这一模式中，主体只有一个，即教育者，而受教育者转变为被动的客体，教育者和受教育者之间不是主体与主体之间的关系，而是单纯的主体和客体之间的关系。这样能够把德育中应存在的主体和主体之间的平等互动关系置换为主体和客体之间的改造与被改造关系，使德育等同于控制和改造，变成与"心灵隔离的活动"，学生只能像物一样被控制和训练。这种德育过程中的人性假设，正如赫尔巴特所说的，"以学生的可塑性作为其基本概念"①。在此过程中，受教育者就像艺人手中的泥巴一样，最终的造型由艺人说了算。更为重要的是教育者模塑受教育者的标准并不是共生性人格，而是我们上面已经说明的为其他目的服务的功利性人格。这样一来，德育过程不是一个实现人的自由全面发展的过程，而是一个重新对受教育者进行制约的过程，是一个按照一定产品技术标准对物件进行技术加工的过程，与工厂的流水线生产并无二致。这样，学校沦为加工厂，学生沦为被加工的物件，德育过程成了技术生产过程，忽视了"人的唯一性、人的不可重复性是一个本体论的事实"②。

德育工具化培养的学生成为功利性的人。德育工具化的实质，乃是将受教育者的主体——现实的人、主体的人——视为一个物体，一种工具，是一种物本德育。这种德育模式，在德育方式方法上，过分注重程式化、模型化、功利化，忽视大学生的主体性与情境性，忽视大学生的自身发展——包括自由个性的养成、健康身心的塑造、创新能力的培养、自由全面的发展——的内在要求。德育工具化把德育设想成一条生产流水线，按照设计好的图纸，把学生作为产品制造出来。必须承认，它确实为提高德育的外在效益起了重要的作用；但问题在于忽视了大学生的主体性，不顾具体情境千篇一律地推行。本来是应该充满独立批评精神、主体思考能力较强的一个群体，结果却出现了个性泯灭、缺乏活力的另类局面。"功利主义德育过程观既把学生作为物（产品）去对待，也把教师作为物（工具）来对待，整个德育过程与其说是教师在'外铄'学生，倒不如说是社会在外铄德育。因此，教师无生气、学生无生气、教法无生气是许多学校德育实

---

① 赫尔巴特著：《普通教育学·教育学讲授纲要》，李其龙译，人民出版社1989年版，第190页。
② 阿格妮丝·赫勒著：《日常生活》，衣俊卿译，重庆出版社1990年版，第10页。

际的明显特征。"① 可见，工具化的德育忽视德育自身的人本关怀，缺乏起码的人道精神，一味地跟着市场转，跟着功利目标走，结果是忽略了大学生的精神和意义世界的建构，只能造就出如韦伯所说的没有心肝的专家和没有灵魂的工程师。而且，德育工具化势必引起受教育者的功利性利用。例如，当前许多高校盛行的给学生思想行为表现进行量化评分，并已经形成一套标准化与模式化的测评体系，细化到学生日常生活的方方面面，以此鉴定学生的德育操行。德育量化标准化的结果是德育分数中的水分太多，钻空子太容易，以至出现了学生德行分与实践德行之间严重背离的危险结局，成为大学生两面割裂人格的一大病因。所以，工具化德育这种急功近利的方式方法，脱离了以生为本的德育价值指向，滑落到了以物为本的德育深渊，让学生深受其害，造成了严重的恶劣影响。

德育工具化容易在社会上产生错误的价值导向。首先，德育的工具化容易产生非人本的价值取向。德育工具化的目的表达的是德育对社会价值重视、对个人价值轻视的倾向。在处理个人与社会的关系时，过分强调以社会为中心的价值取向，即所谓的"服务论"、"社会本位"、"国家中心主义"等；具体的个人的价值仅体现为是社会价值的承担者，培育出来的是公民或工人、商人、士兵、建设者、接班人等社会大机器上的零部件。在此德育目的下，学生的兴趣、爱好、理想、个性被忽略，进而严重削弱了学生的主体性、创造性，使他们成为迷信权威、盲从他人的"工具人"。这就导致了非人本的价值取向，与我国当前提倡的以人为本的理念是格格不入的。其次，德育的工具性容易在社会产生工具化价值取向。在这一点上，已经有人提出了明确警告。"在现代技术文明的社会中，不能不令人感到教育已成了实利的下贱侍女，成了追逐欲望的工具"，"现代教育陷入了功利主义，这是可悲的事情。这种风气带来了两个弊病，一个是学问成了政治和经济的工具，失掉了本应有的主动性，因而也失去了尊严性。另一个是认为唯有实利的知识和技术才有价值，所以做这种学问

---

① 檀传宝：《德育美学观》，山西教育出版社1996年版，第5页。

的人都成了知识和技术的奴隶。由此产生的结果是人类尊严的丧失"。①恰恰是因为此种价值取向，人成为马尔库塞所说的"单面人"。再次，德育的工具化容易产生客体化的价值取向。德育以培养为社会主义现代化和经济建设服务的人为目的，这意味着经济、现代化的发展是指挥棒，人的行动、思维等一切都概莫能外，要受其指挥。进而教育者失去了主动选择的权利，成为教育者依据一定标准进行加工的对象，受教育者也被对象化、客体化了，他只有受动的一面，缺失了作为人的本质之一的主动性的一面。这样，体现人与动物最根本区别的能动性被忽视了，人与物并无二致。最后，德育的工具化容易产生功利化价值取向。以经济、现代化建设为目的，暗含了德育价值取向的经济化，体现于受教育者身上即功利化价值取向。

---

① 池田大作、汤因比：《展望21世纪》，国际文化出版社1985年版，第58、59页。

第六章　高校人本德育的理论导向

在第一章中,笔者论述了高校人本德育的理论基础,就人的本质、人的主体性和人的发展进行了阐述。在本章中,有必要就人本德育发展的理论向度进行深入研究。理论基础是前提,是人本德育发展的平台。人本德育向前发展,在其现实性上离不开理论的指导。理论基础、理论指导是人本德育发展的理论,它们内在地统一于人本德育发展的过程中,不可偏废。

一、以科学发展观指导高校人本德育

以人为本,全面协调可持续发展的科学发展观,已经成为新的历史时期指导我们国家社会主义现代化建设的新的发展理念。人本德育的发展,必须坚持科学的发展观指导。

(一)以人为本,是科学发展观的核心

党的十六届三中全会提出了"坚持以人为本,树立全面、协调、可持续发展"的科学发展观。科学发展观是直接继承和发展马克思

主义唯物史观理论，吸取当代先进、科学的发展理念，针对解决自改革开放以来中国社会发展面临的各种复杂矛盾和全面建设小康社会的新要求而提出的社会主义初级阶段的社会发展理论。它当然应该也是人本德育发展的理论。在科学发展观中，以人为本是科学发展观重要的内容。

以人为本是科学发展观的核心，是贯穿科学发展观的一条主线，体现在科学发展观的各个方面。以人为本是马克思主义人民主体思想、党的群众路线的继承与发展。以人为本，作为科学发展观的核心内容和价值取向，强调人为本位，把人视为发展的主体、发展的尺度和发展的目的。以人为本的发展理念，超越了传统的以神为本、以物为本的发展理念；否弃了以往把人视为单纯的手段、工具的发展观念，强调人的发展这一根本的价值目标，主张人既是目的，又是手段，是目的与手段的统一体，社会的发展、经济的繁荣依靠人的发展，更是为了促进人的全面发展这一最终目的。这样的发展理念充分凸显人的价值，代表着时代、历史的发展趋势，在新的历史发展时期获得了高度的认同，广泛、深刻地影响着社会生活当中经济、政治、文化、教育等各个领域的发展。

以人为本是科学发展观的实践基础。以人为本作为我们党在新的历史条件下诠释科学发展观的新的执政理念，赋予了科学发展观鲜明的时代特征，也与时俱进地体现了马克思主义实践哲学的立场、观点和方法。马克思主义经典作家在历史上第一次把人看成实践的人，把人的本质属性理解为人在实践中表现出来的能动性、创造性和自主性。强调人不是抽象的人，而是具体的人，是在一定社会关系中活动的，有需求、有思想、有观点、有血有肉的社会的人。离开了人的实践就谈不上观念，因为观念无非是人的感官直接受客观事物的刺激而形成的认识，正如马克思指出的那样，"观念的东西不外是移入人的头脑并在人的头脑中改造过的物质的东西而已"[1]。科学发展观是人通过实践形成的进步观念，反过来指导和推动社会全面发展的思维模

---

[1] 《马克思恩格斯选集》第2卷，人民出版社1995年版，第112页。

式。一种建立在实践基础上的进步的观念,如科学发展观,一旦在人的头脑中产生就可以指导实践,并通过实践活动改变客观对象,对客观对象进行有效的分解与组合,从而创造出体现认识目的的新对象。这个新对象最初是观念的,但在实践的过程中是可以转化为现实的。从观念的对象到实在的对象的转化过程,就是人的能动性的体现过程,是科学发展观的实践过程。

以人为本是科学发展观的价值体现。人本的突出,既体现时代发展特征(市场主体性、政治民主化等)又体现人的发展需要。以人为本与我们党全心全意为人民服务的根本宗旨是一致的。以人为本就是要通过科学发展,最大限度地满足人民群众的政治、经济、文化和社会需求。这里不仅包括通过发展经济不断满足人们日益增长的物质生活,即吃、穿、住、行等人的最基本的需要,包括通过建设先进文化不断满足人们日益增长的文化需要,即精神解放、思想交流和文体娱乐活动等,还包括通过民主政治建设不断满足人们日益增长的个性发展需要,即人与人之间的相互尊重、个人权利的实现、自由发展的空间以及参与国家事务的自主性,也包括人与人、人与自然、人与社会能够和谐相处,等等。显然,只有以全面、协调、可持续的发展观为指导,才能最大限度地满足人民群众的生存发展需要。这是科学发展观的价值核心。只有满足一定的需要,才能体现一定的价值。满足人民群众全方位的需要是科学发展观的价值体现。在这里,动机、手段、目的三者的区别只有相对的意义,它们在人的本质中达到了统一,在科学发展观的践行中实现了共同的价值。也就是说,全面、协调、可持续的发展本身既是人的需要,也是满足需要的手段和目的。

以人为本是科学发展观的最终目的。发展说到底就是为了实现社会的全面进步与人的全面发展,而社会的全面进步最终也是为了推动和促进人的全面发展。最大限度地满足人民群众的各方面需要,就是要不断促进人的全面发展的需要。以人为本就是要促进人的全面发展,这是科学发展观的终极目标追求。人的全面发展作为一个历史过程,是在社会主义和共产主义的社会实践中完成的。所以,我们在整个社会主义现代化建设事业中始终不能迷失最广大人民群众的根本利益这个本质目标，扎扎实实为群众办实事，切切实实为群众谋利益。可以说，促进人的全面发展是科学发展观的集中体现。

科学发展观的核心思想是以人为本。以人为本，把科学发展观的内在要求、本质归属、终极目标、实践动力科学地统一起来，在统一中体现出这一理论的基本精神。正如胡锦涛总书记所说，"坚持以人为本，就是要以实现人的全面发展为目标，从人民群众的根本利益出发谋发展、促发展，不断满足人民群众日益增长的物质文化需要，切实保障人民群众的经济、政治和文化权益，让发展的成果惠及全体人民。"①

以人为本是对古代民本、资产阶级的人本的历史超越。"以人为本"不是西方人本主义的专利，而是人们对人这一生命主体的价值、人的历史主体地位、作用等的科学概括。马克思主义关于人的理论是"以人为本"思想的理论基础。马克思经典文本中"对人的生活状况的关注，对人的尊严与符合人性的生活条件的肯定和对人类的解放与自由的追求"等论述，长期以来一直被忽视、被遗忘，甚至是被歪曲。市场经济的进一步发展对高扬人的主体性的诉求，使"以人为本"理念在社会发展的各个层面越来越受到人们的重视。"以人为本"就是一切活动都要以人的发展为出发点，以人的发展为归宿，以人的发展为动力。它既是一切社会历史活动的指导原则，也是人本德育的理念和指导原则。高校德育的主体是学校的管理者、教师和学生，而管理者和教师又主要是为学生服务的，所以高校德育必须确立"以人为本"的理念。

以人为本，是马克思主义的重要原理之一。全心全意为人民服务是党的根本宗旨，党的一切奋斗和工作都是为了造福人民。社会主义发展，说到底，是为了维护和发展人民的根本利益。我们实现全面协调可持续发展的基本要求，说到底也是代表人民的意愿，谋求人民当前利益和长远利益的统一。我们在发展中统筹兼顾，目的还是为了更好地代表和实现最广大人民的根本利益。人是社会主体。人民是创造

---

① 《十六大以来重要文献选编》（上），中央文献出版社2005年版，第850页。

历史的根本动力。社会主义是人民的事业。"中国最广大人民群众是建设中国特色社会主义事业的主体,是先进生产力和先进文化的创造者,是社会主义物质文明、政治文明和精神文明协调发展的推动者。"[①] 因此我们要坚持把人民的根本利益放在首位,自觉用最广大人民的根本利益来检验自己的工作成绩和政绩。

进行科学发展观理论创造,是中国共产党实现、维护、发展最广大人民的根本利益的实践产物,说到底,是中国共产党把最广大人民的根本利益放在首位的产物。因而科学发展观理论体系中的每个理论观点,都是紧紧围绕以人为本的。

以人为本是一切领域、一切工作应当遵循的最高准则。坚持以人为本,实现人的全面发展,是科学发展观理论体系的核心,体现了这一理论的精神实质。以人为本的根本含义,就是坚持全心全意为人民服务,立党为公、执政为民,始终把最广大人民的根本利益作为党和国家工作的根本出发点和落脚点,坚持尊重社会发展规律与尊重人民历史主体地位的一致性,坚持完成党的各项工作与实现人民利益的一致性,坚持发展为了人民、发展依靠人民、发展成果由人民共享。以人为本,体现了马克思主义历史唯物主义的基本原理,体现了我们党全心全意为人民服务的根本宗旨和我们推动社会经济社会发展的根本目的。以人为本,是对科学发展目的的基本定位。科学发展观的一切理论观点,都是围绕人、为了人。

(二) 以人为本与人本德育发展

以人为本是德育理念的本质内容,是加强和改进高校德育的核心思想。坚持以人为本的德育理念,根本目的在于对人性的唤醒和尊重,最广泛地调动学生的积极因素,最充分地激发学生的创造活力,最大限度地发挥学生的主观能动性。

[①] 《十六大以来重要文献选编》(上),中央文献出版社2005年版,第646页。

以人为本，促进人本德育发展，我们必须把人作为德育的起点和出发点。德育要更多地体现人文关怀，即德育要尊重学生、关爱学生、体谅学生等，这是德育的情感基础。我们在德育的过程中，要发挥学生的主动性、积极性和创造性，发挥学生相互教育、自我教育的能力，也就是在德育过程中要依靠学生，而不能脱离学生进行德育。马克思在批判德国古典哲学中一再强调："我们的出发点是从事实际活动的人"，主张"从现实的、有生命的个人本身出发"，这才是一种"符合实际生活的""观察方法"。① 马克思把人作为出发点，是建立在人类历史发展基础上的，体现着逻辑与现实、逻辑与历史的统一。人所面对的世界，是属人的世界。人对世界的认识和改造，是体现着人的意图与目的的活动，人是立足于自身进而再把握世界。人为了自身而确立了人与世界的关系。"全部人类历史的第一个前提无疑是有生命的个人的存在"②。马克思正是从现实的"人"出发，进而使"人"居于理论体系的基础地位，把现实的"人"视为历史的主体，当作历史的"剧中人"和"剧作者"，从而打开了历史奥秘的大门。

以人为本，促进人本德育发展，我们必须把人作为德育的前提。社会发展的关键在人。社会由人组成，人是社会的前提和基础，也是社会发展的规划者、实践者和体现者。一切形式的社会财富都不过是人的活动所创造的物化成果，是人的本质力量对象化的结果。"以人为本"就是确认人是历史发展的动力，就是要树立一切依靠人的理念，依靠人民群众推动社会的全面进步。以人为本，就是从人的角度确立发展的新视野和新框架，把人的发展看作社会发展的根本主题、目标、前提和核心。以人为本，体现在高校德育上，就应该具有一种召唤、净化、提升学生的人生境界的功能，使学生具有一种与世俗相抗衡的力量，使学生的心灵有所寄托，人的价值得到实现。

以人为本，促进人本德育发展，我们必须把人作为德育的基础。

---

① 《马克思恩格斯全集》第3卷，人民出版社1960年版，第30页。
② 《马克思恩格斯选集》第1卷，人民出版社1995年版，第67页。

"以人为本"就是以人为德育发展的基础。德育建构在人本的基础上，首先就是要关注生命，珍惜生命，发展"生命化"德育，即德育要面对人的有机生命，尊重生命的价值和规律，全方位关注个体的自然生命、精神生命和社会生命，努力培养积极的生活态度和生命取向，全面提升生命的质量和品位，为人的需要生成和全面发展营造良好的氛围。把人作为德育的基本，是整个高校德育的出发点，即"以人为本"的高校人本德育的价值取向就是通过德育，通过关注人，培养大学积极的生活态度，提升大学生的生命质量和生活品位。

以人为本，促进人本德育发展，我们必须把人作为德育的资源。"以人为本"就是以人为资源，人是第一资源，即视人为社会的第一资源，致力于以全面发展的教育（包括德育、智育、体育、美育和劳动技能教育），促进全体社会成员的全面发展。其基本价值取向是建构"收益化"的思想政治教育：面对多种教育资源，既承认思想政治教育与其他诸育的差别性，尊重不同阶段、阶层的人的选择性，又凸显思想政治教育的价值，使受教育者从中获得他们希望获得也应该获得的收益，从而在真正意义上实现以全面发展的教育，促进全体社会成员的全面发展，形成数以千万计的专门人才和数以亿计的高素质劳动者的人力资源，有力地推动社会进步。[①]

以人为本，促进人本德育发展，我们必须把人作为德育的目的。"人"本质上是社会的，是社会关系的总和，人是现实的人。"人的目的"归根到底是由一定的社会关系决定的，个人同集体以及整个社会的协调一致，成为现实目标，而个人和一切人自由而全面的发展，才是我们追求的根本目的。因此，社会的发展应为人的发展创造条件，社会的活动应以是否有利于人性的完善和人的全面发展为标准。人本德育就是为了人的发展，实现人的价值，这就是德育的目的。

[①] 江应中：《简谈以人为本的德育观》，《光明日报》2005年7月13日。

（三）以科学发展观指导高校德育发展

科学发展观由第一要义、理论核心、基本要求、根本方法、实践保证五个理论群组成。这五个理论群中的每一个，都由相互联系的理论观点构成完整的理论；五个理论群也紧密联系，内在统一，共同构成了完整的科学发展观理论体系。在这个理论体系中，发展是第一要义，以人为本是理论核心，全面协调可持续是基本要求，统筹兼顾是根本方法，坚持党的基本路线、建构社会主义和谐社会、深化改革开放、切实加强和改进党的建设是实践保证。①

科学发展观强调的是全面发展。所谓全面发展，就是要在经济发展的基础上，促进社会全面进步和人的全面发展。它要求我们在加快物质文明建设的同时，加快政治文明和精神文明的建设，形成三个文明相互促进、共同发展的格局。科学发展观要求的是协调发展。所谓协调发展，就是把整个社会作为一个相互联系的整体，统筹经济社会发展，统筹人与自然和谐发展，统筹国内发展和对外开放，推进生产力和生产关系、经济基础和上层建筑相适应，推进经济、政治、文化建设各个环节、各个方面相协调。科学发展观追求的是可持续发展。它要求我们在发展过程中，不仅要重视经济规律，更要加倍重视自然规律，充分考虑资源和生态环境的承载能力，积极转变粗放型经济增长方式，不断加强生态建设和环境保护，合理开发和节约使用各种自然资源，坚持速度与结构、质量、效益相统一，经济发展与人口、自然、环境相适应。

以人为本的德育理念的核心是提升学生作为人的主体性，把唤起学生的主体意识放在首位。提升人的主体性，唤起人的主体意识，已成为时代精神的主旋律。如何提升人的主体性，是当今教育理论和实践中的一个重要课题。对于人的理解，历史上一直存在着两种不同的

---

① 陈立旭：《科学发展观的理论体系及其特征》，《江汉论坛》2008年第11期。

错误观点:一种是抹杀人的主体性的机械唯物主义观点,另一种是夸大人的主体性的历史唯心主义观点。提升学生的主体性,是针对教育现实存在着比较严重的忽视学生主体性的问题而提出的。这一问题的存在,在我国有着较为深远的社会历史原因。我国是一个受着长期的封建统治的国家,在封建专制思想的统治下,无论是家庭教育还是学校教育,都严重存在着压抑甚至摧残学生个性发展的问题。这种思想一直到今天还对我们的教育发生着不同方式和程度的影响,形成了与当前社会对人才发展要求的矛盾。

以人为本的德育理念不等于放任学生个性的任意、自由发展,不是坚持以学生个人为本位。随着现代化的推进,人们开始逐渐摆脱传统社会中人与人之间的完全的依赖关系,人的个性得到极大张扬,以物的依赖性为基础的人的独立性开始确立。有人指出,德育要求以人为本,高扬人的主体性,就不需要也不可能有统一的道德评判标准,因为道德与否完全是个人领域的事,只是个人进行价值判断和选择的手段和工具。这种虚无主义和相对主义的道德观认为,道德教育唯一可做的就只是为个人独立做出自己的道德价值判断提供方法指导。这实际上是否认德育教师对学生的价值引导,放任学生个性的任意、自由发展,是一种"无道德的道德教育"观。它在理论上是错误的,在实践上也是十分有害的。因为"道德教育就其本质而言必是一种价值教育,但这类道德教育却要求教育者确守价值的中立,要求教育过程不涉及任何价值的内容,它所要做的只能是对学生进行理性的价值选择和判断的方法指导;这种德育充其量只可谓是一种知性教育,它触及不到学生融知、情、意为一体的内在的心灵和灵魂。"[①] 否认价值引导就是否认德育,就是消解德育教师的主导作用,就是放弃教师的育人责任,就是自然主义的"内发论"教育观。

以人为本的德育理念,就是要以人为中心,突出人的发展。德育的实质就是造就德育主体,造就具有自主道德意识、道德行为的合格的社会成员。高校德育必须以人为本,走向人本德育,这是现代德育

---

① 鲁洁:《道德教育的当代论域》,人民出版社2005年版,第57页。

的基本价值。德育的重要使命是陶冶人性、铸造健康饱满的人格，根本任务是教学生学会做人。学会做人是立身之本，学习知识、掌握知识只是服务社会的手段。如果重智轻德，必然导致片面发展。

以人为本的德育理念，就是要把德育与学生的幸福、自由、尊严、终极价值紧密联系起来，使德育真正成为对学生的教育，而不是机器的教育。现代社会注重自我，发展个性。在一定框架内还人真实自我，展示本色人生，这是现代社会对人的基本要求。

以人为本的德育理念，就是要体现人文关怀和道德情感。要把人间之爱、手足之情、意志的力量和伟大的民族精神，深深熔铸在以人为本的德育理念之中，使学生养成善德、锻炼善行、具备善心。德育是做人的工作，人是有理性的，也是有感情的，只有以情感人，才能以理服人。关怀和情感不仅是生命需要的最重要标志，而且只有情感得到发展提升，人的思想品质、精神成长才有基本的保证。爱是教育的核心，情是教育的生命。没有爱的教育是死亡的教育，不能培养情感的教育是失败的教育。人文关怀和健康情感教育在于培养学生热爱生命、热爱生活、热爱自然，追求高尚情操。

以人为本，要求我们的一切发展都必须以人为出发点。人本德育首先是从人出发的德育。发展人本德育，首先有一个发展出发点的问题。出发点是否正确，直接决定着德育发展的思路、发展的内涵、发展的手段、发展的目的是否正确，最终决定着德育发展的代价与效果。科学发展观，归根到底是从人民的根本利益出发的发展观。只有真正从人民的根本利益出发，从有利于人的全面发展出发，人本德育的发展才能有实际的内涵。

二、以理想信念教育为核心推进高校人本德育

人的存在是一种具有目的性的生命活动，人的目的就是指人在从事实践活动时所具有的认识和改造世界的目标和方向，即包括对客观

世界和主观世界的认识活动和改造活动时的方向。[①] 人的目的的产生根源于人的理想信念,人的理想信念特性主要表现为人的主观性与客观性的统一、功能性与价值性的统一、个体性与社会性的统一。影响人的理想信念的生成与发展的主要有环境、教育等外在因素和人的内在因素。高校人本德育就是从人出发,给人以方向,给人以指导,给人以动力,去实现人的理想信念。理想信念的培育,正是人本德育的核心内容,是人本德育的理论走向。

(一) 理想信念的人本价值

理想信念是人们对未来的向往和追求,是人们的政治立场和世界观在奋斗目标上的集中体现。崇高的理想信念是一种强大的精神力量,它能激发人们的主动性和创造性,鼓舞斗志、振奋精神。从人的精神内核来看,建构人生的信仰和信念,寻找精神家园是人的内在要求,是人的本质属性。信仰和信念是人生的精神支柱、力量源泉、前进动力。费希特指出,信仰是人的一种官能,信仰绝不是知识,而是使知识有效的意志决断。信仰和信念能够使人生有所寄托、有所期望、有所追求,影响着人生的行动方向,帮助人确立起远大的人生理想和奋斗目标。正确的信仰能够引导人走向正确、健康的人生之路,不正确的信仰则会使人误入歧途,无所作为,甚至使整个人生毁灭。邓小平曾指出:"我们一定要经常教育我们的人民,尤其是我们的青年,要有理想。为什么我们过去能在非常困难的情况下奋斗出来,战胜千难万险使革命胜利呢?就是因为我们有理想,有马克思主义信念,有共产主义信念。"[②],就没有一切。正是从这个意义上说,理想信念教育是德育的核心内容。如果放松了这一教育,人们就会在根本信仰上产生动摇,就会在纷繁复杂的形势面前迷失方向,就会成为各

[①] 詹小美:《试论人的目的性生成与发展》,《马克思主义研究》2006年第11期。
[②] 《邓小平文选》第3卷,人民出版社1993年版,第110页。

种错误思潮的俘虏。因此，切实加强理想信念教育是保证社会主义现代化建设顺利进行、全面建设小康社会的必然要求。

理想信念是指引大学生前进的人文取向。理想信念是世界观、人生观和价值观的集中体现，是人的精神生活的内在需求和动力支柱。树立了正确的理想信念的人，就有了人生的航标和方向，从而能够不断地引领着自己一步步把握人生的真谛；理想信念的偏差，则会造成个人人生道路和社会发展的方向性错误。因此，加强青年大学生对理想信念教育重要性的认识，是促成其树立正确的人生观和价值观的前提。我国是中国共产党领导的社会主义国家，我们民族和国家发展的方向是建设有中国特色的、富强、民主、文明的社会主义现代化国家，将来还要实现共产主义。这个方向是由党和国家的性质决定的，在任何时候都丝毫不能动摇。高等院校的共产党员尤其是领导干部、广大教师应当组织学生认真学习、深刻领会马克思主义的基本原理和我们党的三代领导核心有关理想信念教育的重要论述，进一步坚定社会主义必胜的信念和共产主义的崇高理想，帮助青年大学生走上一条正确的人生道路，引导他们沿着正确的方向前进。

理想信念是凝聚大学生的人文动力。理想信念是精神动力的源泉，理想信念的高远与精神动力的大小成正比关系，这是高尔基阐述过的道理，即目标越是远大，动力越是强大。理想信念的目的性产生动力激励，理想信念的稳定性产生动力激励的持久性。

理想信念是凝聚大学生的人文纽带。中国共产党80多年来的光辉历史以及30年来我国改革开放的巨大成就，鲜明地体现了团结的重要性。邓小平曾指出："现在中国提出'四有'，有理想、有道德、有文化、有纪律。其中我们最强调的，是有理想。"有了共同的理想和坚定的信念，才有人的团结，才有中华民族的强大凝聚力。所以他同时指出：有了理想，还要有实现理想的坚定信念，"没有这样的信念，就没有凝聚力，没有这样的信念，就没有一切"。并强调，"在青年中间，也要讲信念"。① 培养青年大学生成为社会主义"四有"

---

① 《邓小平文选》第3卷，人民出版社1993年版，第190～191页。

新人，必须牢牢抓住理想信念教育这个核心。崇高的理想和信念，是推动个人全面进步和促进社会全面发展的巨大精神力量，是激发大学生爱国热情的强大动力，是凝聚大学生团结力量的支柱。

理想信念是学生的思想灵魂。人之所以区别于一般动物，在于人具有超越物欲的精神需求。理想信念是人的生命所不可或缺的精神动力，所以人不能没有理想信念，没有理想信念的人就等于没有灵魂，没有灵魂的人就会产生一种"空无感、疏离和价值无根感"。邓小平说得好："人的因素重要，不是指普通的人，而是指认识到人民自己的利益并为之而奋斗的有坚定信念的人。"① 要使党的事业后继有人，必须在高校加强思想道德教育，首要的是加强科学的理想信念教育，它是体现青年人综合素质的灵魂。

（二）理想信念教育的主要内容

对大学生进行理想信念教育，要分层次。我们知道：爱国主义是基础层次，共同理想是基本层次，共产主义是最高层次。对大学生而言，理想信念教育应当超越基础层次，达到基本层次，追求最高层次。所以国家、高校要在大学生中系统开设马克思主义理论课程，通过学习、信仰马克思主义来形成理想信念。

一是进行爱国主义教育。中华民族是富有爱国主义光荣传统的伟大民族。爱国主义是动员和鼓舞中国人民团结奋斗的一面旗帜，是推动我国社会历史前进的巨大力量，是各族人民共同的精神支柱。在新的历史条件下，继承和发扬爱国主义传统，对于振奋民族精神，凝聚全民族力量，团结全国各族人民，自力更生，艰苦创业，为中华民族的振兴而奋斗，具有十分重要的现实意义。古老的中华民族有着几千年的文明史。在漫长的岁月中，虽然经历了无数的内乱和外敌入侵的战争洗礼，这个由五十六个民族组成的大家庭，始终休戚与共，众志

---

① 《邓小平文选》第3卷，人民出版社1993年版，第190页。

成城，保持着国家统一，民族团结。在近代，中华民族受尽外国的凌辱、掠夺、欺压，但外国瓜分中国的图谋始终没有实现。这正是爱国主义的强大凝聚力和向心力发挥了重要作用。"千古英雄，爱国同怀赤子之心"。千百年来，中华儿女忠诚地履行自己对祖国的责任和义务，并在爱国、报国、兴国的伟大实践中实现自己的人生价值。爱国是一个古老而崇高的话题。中华民族是富有爱国主义光荣传统的伟大民族。爱国主义激励着人们前仆后继，为民族的振兴和社会的进步不断奋斗，是我国社会发展永不枯竭的精神力量，是各族人民共同的精神支柱。在新的历史条件下，爱国主义的时代价值日益彰显。爱国主义是中华民族继往开来的精神支柱。胡锦涛指出："包括大陆同胞、港澳同胞、台湾同胞、海外侨胞在内的全体中华儿女，都应该为自己是中华民族的成员而感到无比自豪，都应该承担起实现中华民族伟大复兴的历史责任，都应该以自己的努力为中华民族发展史续写新的光辉篇章。"① 爱国主义是维护祖国统一和民族团结的纽带。在中华民族的发展史上，爱国主义精神对于维护祖国统一和民族团结起到了十分重要的作用。古往今来，彪炳中华民族史册的，无一不是忠诚的爱国者。他们之所以能做出一番事业，使自己的人生有价值、有意义，根本原因就在于对自己的祖国和人民有一颗滚烫的赤子之心。

二是中国特色社会主义的共同理想教育。建设中国特色社会主义、实现中华民族伟大复兴，是现阶段我国各族人民的共同理想。这个共同理想集中体现了我国工人、农民、知识分子和其他劳动者、爱国者的利益和愿望，是保证全体人民团结奋斗、克服困难、争取胜利的强大精神武器。共同理想凝聚了个体理想并指引着个体理想的实现。当代大学生正处于个体理想与社会理想结合的关键时期，正确认识社会发展规律，正确认识国家的前途命运，正确认识自己的社会责任，对自我实现具有积极意义。"社会发展是内含价值理想的历史过程，正确的社会理想反映着社会发展的规律性和现实可能性，反映着

---

① 胡锦涛：《在纪念中国人民抗日战争暨世界反法西斯战争胜利六十周年大会上的讲话》，《人民日报》（海外版）2005 年 9 月 4 日。

社会成员的长远利益和奋斗目标。'中国特色社会主义共同理想'这一概念，突出强调了个人理想和社会理想的统一性。就主体而言，个人信仰和社会理想是有区别的，但这种区别是相对的。个人需求的自我性与满足需求途径的社会性的矛盾，是人类价值追求中永恒的矛盾。就个人需求的满足以社会为中介而言，个人的价值理想既是自己的，又是对他人和社会的；正确的个人价值理想，不仅可以实现个人的人生价值，而且会对社会发展作出贡献。衡量任何社会理想的价值尺度，归根到底是看它对个体生存和发展的意义。依据科学的社会理想来树立个人的人生信念，是一个民族兴旺发达的思想基础。中国特色社会主义共同理想，就是在中国共产党领导下，走中国特色社会主义道路，实现中华民族伟大复兴。作为社会和政治理想，中国特色社会主义是我们党的奋斗纲领，是中国人民共同的价值追求，是中华民族自觉选择的发展道路。"①

三是马克思主义信念教育。马克思主义作为我们党和国家的根本指导思想，是由马克思主义严密的科学体系、鲜明的阶级立场和巨大的实践指导作用决定的，是近代以来中国历史发展的必然结果，是中国人民长期探索的历史选择。中国共产党人坚持把马克思主义的基本原理同中国革命、建设和改革的具体实践相结合，创立了毛泽东思想、邓小平理论和"三个代表"重要思想三大理论成果，提出了科学发展观等一系列重大战略思想，生动而具体地坚持和发展了马克思主义，不断赋予马克思主义新的鲜活力量。马克思主义是科学理想信念的理论基础，是牢固树立中国特色社会主义共同理想、坚定共产主义远大理想的理论前提。当代大学生只有确立马克思主义的坚定信念，才能深刻认识人类社会的发展规律，深刻认识中国走社会主义道路的历史必然性，把个人理想与社会理想统一起来，为国家和社会的发展做出更大的贡献。

马克思主义深刻揭示了人类历史的发展规律，反映了无产阶级的

---

① 李景源：《牢固树立中国特色社会主义共同理想》，《人民日报》2008年4月28日。

革命本质和博大胸怀，以解放全人类为己任，为人类的进步和解放指明了正确方向，为人们认识世界和改造世界提供了科学的立场、观点与方法。马克思主义是指导工人阶级和广大劳动人民群众实现自身解放的强大思想武器。历史上，从来没有一种理论像马克思主义那样，与工人阶级和劳动人民的命运如此紧密地联系在一起。过去曾有过种种同情人民群众的思潮或学说，但只有马克思主义才真正反映和代表人民群众的根本利益和要求，并用科学理论揭示了工人阶级获得自身解放乃至解放全人类的现实道路。马克思主义是科学性、革命性和崇高性相统一的思想体系，是工人阶级和人民群众争取自身解放的理论指南。

马克思主义具有与时俱进的理论品格和持久的生命力。马克思主义虽然诞生于19世纪，但并没有停留在19世纪。作为一个以指导革命与建设为己任的开放的理论体系，马克思主义不但不排斥而且最能够吸收、提炼人类创造的一切科学知识，并将其运用于推动社会历史的进步。150多年来，它不断总结社会主义革命、建设和改革的经验教训，吸收、借鉴和融合各种优秀的思想文化成果，在继承中发展，在创新中前进，始终与时代同行、与实践共进。马克思主义发展史，就是一部不断发展、完善和创新的历史。

马克思主义是认识世界、改造世界的科学理论。一个半世纪以来，正是在马克思主义的指导下，社会主义由空想变成科学，由科学理论转变为社会实践，社会主义国家的出现和社会主义制度的建立，深刻改变着人类历史的走向。虽然苏东剧变使世界社会主义遭受了严重挫折，但是历史发展的总趋势并没有改变。特别是中国共产党人在马克思主义的指导下所探索的中国特色社会主义道路的成功实践，用无可辩驳的事实证明，社会主义具有光明的未来。同时也证明，马克思主义仍然是认识世界和改造世界的强大思想武器。当代大学生学习马克思主义理论，确立马克思主义的坚定信念，最重要的是学习和掌握马克思主义的世界观和方法论，把个人的成长成才与国家的富强繁荣、乃至与全人类的解放紧密联系起来，报效祖国，奉献社会，创造有价值的人生。

（三）德育对理想信念形成的引导

大学生正处在理想信念形成过程中，时代既需要大学生具有远大的理想信念，同时也存在阻碍理想信念形成的因素，所以需要人本德育引导。

大学生理想信念的形成和特点，是由一系列因素影响所致的。在这些影响因素中，既有传统的因素，也有现代的因素，而特别重要的是市场体制和科学技术的发展所带来的影响。一是市场体制与竞争压力的因素。伴随着社会主义市场体制的建立，市场体制的巨大作用与积极影响日益呈现。市场体制增强了社会主体的独立性、自主性和创造性，增强了学生对我国改革开放政策的信任和对中国特色社会主义的信心。同时，市场体制也存在一定的局限性与负面影响。市场体制的竞争性与激励性，形成了社会主体与个体之间的直接比较和动力，社会各行各业竞争激烈，甚至达到白热化的程度。为了适应这空前的竞争，人们往往构筑了一系列有形的指标体系。由此，人们为了适应这种竞争的需要，往往重政绩工程、形象工程、数字工程，轻战略工程、灵魂工程；同时产生了一系列的腐败行为，即官场的钱权交易、市场的缺德交易、文场的钱学交易等。因此，有形的、可指标化的因素具有价值优位，无形的、难指标化的因素容易被忽视而陷于物本倾向。这种社会物本价值取向往往会对学生的理想信念产生直接影响。二是科技发展与信息压力因素。科学技术的发展与社会信息化程度的提高为大学生理想信念的形成提供思想资源与智力支持。但是，科学技术的迅速发展和海量信息的存在，使得大学生的理想信念又呈现出复杂的社会状况。特别是科技地位与作用的凸显造成对人文的挤压。大学生对科技知识的追求和崇拜，往往容易造成对道德的忽视，甚至产生缺失现象。三是流动强化与风险压力因素。当代社会，一切都在发展中，它给人们提供了更多的发展机会，甚至一夜暴富的机遇。然而，当代社会的显著特点是机遇与风险并存。社会各个方面流动易变、动荡不定，社会的不确定性因素、不稳定性因素量大质异，而且这些因素的影响具有非逻辑、非理性特征。它具体地表现在人们的岗位流动、劳动流动、地点流动、生活流动、住所流动上。这些流动虽然有利于当代大学生开阔眼界、丰富生活、增长阅历，形成有效的见解，这种快速的流动虽然为人们的发展提供了各种机遇，但是风险也是不期而至的。如果遇到一些自然灾害，或非自己所能控制的因素，就容易使一些大学生形成即时性思维，即"当下即是"。四是个体和社会需要与时代压力因素。社会越发展，个体越要有理想信念；否则人就会失去方向，茫茫然而不知所措。因而理想信念是社会的需要，是人们个体的需要。同时，理想信念也是时代的诉求，时代给个体施以无形的压力。当代社会所呈现的一系列问题，给人们的理想信念提出了要求。社会竞争需要精神动力，市场的社会化需要社会规范；高科技需要高人文，信息需要整合、创新；流动需要精神支柱，机遇与风险需要有"准备的头脑"。所有的一切都需要人具有理想信念。

大学生理想信念是高校人本德育重要的内容。对大学生进行理想信念的引导就是要培养大学生确立马克思主义的坚定信念，为中国特色的社会主义事业而奋斗。因此，必须把大学生理想信念的培育作为人本德育的重要内容，落到实处。

人是要有理想的，人是要有信念的。革命前辈就是因为有了理想信念，坚信革命道路虽然有曲折，但最终一定会战胜困难，打倒日本帝国主义，打倒国民党反动派，建立中华人民共和国。新中国成立后，人们怀着崇高的理想信念，战胜了一个又一个的困难，打败了美帝国主义，建设了一个崭新的新中国。改革开放以来，人们怀着满腔的热情，积极投身于经济建设之中，使我国的经济获得了前所未有的发展，取得了举世瞩目的成绩。所以这一切，都归功于我们有了共同的理想信念。理想信念是凝聚全体人民的纽带，是全体人民的精神支撑。它具有导向的功能，人本德育就是要引导学生朝向一个正确的目标，并为之奋斗。大学生只有具备了理想信念，才能保持坚强的斗志，才能保证学习、事业的成功。在现代社会，理想信念的功能和价值更加凸显。由于机遇与风险的并存,大学生需要去预测、预防这种变化的新情况,在复杂、多样的社会中去鉴别选择,在信息化与流动性的环境中去整合支撑。理想信念的现代价值,即精神价值问题,在现代社会中也是可以转化为物质价值的,即实现精神变物质、物质变精神的辩证统一。①

中华民族具有悠久的历史文化传统,形成了它独特的文化国情。文化的世俗性、社会性与伦理性,决定理想信念以追求社会理想、民族精神为主导。在这种文化环境的熏陶下,我国人民在古代就形成了天下为公、大同世界、和谐社会、小康社会的社会理想与民族精神,并由此支撑中华民族几千年的发展。这种优秀的传统文化,必将在今天发挥更大的作用。中国特色社会主义共同理想、建设社会主义和谐社会、全面建设小康社会,既是对传统文化的继承,又是它在现代的发展。在当前,尤其要针对青年学生中价值观念取向多元化、复杂化及部分人理想信念发生动摇的实际情况,坚持以理想信念为人本德育的核心,大力开展爱国主义、集体主义和社会主义教育,引导广大学生树立正确的世界观、价值观和人生观。坚持党的最高理想,为共产主义而奋斗;坚持以建设有中国特色的社会主义事业、全面建设小康社会凝聚人心,动员青年学生为建设有中国特色社会主义而奋斗,为实现把我国建设成为富强、民主、文明的社会主义现代化国家的共同理想而奋斗。

以人为本,开展人本德育,进行理想信念引导,我们还必须发挥朋辈的作用。朋辈是指两个或两个以上具有相似地位和层次、大致相当的素质、相互认同的目标和行为规范而发生相互交往的群体。这个群体在自觉不自觉中互相影响,形成压力。用朋辈群体的实例进行事实论证具有很强的说服力。大学生在自主意识的驱使下,往往选择朋辈群体作为自己的学习和模仿对象。这种学习性交往对大学生的社会化起着重要的作用,对于大学生理想信念的形成和发展具有重要意

---

① 参见王仕民、郑永廷:《当代大学生理想信念形成特点及原因分析》,《教学与研究》2008年第5期。

义。用大学生朋辈的事实引导大学生，具有很强的说服力，它直接规范和影响着大学生思想和行为，影响着社会主导价值观的传播和宣扬。思想政治教育就是要在大学生朋辈群体中树立典型，确立榜样，让大学生学有目标，赶有方向，超有动力，逐步形成目标性与规范性的统一，即理想信念的形成和道德行为的养成，使大学生在理想信念的发展上逐步由自发走向自觉。

理想信念的形成是一种对象性活动，它的形成不是纯主观性的活动，而是认识论（实践论）范畴的理论与实践、主观与客观相结合的对象性活动。因此，理想信念的形成和发展是有条件的。理想信念作为认识成果，认识主体一定要与认识对象发生联系、建立责任关系，并要接受揭示认识对象的正确理论，这是形成理想信念的基本条件。大学生要形成正确的理想信念，还必须通过自己的主观努力，把自己认识的对象拿到实践中去检验，然后进行修改、补充和完善，逐步消化、吸收和内化，形成自己的理想信念。

现时代，我们加强大学生理想信念的引导，就是要加强主导性教育（或主旋律教育），它是理想信念形成的基础。因此，我们必须做好四个方面的工作：一是要引导学生明确市场体制和经济全球化发展中的国家政治主导，二是要让学生明确对外开放和多元文化激荡中的民族文化主导，三是科技发展和社会信息化条件下的人本主导，四是社会多样化和个体特色化发展的核心价值主导。大学生的理想信念只有统一于这四种关系之中，才能获得正确的发展，他们才能成为合格的中国特色社会主义的接班人。

三、高校人本德育的发展趋势

总结改革开放以来的德育工作，尤其是德育理论的发展，便会发现一个明显的趋势，那就是德育理论一方面继续在科学化轨道上前进,另一方面又表现出人性化的倾向,而且二者正在逐渐走向整合。① 德育必须符合时代的要求,德育必须循序渐进,德育必须符合学生的实际情况,这就是人本德育的发展方向。

(一) 高校人本德育发展的科学化走向

人本德育科学化的实质,就是要从当代大学生的特点与成长成才的实际需要出发,遵循思想形成发展规律与人的成长规律开展德育。大学生成长成才是内外因素综合作用的结果。德育必须从学生的思想、道德、身体、心理、情感、智力、技能等方面来探索大学生成长成才的规律。

德育的目标是培养能够适应社会生活的全面发展的人。全面发展是一个方向,一个目标。明确学习目的,引导大学生全面发展成才,是人才成长的目标导向规律。目标导向就是要重视对学生的理想教育,让学生明确学习目标,明白为谁而学、为什么而学,努力达到远大理想与脚踏实地相统一、长期规划与近期目标相统一,一步一个脚印,一步一个台阶,不断地向前进步。要使学生懂得,国家的发展,民族的振兴,是要靠包括我们这一代人在内的好几代人的努力,今天的学习是为了明天更好地工作与建设。在知识经济社会和信息社会时代,学习是人们最基本最重要的生存和发展方式,不学习就跟不上时代步伐,不学习就在社会上难有立足之地。

学习是青年的重要任务,也是青年成长成才的重要途径。由于科学技术的迅猛发展和知识更新速度的加快,现代社会已进入自主学习和终身学习的时代。激发学生自主学习是当前教育改革中的重要内容,也是大学生成长成才的内在动力。教师在课堂教学中,要更新教学观念,转变教学方式,把激发学生自主学习的教学理念融入到日常

---

① 王啸、鲁洁:《德育理论:走向科学化和人性化的整合》,《中国教育学刊》1999年第3期。

的教学行为之中，以激发学生的学习热情，以适应新时期大学生成才的需要。

大学生自主学习具有主体性、能动性、独立性和创新性等特征。主体性是指大学生在学习中不再是知识的被动接受者，而是学习的积极组织者、主动参与者。能动性是指大学生的自主学习是建立在自己的能动性上，充分发挥自己的能动性和主动性为前提的。独立性是指大学生把学习建立在自己的独立性方面，摆脱了对教育者的依赖，自己可以独立开展学习活动。创新性是指大学生在学习的过程中，能独立、自主、开放性地学习，在学习中能勤于思考，多向思维，注意吸纳和借鉴他人经验，融合自身已有知识，超越以往经验，创造性地解决问题。根据大学生自主学习特点，建构其良好的自主学习教育环境，实现大学生卓有成效的自主学习有重要意义。

设立学习目标是自主学习的起点。开展明确学习目的的教育。要重视对学生的理想教育，使之明确学习目标，引导大学生关注并正确认识市场经济发展和大众化教育所带来的新变化，切实培养大学生自主学习的意识。培养学生的自主学习动机，需要教育学生树立人力资本投资观念，认识市场化改革给大学生就业所带来的难题，树立自主就业观念，认识"学习"和"实践"是现代大学生在校期间的两大首要任务。

强化学生自己是学习主体的意识。在传统教育教学体系中，奉行的是以教师为中心，以课堂为中心，以教材为中心，忽视了学生在学习中的主体地位，学生成了接受教育的容器。在实施素质教育的今天，我们就应该还教学以本来面目，真正贯彻落实"一切为了学生，为了一切学生，为了学生的一切"。"一切以学生为中心"，要把这种原则理念转化为师生尤其是学生的意识和实践，从而增强学生自主学习的主动性和自觉性。

青年一代要成为党的事业的继承者，不是自发的，而是有一个自觉的过程。这种自觉，就是要努力成长为"四有"新人。要成长为"四有"新人，首先有一个成长道路的问题。我们党谆谆告诫青年要始终不渝地走与实践相结合、与人民群众相结合的成长道路。

实践的观点是马克思主义认识论第一的基本的观点，实践出真知，实践出人才。古往今来，一切对社会发展和人类进步做出贡献的人才，无不在实践中汲取营养，逐步成长。恩格斯对党的领导者成长道路问题有过一段精彩论述，他说："在我们党内，每个人都应该从当兵做起；要在党内担任负责的职务，仅仅有写作才能或理论知识，甚至二者全都具备，都是不够的；要担任领导职务，还需要熟悉党的斗争条件，掌握这种斗争的方式，具备久经考验的耿耿忠心和坚强性格，最后还必须自愿地把自己列入战士的行列中———一句话，他们这些受过'学院式教育'的人，总的说来，应该向工人学习的地方，比工人应该向他们学习的地方要多得多。"① 恩格斯的观点，深刻揭示了党的领导者成长的客观规律，即使在事隔一个多世纪的今天，仍具有很强的现实指导意义。

毛泽东非常注重实践锻炼。从战争中学习战争，在实践中培养人才，是毛泽东的一贯思想，也是我们党的优良传统。邓小平关于青年成长的思想，贯彻了实践观的基本原理。邓小平指出："人才，只有大胆使用，才能培养出来。"② 培养和使用相结合，在使用中培养。人才只有通过到一定的领导岗位、艰苦环境、复杂矛盾中去锻炼，才能在经受考验、提高才能、发挥作用的同时，克服其自身的弱点、缺点，进而实现其自身价值和社会价值。江泽民指出："在实践中锻炼干部，是我们党培养干部的一条根本途径。"③ 把年轻干部放到一些关键岗位、艰苦环境和情况复杂、矛盾突出、困难较多的地方去锻炼和培养，磨练意志、品质、能力和作风，对他们的提高和成熟大有好处。

胡锦涛着眼于实现全面建设小康社会的宏伟目标，希望青年勤于学习、善于创造、甘于奉献。要教育青年正确认识中国的国情和面临的重大机遇与挑战，引导他们充分认识科学发展观的重大现实和长远

---

① 《马克思恩格斯全集》第22卷，人民出版社1979年版，第81～82页。
② 《邓小平文选》第3卷，人民出版社1993年版，第17页。
③ 江泽民：《努力建设高素质的干部队伍》，人民出版社1996年版，第10页。

意义，牢固树立坚持发展的信念，积极投身建设实践，坚定地走全面、协调和可持续发展的道路。要以大学生为重点群体，大力开展科学发展观的教育和实践活动，在青年中形成学习科学发展观和学以致用、学用相长的浓厚氛围。

党的十七大报告提出"以人为本"是实现发展的出发点和落脚点。这充分肯定了人在发展中具有根本性的地位和作用。人既是发展的主体又是发展的对象，离开人的发展来谈发展，这样的发展毫无意义也根本无法实现。坚持以人为本，在发展中不能只见物不见人，只追求物质生产力的发展速度而忽视人的生存条件、生活质量和人的素质改善和提高的程度，而是要一切以改善人的生存条件、提高人的物质生活、政治生活和精神生活的质量为准则。

人本德育正是从人出发的德育，它的发展正在按照科学的德育规律、德育理论、德育原则和德育方法来做好大学生德育的工作，使之符合大学生身心发展规律，以便最有效地实现德育的目的和任务。这就是德育科学化的发展走向。

当今世界风云变幻，国际竞争日趋激烈，科学技术发展迅速。要培养高素质人才的优良品德，应具备一定的条件。德育是学校教育的一项重要的职能。德育应站在历史的高度，以战略的眼光来认识德育工作的重要性。德育应克服单一的培养目标，不拘一格育人才，使学生在德、智、体几方面都得到发展，成为有社会主义觉悟的有文化的劳动者。德育要改变单一的评价标准，建构全面、公平、公正的评价体系，建立规范、高效的管理体系，特别是在德育中应注意主导与主体的关系。人本德育就是在德育过程中充分体现学生的主体地位。

高校德育全面地遵循客观规律是实现高校德育科学化最基础的要求，是高校德育科学化的实质所在。高校德育要遵循上层建筑特别是意识形态的发展规律。这是因为：德育是上层建筑、意识形态领域的一项工作，它的工作对象是学生，是学生的思想、观点、立场和社会关系。它的任务是要解决学生的思想、观点和政治立场问题以及调节学生的一系列社会关系。因此，做好学生德育工作，必须遵循上层建筑、意识形态的发展规律。党在一定时期的中心任务，是通过不同阶段的具体任务来完成的。党在不同阶段的具体任务不断给德育带来一些新情况、新要求，这就要求德育要适应变化了的新情况，及时解决新情况下出现的新问题，以保证党的阶段性任务的完成。我国的高等教育正处在改革的攻坚阶段和发展的关键时期，社会情况发生了复杂而深刻的变化，经济成分和经济利益多元化、社会生活方式多元化、社会组织形式多样化、就业岗位和就业方式多样化日趋明显。社会存在决定社会意识，这就要求高校德育要针对这种新情况、新问题去做工作，把解决思想问题同解决实际问题相结合，从而为深化改革和经济发展创造有利条件。

高校德育要遵循经济规律。实际上，我们知道：高校德育，本质上是运用上层建筑，特别是意识形态发展规律，把精神力量转化为物质力量的一种创造性工作。但是要做好高校德育工作，仅仅按上层建筑特别是意识形态的发展规律办事是不够的，还必须坚持按经济规律办事。这是因为上层建筑（包括意识形态）不是孤立存在的，它总是受经济基础（生产关系和生产力的总和）的制约，并且为经济的发展服务。高校德育是在经济社会中进行的德育。高校学生的主要实践活动是学习，学生大量的思想是在学习活动中产生的，他们的错综复杂的社会关系也有相当一部分是经济关系或与经济相关联的其他社会关系。因此，要做好学生的德育工作，转变学生的思想，调节学生的社会关系，调动学生的积极性和创造性，还必须按经济规律办事，从而把德育与经济工作、德育与物质利益正确地结合起来，成功地把精神力量转化为物质力量。高校德育还要遵循自然规律。因为高校德育的根本任务，就是要培养学生成为合格的社会主义接班人和建设者。而要把学生培养成才，又必须严格地按自然规律办事；学生的一切实践活动都受一定的自然规律制约。因此，要搞好高校德育工作，还要按自然规律办事。由此可见，德育科学化，必须确立全面地按客观规律办事的指导思想，高校党团组织在进行学生德育的决策时，一定要力求符合全面地按客观规律办事的要求。这样不仅能使高校德育做到从实际出发，实事求是、科学地回答学生在学习和生活中的现实问题，而且能够顺应多种客观规律的要求，因势利导地开展工作，力求使多种客观规律在彼此的交互作用中，形成一种和谐发展的合力，从而使高校德育工作卓有成效。

高校德育科学化，必须积极探索高校学生思想品德发展规律，完善品德内化机制。心理学研究表明：品德内化机制中，核心部分是心理认同机制，它担负着社会道德向个体品德转化的任务。心理认同机制由价值认同、情感认同、态度认同、行为认同四个部分组成。价值认同，把思想道德知识转变为观念、信念；情感认同，把道德升华为道德情操；态度认同，把德育要求转化为积极的心理状态和良好的个人素质；行为认同，把日常行为规范迁移为道德行为方式。品德内化机制的动力来源于主体的道德心理需要。所以，德育工作者要把价值认同、情感认同、态度认同、行为认同组成的德育内化机制有机地统一到实践中去，使它们的作用科学化、合理化、人性化。

德育要实现科学化，还必须广泛吸收和利用现代科学的新成果。这是实现高校德育科学化的重要环节。德育是一门科学，是一门针对学生思想发展变化特点研究对学生进行德育规律的科学。高校德育要做好这项工作，除了在实践中不断改进创新外，还要广泛吸收和利用现代科学的新成果，这就对实现高校德育科学化提出了要求。在当前，高校要组织学生认真学习科学发展观。科学发展观标志着我们党对社会主义的科学认识实现了一个新的飞跃。认真学习科学发展观，既是高校德育的核心内容，也是广泛地吸收现代科学成果的重要方面。高校还应组织学生进行现代自然科学知识的学习，使学生能够不断提高自身素质，以适应现代社会发展的需要。同时，高校德育要借鉴和运用一切先进管理经验和科技成果，使高校德育更加富有成效。

德育科学化的一个重要标志是这一阶段高校德育在德育功能的研究方面取得了较大进展，这种进展在德育的社会功能和德育的个人功能两个方面都有所体现。在德育的社会功能方面又以对德育的经济功能的研究为最深。实际上它是中国的现代化与市场经济对德育的必然要求。众所周知，人是生产力中的重要因素乃至最为关键的因素。德育正是通过影响生产力的主体因素——人而对经济发展起作用。具体来说，通过德育唤醒人的自我意识、经济意识，赋予经济发展以需求动力；通过德育促进学生的科学文化素质提高，特别是提高学生选择、创造新的生产方式和经济增长方式的能力；通过德育从根本上改变学生的生活观念，引导学生选择和创造合理、健康、文明的生活方式；通过德育为经济发展创设一个良好的文化环境、文化体系，从而为经济发展和社会进步提供现实的协调基础和途径。在德育的个体功能研究方面，则在强调德性的本体价值的基础上突出了德育的享用功能。所谓德性的本体价值，是指各种德性本身就具有满足个体需要的价值。个体内在地把各种德性的形成、道德人格的发展作为自身的一种需求，通过德育使这种需要得到满足，这就是德性的本体价值的体现。德育的享用功能就根植于此。德育个体享用功能的提出无疑是德育理论科学化和人性化相结合的极好体现。

总之，在新的时期，随着新生事物的不断涌现和变化，面对高校学生思想认识的不断变化，我们的德育工作必须科学化，做到与时俱进，抛弃认识上的误区，探索新的人本德育规律，思考新时代的德育方法和渠道，注重德育工作的实效性，促使人本德育向深层次健康发展。

（二）高校人本德育发展的个性化走向

个性化也称特色化，其实质是充分发展、展现、发挥大学生的兴趣爱好、专业特长与能力优势。

长期以来，德育的一个重大缺陷就是忽视人的个性发展，忽视人的千姿百态的差异，忽视良好心理品质的培养，这不能不说是人们对德育不满的一个重要原因。随着主体性德育思想的确立，学校德育在个性化教育方面有了长足的进步。

个性是一个非常复杂的现象，是由高低不等的交互联系的多层次的心理现象构成的。对个性进行准确的定理是非常困难的，并没有一个为所有心理学者共同接受的明确定义。美国著名的社会心理学家和个性心理学家奥尔波特（G. W. Allport）探讨了有关个性的各种定义，他统计，为个性所下的定义至少有50种，有的是从哲学角度，有的是从社会学角度，有的是从心理学角度。即便是从心理学角度的定义也至少有6个。不过，奥尔波特的定义比较全面："个性是决定人的独特的行为和思想的个人内部的身心系统的动力组织。"① 我国第一部大型心理学词典《心理学大词典》中对个性的定位如下："个性，也可称人格。指一个人的整个精神面貌，即具有一定倾向性的心理特征的总和。个性结构是多层次、多侧面的，由复杂的心理特征的独特结合构成的整体。"②

人的个性显然具有独特性。每个人的个性都由独特的个性倾向和个性心理特征所构成，因为个性是个体在遗传因素、环境条件、教育学习等许多因素影响下发展起来的，这些因素的差异性、独特性，就构成了反映自身独特的、与他人相区别的心理状态。正因为人的个性具有独特性，才可以区分出各个不同的人。反过来，如此众多的人群，其个性又各不相同，因此，个性又是千差万别、丰富多样的。个性的多样性、丰富性、异质性，又导致了不同人具有不同的鲜明的、突出的、鲜活的个性特征，而且这种特征要通过各种形式表现出来，具有彰显、张扬的诉求。由于个性特征既是稳定的——个性是指那些稳定的心理特征，又是发展的——个性特征是在一定的社会历史条件下，在一个人的长期生活历程中逐渐形成起来的，如一个人的理想、信念、道德、价值观等，就是随着人的成长，在特定的社会条件下逐渐形成并发展的。所以，现代社会的快速发展，对人们的个性特征的形成和发展，具有重要影响。由此可见，现代人的个性发展，更加独特、更加丰富多样、更加鲜明、更加彰显。

所谓德育走向个性化，就是在正确的德育思想、德育观念的指导下，从学生的现实个性出发，尊重学生的需要、兴趣、创造和自由，通过个性化和社会化、教育和自我教育的统一过程，培养学生的良好个性品质，促进其个性自主和谐的发展。它旨在培养个性充分发展

---

① 高玉祥：《个性心理学》，北京师范大学出版社2007年版，第88页。
② 朱智贤：《心理学大词典》，北京师范大学出版社1989年版，第225页。

的、人格健全的社会公民。从根本上说，这也正是人本德育发展的最终目标。从历史上看，在漫长的封建社会里，中国人一直生存在一个自在自发的相对保守的世界里，整个民族创新的意识和能力相对较弱，人们的基本生存方式以重复性思维和重复性实践为基本特征，不大重视个性的培养。而后者对当代中国来说尤为重要，因为无论是现代化建设，还是市场经济的建立，都需要创造性的人才，而没有个性，创造性也就无从谈起。所以，一方面是克服历史的积习，另一方面是发展的需要，二者都要求德育个性化发展，人本德育在这方面正是大有可为。因为从根本上讲，张扬、发展人的个性本是人本德育的题中应有之义。没有人的个性发展，社会就不会有活力。个性充分、健康的发展是形成各方面良好素质的基础，这样，我们的民族素质才能提高，众多的人才才能脱颖而出。为此，就必须破除德育中仍然存在的模式化和"一刀切"的现象，就必须克服把多种多样的个人心灵抽象化乃至把它们压缩成一个单一心灵的企图，因为人的心灵是丰富多彩的，它包括人的兴趣、情感、意志、抱负等各种复杂内容，而这正是实施德育个性化发展的科学依据。也只有以此为出发点，德育才能充满人性化，才能使人的个性得到充分和谐的发展，德育也才真正能成为对人的一种解放。

（三）高校人本德育发展的人性化走向

德育理念是德育的根本指导思想，提升德育理念是德育深层次改革的需要，是德育改革的最高境界。对德育现代化或现代德育的理念，可能有多种理解，但其主要特征，就是关怀人、关怀人的德性发展，或者说它的根本精神就是以学生的德性发展为本，走向主体发展性的德育。这是现代人的发展和社会发展的要求，是时代的呼唤。澳大利亚教育史学家 W. F. 康纳尔提出教育要转向"人性化"。苏联教育家哈尔拉莫夫等提出"教育人格化"的要求。从 20 世纪 70 年代初联合国教科文组织提出"学会生存"，到 80 年代末国际社会提出

"学会关心",都体现了德育人性化的走向,体现了德育关怀人的发展的趋势。新世纪人本德育的走向,即人本德育人性化的走向,正是适应了人的发展。①

德育的对象是学生,德育的目的是使学生成为人,使学生过有意义的生活。以往的德育把学生作为工具打造,作为接受知识的容器,否定学生的能动性,把学生看作客体,看作消极被动的、需要接受教育的对象。近些年来,关于主体性教育的讨论,关于人的现代化的探讨,关于学校中自主性德育的研究、个性发展的教育研究、"学会关心"的研究,以及中国关心下一代专家委员会"把爱带入21世纪"的呼吁,等等,都表明了德育人性化在理论认识和德育实践方面有很大进展。目前仍在向着这个人性化方向走去,这是一个持续不断的追求过程。德育人性化是人的本性的要求。卢梭认为,人性的首要法则就是维护自身的生存,人性的首要关怀就是对于自身的关怀。人性化的德育,是用"人"的方式去理解人、对待人、关怀人,特别是关怀人的精神生活、精神生命的发展。德育人性化符合德育的本性。②德育人性化发展,首先要承认学生是人,承认学生是具有独立人格的人,是完整的人,是能动的、创造性的人。德育人性化,就是尊重学生的人格,尊重学生的兴趣和需要;就是要关怀学生这个完整的生命体,看到学生是个有思想、有情感的活生生的人;就是要相信学生是具有积极的能动性和创造性的;就是要尊重学生人格,尊重学生权利,关怀学生的成长。

以人为本的德育理念的核心在于对人性的充分肯定,对人的潜能、智慧的信任,对人的自由和民主向往的追求。现代德育的本性不再是管理、控制、约束,而是对人性的唤醒和对人性的尊重。人本德育突出人的发展。人是德育的中心,也是德育的目的;人是德育的出

---

① 班华:《德育理念与德育改革——新世纪德育人性化走向》,《南京师范大学学报》(社会科学版)2002年第4期。

② 班华:《德育理念与德育改革——新世纪德育人性化走向》,《南京师范大学学报》(社会科学版)2002年第4期。

发点，也是德育的归宿；人是德育的基础，也是德育的根本。以人为本的德育理念就是要把德育和人的幸福、自由、尊严、终极价值联系起来，使德育真正成为人的德育而不是机器的教育。

高校德育人性化应当体现以大学生为核心，以大学生为基础，以促进大学生的全面发展为最终目的，满足大学生的生存、安全、健康等自然需要，满足大学生的民主权利、公平公正要求、价值实现、精神文化需求等社会需要，关心大学生，尊重大学生，爱护大学生，解放大学生，发展大学生，追求对大学生本身的关照、关怀以及身心的全面协调发展。

道德教育从其根本目的上说，是使人成为人的教育，其具体目标则是成就人的德性的教育。道德教育与其他教育一样，必须在人与人之间的关系之中进行，是一种对人的活动。因此，道德教育本来就应该回归到人，而人本德育更应该回归真正的人，即存在着的人、发展着的人。

第七章 高校人本德育的实践路径

高校人本德育的实践理路着重回应高校德育如何做的问题，是本研究的现实归宿。对高校人本德育的理论研究奠定了该实践思考的观念基础，为探索人本德育的具体途径和方法提供了理论支持。

一、高校人本德育的实践思路

实现人本德育，不仅是个理论问题，更重要是一个实践问题。高校人本德育的实践走向，必须由人本出发，采取科学的方法，在继承与创新中发展，辩证地扬弃。这里，我们要做的工作是在总结借鉴历史上德育方法的基础上，对新时期人本德育工作的方法进行探索。

（一）坚持"以人为本"与"德育首位"的契合

作为一种教育价值观、方法论，人本德育要求我们必须坚持以马克思列宁主义、毛泽东思想、邓小平理论、"三个代表"重要思想和科学发展观为指导，深入贯彻党的十八大精神，全面落实党的教育方针，紧密结合全面建设小康社会的实际，以理想信念教育为核心，以爱国主义教育为重点，以思想道德建设为基础，以学生全面发展为目标，解放思想、实事求是、与时俱进，坚持以人为本，贴近实际、贴近生活、贴近学生，努力提高思想政治教育的针对性、实效性和吸引力、感染力，培养德智体美全面发展的社会主义合格建设者和可靠接班人。

以人为本是坚持德育首位的根本依据，德育首位是坚持以人为本的根本要求。在教育实践中，只有真正坚持德育首位，才是真正坚持人本德育。

"德育首位"是指学校德育的方向，培养目标上要把坚定正确的政治方向、良好品德素质的培养放在学校德育的首位。学校德育必须全面贯彻党的教育方针，办好让人民满意的教育，一定要坚持把德育放在教育的首位，把坚持正确的政治方向摆在学校德育的首位。这就明确指出了"德育首位"实质是方向性和原则性问题。实现"德育首位"，才能使学校德育有蓬勃发展的正确方向；否则，将误入歧途，背离社会主义办学方向。实现德育首位，要将"德育首位"体现在以人为本、全面育人的办学指导思想上，要从领导、组织机构、规章制度、队伍建设、经费物资等方面具体落实，要将"德育首位"深入到学术科技活动、学生文体活动、行政管理与后勤服务等环节，做到教书育人、管理育人、服务育人。

提高德育实效，必须树立"以学生发展为本"的德育思想，尊重学生主体地位，挖掘学生主体潜能，发挥学生主体作用，有目的、有计划地引导学生参与道德认识和道德实践活动，使他们通过独立思考、自主选择和实践来培养自主德育意识、掌握自主德育方法、养成自主德育习惯、提高自主德育能力，逐步形成主体性现代道德素质。

人本德育的实践前提，必须建立健全领导体系和工作机制，切实保障人力、财力、物资的供给，建立健全由德育职能部门架构的领导体系，在此基础上建立健全以各基层党团组织、学生会和学生社团组织为依托的德育工作互动机制。同时建立德育工作测评体系，加强德育教师和政工干部的管理和考核，加强学生管理工作的各个环节建设。

人本德育的实践，在队伍体系建设上，要切实做到领导责任落实、制度建设落实、经费投入落实。坚持培养、培训、考评、奖惩相结合，强化德育队伍建设。具体说来，要加强对德育队伍尤其是辅导员、班主任、德育学科老师的系统培训；组织德育队伍开展德育科学化的研究、学术交流；采取有实效的举措密切德育职能部门与辅导员、班主任、各专业学科老师的联系，充分调动全体教师从事德育工作的主动性和积极性，使其主动了解学生的思想动态和行为状态，关心学生，教育学生。

人本德育要转变以往的德育观念，注重工作的实际效果。要建立坚持肯定性评价与否定性评价相结合、动态评价与静态评价相结合的学生思想状况评价体系，以客观考评作为奖惩的依据；实现考评结果与学生评优、评奖等互动。尽量减少单一的纸上谈兵的形式，尽量减少"以处分代替教育"的形式，应采用实际的材料、事例来让学生理解、接受并内化德育内容，完成德育任务，实现德育目标。

（二）实现德育实践的观念转变

德育实践不仅是个行动问题，而且是个观念问题、理论问题。理论指导实践。人本德育实践必须转变观念，把德育实践落实到学生身上，以生为本，真正体现人本德育实践。

一是变"外求、他塑"为"内求、自塑"。学生的发展是一个内因建构、生成的过程。思想道德素质的形成，只有通过主体对外界教育信息能动地认知、吸收与内化才有可能实现。人本德育就是要遵循学生发展规律，将德育内容具体化、人格化、形象化，让德育变成学生的一种需要，使德育目标转化成学生行动，使德育的外因转化成学生的内动力，实现德育价值取向上的转变。

为此，德育必须加强学生自我教育和自我管理，用符合学生具体实际情况的目标激励学生，针对不同学生生理、心理、品德水平的差异和特点，确定适合学生自我教育的分层德育目标。德育要唤起学生自省、自强、自我塑造的积极性和主动性，让学生行动起来，积极发掘学生中的德育资源，树立各种类型的先进学生典型，为学生提供可以直接学习的楷模，提供具体"自我塑造"的榜样。

教师要善于发现、培养和表彰各个方面的优秀学生，并运用多种形式宣传他们的事迹，使学生的自我塑造有榜样、有激情、有动力。

二是变"教师包办"为学生"亲身体验"。主动参与是学生自主性发展的重要途径，它追求的不仅仅是管理自身的功能，更重要的是追求学生的学习与发展。在德育实践的过程中，要发挥学生的主动性，同时要突出强调教师的作用。教师要引导学生主动参与研究和选择德育内容，设计和主持德育全过程，全程参与德育活动，使德育成为一种在教师指导、帮助下，以特定德育环境为外因的学生心灵展示、道德评判和内心建构的自我教育与发展的实践过程，学生在主动参与中自我教育、自我管理、自我调节、自我约束，最终达到自我完善的境地。

教师要力求唤起学生的自主性、主动性和创造性，力求激发学生的主人翁责任感，充分发挥学生组织的作用，无论是班会、团会，还是年级、校级的大型活动，从具体内容的确定、活动方式的设计，到活动过程的主持，都由学生研究拟定方案，再经过有关老师或领导与学生共同审查修订，交由学生组织实施。班级管理中，试行班干部轮换制，使每个学生都有做班干部的机会。这样既增强了学生的主体意识，又为他们提供了锻炼的机会。学生自己设计和采取为他们所喜闻乐见的德育形式，利于打动学生的心灵，易于为学生所吸收、内化，产生良好的德育效果，实现自我管理、自我服务，自我教育的目的。

道德素质不是教出来的，而是学生在实际生活过程中，在与他人合作和交往中，通过自身经历和体验发展来的。传统德育往往把"灌输"、"禁止"、"防堵"作为工作的立足点，忽视学生主体的道德生活需要，甚至无视学生主体地位和主体性发展，使学生长期处于被动从属的地位，学生丧失自我，养成了顺从听话的习性，缺少个性和创造性。

有学者认为，工业时代的特征是共性化、统一化，信息时代的特征是个性化、多样化。传统德育最大的弊端是，把具有不同个性和特长的学生用整齐划一的培养规格和培养模式"加工"为千人一面的所谓"合格"人才，没有处理好学生全面发展与个性发展的关系，学生的个性发展和创造力受到限制和压抑，不利于现代拔尖创新人才的培养，也不利于学生身心健康的发展。当然，培养个性不是发展个人主义。人本德育就是在学生全面发展的基础上培养个性。学生只有实现个性全面发展，才能真正健康成长，成为社会主义现代化建设的合格人才。

因此，要提高学生的思想道德素质，不但要使他们置身于德育的特定环境，使之接触客观德育因素，更重要的是要调动其主体精神，能动地参与德育实践。一个人只有在他肩负责任时，他的责任心和自觉、自律、自制的品质才能得到发展。

三是从"现实社会空间"拓展到"虚拟社会空间"。人本德育实践必须立足现实社会空间，通过开展参观、访问、调查等活动，让学生亲身体验改革开放以来，家乡经济建设、人民现实生活发生的巨大变化，拓宽学生视野，丰富学生社会经验，增强学生社会责任感，激发学生民族自尊心、自信心和自豪感。通过开展军训、劳动、社区服务等活动，培养学生劳动习惯和生活自理的能力，磨炼学生意志品质，增强学生吃苦耐劳精神和集体荣誉感。通过开展研究性学习活动，培养学生发现问题的能力，收集、处理和利用信息的能力，运用科学方法解决问题的能力，让学生学会在研究中学习，在学习中研究。让学生学会了解自然、了解社会；学会关心国家和社会进步；学会关注人类与环境和谐发展，形成积极的人生态度。

同时，人本德育实践还要拓展"虚拟社会空间"。现代社会，网络已经成为人类生存和发展的一种方式。学生在网上学习、搜索资料、玩游戏、聊天的人数越来越多，时间越来越长，关注"虚拟社会空间"，充分利用"虚拟社会空间"加强德育工作已经成为必然。德育要积极引导、鼓励学生开展信息技术的学习，开发网上有益资源的学习。教师要积极向学生"注射疫苗"，增强学生的网络"免疫力"，使学生明白网上的一些不道德行为，预防网络伤害。面对网络文化的迅速发展和多元文化对学生道德观念的冲击，只有具有良好的道德判断能力，作出正确道德选择，才能真正成为有道德的人。人本德育要善于引导学生在各种道德冲突中能够坚持正确的选择，做一个正直、善良、勇敢和有责任心的人。

德育的存在根源于生活，德育的目的服务于生活，生活是德育生长最肥沃的土壤。离开了生活，德育将无从谈起。德育，只有经历了真实的社会生活才是完整的。因此，人本德育的任务不可能封闭在校园里实现，让学生走出校园，走出书斋，与千姿百态的大自然对话，与丰富多彩的社会人生对话，才能磨练意志，砥砺品行，塑造人格。

因此，人本德育必须大力加强社会实践活动，使学生在实践活动中得到锻炼，学习辨别真、善、美与假、恶、丑，学会处理个人与集体、与社会、与国家的关系，处理好人与自然的关系，逐步养成诚实守信、热爱劳动、乐于助人、勤俭节约、吃苦耐劳、直面困难的道德品质。

（三）人本德育实践的现代回归

人本德育是以人为本的德育，是以学生为本的德育。人本德育的实践发展方向，当然要回归人，围绕人，关心人，关注人，围绕人的生存，围绕人的发展。在实践的过程中，人本德育要尊重学生的意见，理解学生的想法；尊重学生的情感，关心学生的感受，抚慰学生的心灵。人本德育实践应当尊重学生的自主选择，不把自己的观点强加给学生，不把自己的标准强加于学生，不代替学生作出决策与选择，而是引导学生面对多样与复杂，自主判断，自主辨别，自主决策，自主选择。在现实性上，人本德育实践的走向，必须是回归生活、回归生命、回归生态。

马克思主义认为，每个人都是现实的、历史的存在，处于一定的社会关系之中。这说明，人不可能离开他的日常生活世界。人本德育的目的是促进学生的道德成长，帮助学生认识生活的意义和生命的价值，提升学生的德性品质和精神境界。既然德育是为人的，就必须关照学生的生活世界。特别是在工具理性日益张扬、价值理性受到压抑的现时代，德育回归生活，即生活德育的意义更加凸显出来。

人本德育回归生活，首先要以大学生的生活为起点，贴近和走进他们的生活。从空间上看，学生的生活是多方位、多方面的，既包括课堂生活，又包括课外生活；既有学校生活，又有家庭生活和社区生活。大学生绝大部分时间在学校度过，课堂生活、学校生活是大学生生活的重要组成部分，必须受到充分的重视。德育教师不仅要学会教书，而且要学会教人；不但要去耐心"备课"，更要去精心"备人"。人本德育以人为本，德育服务于人的生活，最终必须回到生活。德育与智育不同的是，它不是要充实人的头脑，而是要化育人的心灵。学生学习、体验道德的目的，也不是别的，而是为了在生活中践行道德。学生在课堂上、学校里所学的一切都要回到自己的生活中去，用于指导学生的生活，解决学生生活中出现的问题和遇到的困惑，改进学生的生活和生活方式，提升学生对生活的认识、态度和价值观。人本德育以生活为起点，又以生活为归宿。在这里，起点变成了终点，终点成为新的起点，一切都在生活中生成，生活就是在"起点—终点—起点"的否定之否定的不断运动、前进中逐渐走向了完满和幸福。

人是现实生活中的人，没有现实生活，就没有现实的人。人本德育要关注学生的现实生活世界，使学生能够体验到现实生活的丰富和充实，因为人总是生活在现在。"过去和未来都在现在之中，我要达到现在的深度就必须装备历史的传承和学会如何记忆。我向往真实和美好的生活，从现在那里我寻找过去和未来的交往，……而不是脱离现在，在时间的断层中踽踽走向过去和未来。"我们每个人"既不能落入过去，也不能转向未来，而是完完全全存在于现在之中"，"当下生活既不是丢掉过去也不是遗失未来。假如过去和未来并没有加强现在的话，那么它们就毁灭了现在"。[①] 在此基础上，通过对学生现

---

① 雅斯贝尔斯著：《什么是教育》，邹进译，生活·读书·新知三联书店1991年版，第40~41页。

实生活的价值引导，帮助他们认识到"现时的我"的不足，引领学生实现对现实生活世界的超越，去追求一个更为完满的"可能的我"，以尽力达到更为美好的可能生活世界。因此，人本德育向人本回归，德育必须回归生活。人要生存，要发展，首先必须要生活。人本德育实践应该回归到大学生丰富的生活平台，基于现实大学生的丰富生活，奠基于大学生生活家园。它既要求我们在德育书本内容的编排和教学上，与时俱进地更新反映时代气息和大学生自身生活的新鲜内容，充分彰显现实关怀与理论提升互动的教学维度，又要求通过激活实践活动课程和更具影响力的隐性课程或非正规课程的方式。

人本德育回归生活，它不仅协调了大学生的知识与情感，而且协调了大学生的社会交往、知识学习、心理活动等因素，从而提高了德育整体走进大学生真实生活的力度与效度。"不论是道德的知识、规范或个体的德性，一旦脱离了生活道德的整体性运作，它们就都会成为无意义的存在，它们的功能和作用也会化为虚无，甚至会成为一种异化物。"① 人本德育的这种整体协调性运作放大到大德育概念，同样能够说明问题。所以生活德育关注的不是支离破碎的各种知性碎片，而是大学生整体丰富而协调的生活，因而成为更具人本性的德育形态。生活就是一种实践。生活德育强调实践性，不仅要善于思考和分析德行，而且要勇于贴近和践行德行。所以，生活德育与高校学生真实的生活是融为一体的，是通过具体的、当下的、真实的大学生生活来予以认识、体悟、感受和推行的，因此它打通了知行之间的通道，能够真实地将德性之知贯彻到德性之行中去，有效地缝合了认知评价与行动评价之间的裂缝，成为具有思考力和行动力的有效性德育。应该说，生活德育在这个层面上对高分低德的荒唐现象进行了釜底抽薪式的纠偏，恢复了人之为人的实践生活品质，因而成为更富有人本特征的德育新形态。

人本德育实践向人本回归，首先应向生命回归，尊重生命，进行生命德育。这是因为，人本德育应是对学生心灵的呼唤，顺应学生的

---

① 鲁洁：《道德教育的当代论域》，人民出版社2005年版，第285页。

天性，站在生命哲学的高度，真正地把学生当作一个个独特的生命个体，去唤醒道德生命，激活生命力量，使德育彰显更多的灵性与诗性。为此，人本德育必须遵循生命德育的基本特征。生命就其本身来说是自由的、平等的，人本德育应当把学生看成真正的、自由的、平等的人，要尊重学生的自由与个性。生命也是具体的、独特的，每一个生命都有其不同的天赋、兴趣与气质等，每一个生命都有其独特的价值。人本德育就是要帮助每一个学生打开眼界看到自己，使他看见、理解、感觉到人自身的人性的光辉。我们知道，就个体而言，生命具有自发的不断向上发展的驱力，人本德育应借助这种驱力以实现学生的自我教育，促进自我发展。生命是完整的，是身体与心理的统一。人本德育要协调好身体与心理、学习与生命之间的关系，使学习与生命相统一，真正成为生命的一部分。高校人本德育回归生命，关注生命，珍惜生命，就是要从德育了解生命开始，从生命的来源、组成、特点、规律入手，了解生命的价值和真谛。同时，人本德育要引导学生敬畏生命。"敬"有戒慎、敬肃、不怠慢和警戒等之意，"畏"有害怕、恐惧和敬服等之意。敬畏有令人肃然起敬、敬而服之的含义。众所周知，生命是大自然中最神奇、最伟大、最美好之物，所以人本德育要引导学生对自己的生命具有敬畏之情、敬畏之感，尊重生命。生命是世界上最可贵、最有价值的东西。一个人不仅要尊重自己的生命，而且也要尊重他人的生命，乃至一切动物和植物的生命，热爱生命。研究表明：充分理解和把握自我生命的人，就一定会对他人的生命负责，自己的生命也就获得了真正的提升。

我国自古以来就存在着热爱生命，珍惜他人生命的传统，从孔子的"仁者爱人"、"泛爱众"，唐代韩愈的"博爱之谓仁"，到现代教育家陶行知的"爱满天下"，就充分地体现了这一点。人本德育要继承这一传统，加强热爱生命的教育。生命是不可逆、不可再造的，在敬畏、尊重、热爱生命的基础上，还要进一步对生命加以保护。正如古人所指出，万物是由天生、地化和人成的，没有人的参与，万物则难以成全（当然，人还有破坏万物的一面）。人不仅能按照"天道"来改造自然，而且也能依据"人道"来推进社会。不过，人本来应有的地位、价值和作用，由于种种原因，特别是历代统治阶级的限制，都未能发挥出来，因此人的生命质量也不完美，甚至很低下。人本德育使德育回归生命，就是要充分发挥人的地位和作用，彰显人的价值。

人是生活在自然界中的人，离开自然界，或者破坏了自然界，人都无法生存。近几十年来，人类经济社会发展的掠夺式发展模式，造成了严重的生态危机，资源浪费，环境污染，生态破坏，导致经济社会发展受到严重的制约，各种社会问题逐渐显露，而且人类各种疾病也逐渐增多，严重威胁到人类自身的生存和发展。因此，人们开始反思这种发展模式，提出了保护生态、走可持续发展的理念。应该说，这是人类的再一次自觉自省。

人本德育回归生态、回归自然，已经成为我国德育界的共识。人本德育要引导大学生正确对待、妥善处理好人与自然的关系。人与自然之间的关系，从古至今经历了几种变化：从原始的天人合一到人是万物的主宰，再到当前反思下的人与自然和谐共处。然而，如何从人本德育的角度使学生认识人与自然的关系，从而认识生态的重要、自然的真谛和人生存的本质，更加关爱自然、珍惜自然是我们关注的问题。在这样的关系前提下，人本德育回归生态就是要使学生理解人与自然、人与他人的这种关系。在获得探究、改造自然的信心的同时，不能忽略了人对自然的依赖性。

因而，保护自然、与自然和谐共处，是从一种更为积极的角度来讲的，是一种为了人类与自然共同的存在与发展的义不容辞的责任。要认识人与自然关系的多元性与历史性，人与自然不是简单的主客关系或者包容关系，而是一种更为立体、多元和变化中的关系。这种关系既是一种认识前提，又是一种态度前提。理解人与自然这种丰富的关系影响到学生的人生观，当我们对我们生存的环境充满信心时，对于自己的生命同样也会觉得阳光明媚。

二、高校人本德育的实践原则

人本德育的实践，必须遵循一定的原则。人本德育的原则，是指在大学生德育实践中形成的、对大学生进行德育实践活动必须遵循的准则，是人本德育实践特点的集中体现。在大学生德育实践中，正确把握原则，对于加强和改进大学生德育，提高大学生的思想政治素质，促进大学生的全面发展具有重要意义。

（一）德育与育人相结合的原则

所谓德育与育人相结合，是指在大学生德育实践过程中，要坚持育人为本、德育为先，把人才培养作为根本任务，把德育摆在首要位置。德育与育人相结合的原则，是科学性与价值性相统一原则在大学生德育实践过程中的贯彻落实。德育是培养人的活动，从出现的那天起，它就担负着传授技能与培养品德两方面的职能。古今中外的教育家一贯主张教书与育人相结合。著名教育学家杜威认为，道德过程和教育过程是同一的。我国唐代文学家韩愈也指出，"师者，所以传道授业解惑也。"[①] 在对大学生进行德育的过程中，我们必须坚持德育与育人相结合的原则。这一原则的实质，是要求我们在教育学生的过程中始终坚持科技与人文、手段与目的、做事与做人的统一，归根到底就是坚持真与善的统一。教书主要是传授科技知识，培养智能，帮助学生掌握做事工具或手段的过程；育人则主要是传播道德，培养德行，帮助学生明确做人的道理或准则的过程。这两个过程是统一的，

---

① 韩愈：《师说》，《韩愈集》，陈霞村、胥巧生解评，山西古籍出版社2005年版，第132页。

因为不管做什么事、学什么业务，都是有目的或价值的，不可能什么目的都没有；同样，要达到一定目的，只能通过做具体的事、运用一定的科技手段才能实现，不可能不劳而获。而做事与做人，做人是第一位的，因为工具、科技掌握在不道德的人手上，不仅做不好事，还会造成危害。所以道德总是与科技不可分割地联系在一起的，形成了各行各业富有职业特点的职业道德。

要坚持德育与育人相结合，首先，高等学校要教育学生明确大道理，高校思想政治理论课就是大学生学习、理解、运用大道理的主渠道。我们应该按照充分体现当代马克思主义最新成果的要求，全面加强高校思想政治理论课的学科建设、课程建设、教材建设和教师队伍建设，进一步推动邓小平理论、"三个代表"重要思想和科学发展观进教材、进课堂、进大学生头脑的工作，以实现育人的目的。其次，高校的根本任务是育人，其开设的各门课程都具有育人功能，特别是哲学社会科学课程。高等学校哲学社会科学课程负有德育的重要职责，要坚持和巩固马克思主义在意识形态领域的指导地位，在哲学社会科学教学中充分体现马克思主义中国化的最新成果，用科学理论武装大学生，用优秀文化培育大学生。最后，教师作为教书这一环节的实施者，负有育人的职责和育人的优势。高校教师在教书过程中要率先垂范、言传身教，以良好的思想、道德、品质和人格给大学生以潜移默化的影响，要把德育融入大学生专业学习的各个环节，渗透到教学、科研和社会服务各个方面，深入发掘各类课程的德育资源，在传授专业知识过程中加强德育，使学生在学习科学文化知识过程中，自觉加强思想道德修养，提高政治觉悟。同时，爱是一切教育的源泉，成功的教师必须对学生充满一种真挚浓烈、发自肺腑的爱。只有热爱学生、关心学生，才能实现德育与育人相结合，发挥德育的育人功能。

（二）德育与社会实践相结合的原则

所谓德育与社会实践相结合，也就是理论与实际相结合，是理论联系实际原则在大学德育中的贯彻落实。德育与社会实践相结合，就是既重视课堂教育，又注重引导大学生深入社会、了解社会、服务社会，既注重马克思主义理论教育，又重视理论联系实际，在社会实践中提高思想觉悟和认识能力，实现知行统一。理论与实际相结合是中国共产党的思想政治教育的优良传统，大学德育要继承和弘扬这一优良传统。大学德育要引导大学生用科学的理论与方法认识世界，认识社会，认识他人，认识自我，形成正确的思想认识和思想观念，不断提升自身的思想道德水平。这既要求坚定不移地坚持理论教育，用科学理论武装大学生的头脑，又要从实际出发，实事求是，针对大学生的思想实际与需要，结合时代背景和现实国情，开展德育。大学德育坚持政治理论教育与社会实践相结合，首先要求在德育中既注重理论教育，又注重实践教育。注重政治理论教育，就是通过有目的、有计划地对大学生进行马克思主义基本理论教育，引导和帮助大学生树立科学的世界观、人生观和价值观。注重实践教育，就是通过组织大学生参加社会实践活动，以进一步加深对理论的认识，巩固和强化理论教育的成果，真正提高思想觉悟和政治素质。社会实践是大学德育的重要途径，对于促进大学生了解社会、了解国情、增长才干、奉献社会，锻炼毅力、培养品格，增强社会责任感具有不可替代的作用。其次，要真正做到政治理论教育与社会实践的有机结合，要求在进行这两方面教育时，都要贴近实际、贴近生活、贴近大学生。要联系国内外经济社会发展的实际，联系大学生的思想实际，要勇于面对现实，面对大学生中存在的思想热点问题，面对人民群众关心的、在社会发展和人的发展中出现的重大理论问题和实践难题，及时进行分析、解决。政治理论教育与社会实践相结合，途径是多样的，诸如探索和建立社会实践与专业学习相结合、与服务社会相结合、与勤工助学相结合、与择业就业相结合、与创新创业相结合的管理体制，增强社会实践活动的效果，培养大学生的劳动观念和职业道德；认真组织大学生参加军政训练；利用好寒暑假，开展形式多样的社会实践活动；积极组织大学生参加社会调查、生产劳动、志愿服务、公益活动、科技发明和勤工助学等社会实践活动；重视社会实践基地建设，不断丰富社会实践的内容和形式，提高社会实践的质量和效果，使大学生在社会实践活动中受教育、长才干、作贡献，增强社会责任感。

（三）解决思想问题与解决实际问题相结合的原则

所谓解决思想问题与解决实际问题相结合，就是德育既讲道理又办实事，既以理服人又以情感人，增强德育的实际效果。德育既要育人、引导人，又要关心人、帮助人。解决思想问题与解决实际问题相结合是中国共产党的思想政治教育的优良传统，大学德育要继承和弘扬这一优良传统。社会存在决定社会意识，大学生思想认识上产生的问题往往与他们的生存环境和生活条件有关。大学德育只有关心大学生的实际生活，从解决大学生面临的实际问题入手，才能收到解决思想问题的实效。坚持解决思想问题与解决实际问题相结合，首先要求我们坚持马克思主义的物质利益原则。马克思主义认为，物质利益是人类生存和发展的根本条件，人们的物质需要是人们进行生产和其他活动的基本动因。随着社会主义市场经济的发展，我国社会经济成分、组织形式、就业方式、利益关系和分配方式日益多样化，社会多样化存在导致的人们在物质利益上的差距将是影响人们思想和行为的重要因素。协调学生的物质利益关系并做好思想工作，是德育的重要任务。其次，要正视而不是回避大学生所关心的具体问题、热点问题和面临的学习、生活上的实际困难，善于引导和帮助大学生寻找解决这些问题和困难的办法。在帮助大学生解决实际问题时，引导他们正确面对这些实际问题，正确认识自己的根本利益和长远利益，调动大学生的积极性、主动性和创造性，培养团队合作精神，用集体的力量共同战胜困难，解决实际问题。最后，善于抓住时机，适时开展德育实践活动。如抓住大学生思想热点问题，组织相关主题的德育活动，加强德育的针对性，集中解决大学生关心的共同问题。同时，做好经济困难大学生的资助工作，帮助他们完成学业。此外，德育要帮助大学生树立正确的就业观念，引导毕业生到基层、到西部、到祖国最需要的地方建功立业；进一步建立健全大学生就业指导机构和就业信息服务系统，提供高效优质的就业创业服务，通过服务育人、管理育人，把党和政府对大学生的关怀落到实处。

德育的效果是德育成败的关键。要使德育与学生的思想实际相联系，解决好大学生的人生观问题；要使德育与社会发展的实际相联系，解决好大学生的社会观问题。社会观正确与否，直接影响着大学生的人生态度和价值取向。如何正确把握好社会的主流和支流，是对大学生进行德育的一个重要课题。

三、高校人本德育的实践方式

高校人本德育实践，不仅要注意途径，还要研究方式、方法。人本德育以人为本，不是仅仅停留在口头上的，而是要更加重视实践。实践不仅仅是一个理论问题，也是一个方法问题。好的方法可以事半功倍，达到人本德育所期望的目标。在人本德育众多的方法论体系中，笔者认为互动式、关系式、体验式更能表达人本德育的人本特征。

（一）师生参与互动

人本德育的互动式实践方法，就是指德育工作者和学生的双向互动，是教师注重理论与实践的紧密联系，结合学生的思想和社会生活的实际，采取与学生共同研究、探讨、讨论等双向交流的德育方式、德育过程，注重发挥学生学习的主体作用，激发学生学习的兴趣和内在的主观能动性，重点培养学生理论联系实际的能力、独立思考和解决问题的能力、主动创新和实践的能力。

我们知道，大学阶段是一个人人生观、世界观与价值观形成的关键时期，这个阶段如何引导学生树立正确的价值观是非常重要的。采用互动式人本德育方式，如讨论型的教学形式，对某个社会焦点问题进行讨论，往往可以从中了解学生的思维方式与价值判断能力。当然，能够引起讨论的问题一般都是涉及价值判断的问题，通过讨论，使学生思考自己的价值判断与别的同学价值判断的不同之处，让他们自己考虑"为什么我会这样想"，引导学生自己做出新的价值判断。

教师要深入学生生活，与他们建立平等的对话关系，了解大学生的思想、学习和生活各方面的状况，发现他们的需要、兴趣和问题所在。在双向沟通、深入了解的基础上，有针对性地创设有意义的教学情境，使学生在其中体验生活、学习道德，促进他们的自主精神建构。教师要让学生从内心认识到德育是为他们生活所需的，是真正为他们发展着想和服务的，也是来自他们生活的，使德育课成为深受学生欢迎的有魅力的课程。

人本德育实践活动作为一种培养人的社会实践活动，在本质上是一种教师与学生之间的特殊的交往实践过程。① 人本德育实践活动，不仅包括师生之间课堂教学中的交往，还包括日常生活中师生之间的交往实践。"教学过程的本质首先在于这是一个教师和学生相互作用的过程。没有这种相互作用就没有教学。"② 人本德育实践是一种建立在教师和学生之间相互了解、相互尊重、相互理解、相互信任、人格平等的基础之上的交往实践过程。人本德育培养的是满足一定社会需要的人，传播、传递的是社会主流文化或优势文化，在阶级社会中就是统治阶级的文化。"统治阶级的思想在每一时代都是占统治地位的思想。这就是说，一个阶级是社会上占统治地位的物质力量，同时也是社会上占统治地位的精神力量。支配着物质生产资料的阶级，同时也支配着精神生产资料，因此，那些没有精神生产资料的人的思想，一般地是隶属于这个阶级的。"③ 尤其是在多元文化冲突和并存

---

① 张天宝：《走向交往实践的主体性教育》，教育科学出版社 2005 年版，第 71 页。
② 朱佩荣：《季亚琴科论教学的本质》（上），《外国教育资料》1993 年第 5 期。
③ 《马克思恩格斯选集》第 1 卷，人民出版社 1995 年版，第 98 页。

的全球化时代,人本德育对学生进行价值引导,传递社会主义主流文化和社会主义核心价值观,增强学生的民族文化认同感,就显得尤为重要。

人本德育实践的互动式,取代的是传统德育的"讲解式教学"。"讲解式教学"所存在的"这种关系的基本特征就是讲解。这一关系包括讲解主体(教师)和耐心的倾听客体(学生)"①。作为主体,教师的主要任务是用讲解的内容来"填满"学生;作为客体,学生的主要任务是听讲,把教师所讲的内容储存起来。"尤为糟糕的是,讲解把学生变成了'容器',变成了可任由教师'灌输'的'存储器'。教师越是往容器里装得完全彻底,就越是好教师;学生越是温顺地让自己被灌输,就越是好学生。"②师生之间没有交流,没有对话,师生间的关系是一种垂直关系而不是平等关系。教师的讲解因为内容与学生的生活现实及经验相脱离,所以"往往都会变得死气沉沉,毫无生气可言"③。在传统的课堂教学中,学生发展的是一种依附权威的思想,他们所受的教育就是听教师告诉他们应该怎样想和怎样做。结果,未来的他们只能成为被动的、没有创造力的劳动者。

人本德育实践活动的互动式中,教师不再仅仅是授业者,在与学生的对话中,教师本身也得到教益,学生在被教的同时反过来也在教育教师,他们合作起来共同成长。④ 互动式教学是师生民主平等、双向交流的,是把学生看成主体,致力于培养他们的创造性和批判意识。

---

① 保罗·弗莱雷:《被压迫者教育学》,顾建新等译,华东师范大学出版社2001年版,第24页。
② 保罗·弗莱雷:《被压迫者教育学》,顾建新等译,华东师范大学出版社2001年版,第24页。
③ 保罗·弗莱雷:《被压迫者教育学》,顾建新等译,华东师范大学出版社2001年版,第24页。
④ 保罗·弗莱雷:《被压迫者教育学》,顾建新等译,华东师范大学出版社2001年版,第31页。

人本德育实践活动的互动式中,对话是人本德育实践的重要途径和形式。师生间的对话不仅仅是指两者之间的言谈,而且是指双方的内心世界坦诚的敞开和接纳,是对对方真诚的倾听,是双方共同在场、互相吸引、互相包容的关系。在谈到现代性文化中的教育困境时,麦金泰尔认为,要进行教育对话,教师必须学会道德叙事,成为一个会讲故事的人,因为那些不懂得讲故事艺术的人会使对话单调乏味。评价好教师的一个标准是,他们不仅不单调乏味,而且他们的学生们也不会单调乏味。① 师生在对话交往中相互影响、相互作用、相互交流,不断重构原有的知识结构和认知水平,双方获得共同的发展,最终达到"视界融合"。

当然,这种"视界融合"是情理的融合。人本德育的对象是人,既然人既是有理性或理智的,又是活生生的感性的人,所以人本德育必须引导学生掌控和协调好自身的理性和情感之间的关系,建构恰当的"情理结构",做到入情入理、情理交融。人本德育正是注意到了人的情理渗透、交叉、结合的文化心理结构,并力图使这"情理结构"取得一最好的比例形式和结构秩序,它反对理性统治一切,主张回到感性存在的真实的人。

(二) 相互关爱体谅

人本德育的关心式,就是指教师以关心爱护的方式对待学生,从而培养关心型的学生。它从关怀是人的基本需要出发,强调情感在个体道德发展中的作用,主张师生之间应当建立关心和被关心的双边关系:教师作为关心者来关心学生,培养学生的关心意识和关心能力;学生也应以积极的反应来促成师生间关心关系的形成,并在这一过程中学会关心。

---

① 约瑟夫·邓恩:《现代性文化中的教育困境——与麦金泰尔的对话》,金生鈜:《教育:思想与对话》第1辑,教育科学出版社2005年版,第15页。

诺丁斯认为，道德情感高于道德认知。因此，只有在情感活动中，学生的道德知识才能植根在其精神世界里，成为自己的观点，并进而体现在自己的言行举止中，最终形成坚定的道德信念和高尚的道德行为。人本德育的关心其实也包含这两方面的内容：一是教师要关心学生；二是要让学生学会关心，成为具有关心意识和关心行为的人。

教师不仅要以关心者的身份出现在师生的互动中，而且要以高尚的师德成为学生最生动的教育示范。教师要使自己的情感渗透到课程，以及学生生活的各个方面，通过活动和交往相互吸引、接近、碰撞、吸纳、融合，转化为精神沟通，给学生树立好的榜样，成为学生可以依托、可以信赖的对象，以此增强人本德育的情感力与生命力。而学生对教师也应产生一种很积极的情感，从而"亲其师"并"信其道"。日常生活世界是人本德育的源泉。因此，让学生学会关心，实际上体现了人本德育让道德教育重返生活世界，让道德教育从"圣人化"走向"平民化"，让道德教育不再是空中楼阁的理论，而是实实在在在学生身边可以影响学生、感染学生的鲜活例子。

当前大学生群体中，因学业负担重、人际关系紧张、恋爱受挫、生活困难、就业压力大等问题产生各种心理问题和心理障碍的学生越来越多，有的甚至引发突发事件。因此，教师就应该积极深入学生的生活世界，关心他们的各种思想困惑和实际困难，想学生之所想，急学生之所急，切实为学生办实事，为学生创造良好健康的学习、生活和心理环境，让学生体会学校大家庭的温暖和教师的人格魅力。

胡锦涛在党的十七大报告中指出，要加强和改进思想政治工作，要注重人文关怀和心理疏导，用正确方式处理人际关系。"人文关怀"和"心理疏导"这两个词汇在党的全国代表大会报告中出现，尚属首次。"人文关怀"和"心理疏导"的提出，正是人本德育关心式的理论所在，它进一步丰富了人本德育的内涵。

人文关怀，就是用人的方式去理解人、对待人、关怀人，特别是关怀人的精神生活，让大学生的生命自由生长，让学校成为师生的精神家园。① 因为人是一种可能性的存在,人的存在的全部意义便是实现和扩大其可能的发展,人的可能本身拥有无限的复杂性、丰富性和多样性。以往的教育理论都是建立在这样的教育图式上的:人是完全可以被加以塑造的变化体,卓有成效的教育能够通过外力作用决定人的可能发展。

无疑,这具有一定的合理性,但却忽视了另一个更为重要的方面。人在本质上既是一种生理意义上的存在,同时也是一种超越生命的存在,是具有无限丰富性、多样性的可能性存在。"它不只包含有可塑造性,人不单单是可以被动地接受塑造的动物和填补的空间,人的存在不仅仅是一个被外力塑造的自然过程,还是一个自主自决的能动性创造过程,从生命本体性看待人的可能发展,人的能动性才是人的存在的更根本性力量。"②

人的可能性存在虽然也同其他一切动物一样服从自然生命的生存规律和生存本性,但在根本上是"超生命"的,是在后天的实践活动中创造出来的,是在社会中接受社会改造和自我改造的过程中后天形成的。我们不能仅仅把人看作一种对象性的实然性存在,更应该看到作为人的存在"从不满足周围现实,始终渴望打破他之此时—此地—如此存在的界限,不断追求超越环绕他的现实—其中包括他自己的当下的现实"③ 的那种应然性或可能性的向度。正是人的存在的可能性本质,决定了人本德育不单纯是使人服从、适应和服务于现实的社会生活,更重要的是要走向人文关怀,关照人的精神生活,促进人不断向前发展。走向人文关怀的人本德育,首先承认并尊重大学生是具有独立人格的人,是具有能动性和创造性的人。人本德育尊重大学生的独立人格,发现和满足大学生的兴趣、爱好和需要;人本德育关

---

① 蒋永华:《人文关怀:高等教育的核心理念》,《江苏大学学报》(高教研究版) 2002 年第 3 期。

② 黎君:《论"人的可能"与教育》,《南京师范大学学报》(社会科学版) 2002 年第 2 期。

③ 马克斯·舍勒:《人在宇宙中的地位》,陈泽环、沈国庆译,上海文化出版社 1989 年版,第 43 页。

怀大学生这个完整的生命体，看到大学生是有思想、有情感的活生生的人，是具有潜在发展性和现实生成性的特定人格的人。

心理疏导，是指教师有计划、有组织地帮助大学生了解心理健康的知识理论，掌握实现心理健康的途径与方法，学会对不健康心理进行调适与矫治，从而促进大学生的身体、智能、情感、意志、个性、行为等发展达到更佳状态所进行的全部实践活动。学生接受德育时的心理状态影响到他接受德育的效果。一个学生要形成良好的品德，必须有健康的心态，能够正确地认识自己、接纳自己；如果心理不健康，就失去了接受道德教育的前提条件。

党和国家高度重视高校学生心理健康问题。1994年9月发布的《中共中央关于进一步加强和改进学校德育工作的若干意见》（以下简称《德育意见》），把"指导学生在……心理素质方面尽快适应新的要求"作为新形势下，"学校德育工作需要研究和解决的新课题"之一，提出"通过多种方式对不同年龄层次的学生进行心理健康教育和指导，帮助学生提高心理素质，健全人格，增强承受挫折、适应环境的能力"。文件还提出"德育工作者要深入到学生中去，通过谈心、咨询等活动，指导他们处理好在学习、成才、择业、交友、健康、生活等方面遇到的矛盾和问题"。1995年12月国家教委正式颁布试行《中国普通高等学校德育大纲》（以下简称《德育大纲》），明确地把培养学生具有"健康的心理素质"作为德育目标之一，把"心理健康教育"作为10项"德育内容"中的一项，并提出加强心理健康和心理素质方面的咨询与指导也是日常思想教育工作，是德育途径之一。《德育意见》和《德育大纲》作为我国高校德育的纲领性文件，明确地提出了加强学生心理健康教育、开展心理咨询工作的要求。

实践证明，在人本德育实践中，有效的心理疏导常常可以使德育工作效果事半功倍。将人文关怀和心理疏导结合起来，贴近实际，贴近师生，充分尊重他们的个性特点和心理诉求，重在解决他们内心的实际困惑，在这个基础上，施之以正面的引导，才能真正实现人本德育成效和价值的最大化。

心理疏导表现为心理关爱，即教师对学生的爱，这是教师职业道德规范的重要组成部分，也是教师热爱教育事业的具体体现。记得有位教育家说过，德育之没有情感，没有爱，如同池塘没有水一样。没有水，就没有池塘；没有爱，就没有德育。的确，德育是塑造人的灵魂的工作，只有投入情感，付出炽热的爱，才会收到良好的德育效果。心理关爱是人们身上普遍存在的一种心理需要。正如马斯洛的需要层次理论指出的，在生存和安全的需要基本满足后，人们会产生爱和归属的需要。作为自然属性和社会属性相结合的人是不能离开集体环境的，而总愿把自己归属到某一集体中去。在集体中，既需要别人爱自己，又需要自己去爱别人。心理关爱是一种动力，它可以激发一个人去从事艰辛但很有价值的活动，可以支持一个人为了崇高的理想生命不息，奋斗不止。

教师的情感投入是学生强烈的心理需要，是推动学生不断进步的强大力量。马克思指出，人们"行动的一切动力，都一定要通过他的头脑，一定要转变成他们的动机，才能使他们行动起来"[1]，支配人们行动的动机，并不是头脑里所固有的，"事实上，世界体系的每一个思想映象，总是在客观上被历史状况所限制"[2]。人们的思想、行为的形成和发展除受到一定社会环境和物质生活条件制约外，还受到人们的生理和心理发展规律的制约。人的思想品德是在社会实践的基础上，经过学习、实践等主观努力对外界影响进行筛选、调节、消化和吸收而形成的。

人本德育是一门精致的耕作艺术，是要在受教育者的精神世界里培育出美丽的精神之花。要耕作成功，必须首先仔细研究耕作的"土壤"——受教育者的精神世界。人本德育是一种源于精神内部的活动，任何外部的引导、塑造，唯有通过受教育者内部精神活动才能起作用；反之，如果不察其壤，盲目耕作，很难开出美丽的花。要使人本德育卓有成效，必须研究接受过程中的心理因素。人本德育的过

---

[1] 《马克思恩格斯全集》第21卷，人民出版社1965版，第345页。
[2] 《马克思恩格斯全集》第20卷，人民出版社1971版，第40页。

程是一个心理活动的过程。受教育者在道德教育接受的过程中，心理总是在发生变化，以至于影响德育的接受效果。人本德育是有目的、有计划地施加系统的道德影响。受教育者是否接受，取决于受教育者的接受水平。如果人本德育超越受教育者的接受水平，那么人本德育就不一定会取得良好的效果。因此，教师要熟悉受教育者对德育接受的心理过程及其心理现象，善于在复杂的现象中及时抓住受教育者的心理变化，促进受教育者的接受。

（三）交互换位体验

人本德育的体验式，就是让学生在人本德育的实践活动中，去体验、去感受、去感悟，从而走向自主育德的德育方式。人本德育不是简单的知性观念灌输，必须寻找一个能走进学生内心世界，引发学生心灵感动的德育形式，以确保道德教育的重要地位不致虚设，而是真的围绕着学生的素质及其形成而进行的，以确保德育过程中学生的主体地位，以及使德育变成学生价值体系自主建构的过程，作为人类生存的基本方式，即体验式在学生的生存和发展中的价值便凸显了出来。

20 世纪二三十年代，杜威（John Oewey）曾提倡"生活即教育"、"在做中学"，我国著名教育家陶行知先生也提出过"教学做合一"的思想，其精神实质就是使学生通过实践获得经验体会，并将其概括、内化为稳定的个性特征，从而达到教育的目的。不少教育心理学家也提出"经验学习"（experiential learning）的课题，强调通过具体的"做"来达到个体行为改变的目的。为此，在高校人本德育实践的形式上，我们一定要开展丰富多彩的实践活动，引导学生积极主动地参与实践体验，让他们在一次又一次的实践活动中不断体会，不断感悟，不断积淀，把基本的做人、做事的道理转化为内在品质，将人本德育目标内化成基本素质。

人本德育的体验式，在于发挥学生的主观能动性，实现自主育德。以往德育是建立在服从教师、教材、课堂三者的权威地位基础之上的，培养的学生都是唯上唯书、片面服从的"奴化"人，这是与传统的计划经济模式相适应的，遵循的是一种"授人以鱼"的大一统的德育教学模式。"传统教育的观念是正是封闭的、单一化的观念，它的最大特点就是热衷于千篇一律：统一的培养目标，统一的大纲，统一的课程，统一的时间，统一的教学进度，统一的答案，统一的评定标准。丰富多样的教育实践、个性失去了生命力。"① 这种整齐划一的德育教学模式无视学生个体生命的独特性和差异性，塑造的学生只是大机器工业生产中的"流水线"上的"标准件"，丧失了育德的自主性和创造性。

但是，当前我国正在建立和完善社会主义市场经济体制，市场经济"把一切封建的、宗法的和田园诗般的关系都破坏了。它无情地斩断了把人们束缚于天然尊长的形形色色的封建羁绊"②，独立、自主和自由的个人成为市场经济的主体。既然人本德育的目的是"立人"，就必须摈弃特权意识，"授人以渔"，培养学生的自立、自主、自律的品格和能力，走出"奴化育德"，走向"自主育德"，以满足社会主义市场经济建设对人才提出的时代要求。促进学生的自我教育，实现德育的个性化就显得尤为重要。"教育个性化的最大特点是选择性，即将主动权交给学生，使学生能根据自己的需要、兴趣、爱好、特点和其他条件主动地选择适合于自身的教育，实现自己的个性、主体性的发展，从而使教育由外在的强制力量转化为学生主体能动追求的东西。"③ 社会主义市场经济的发展，不仅对受教育主体的自主育德提出了客观的需求，而且自主育德的实施也适应了社会主义市场经济建设的发展，同时自主育德以其积极、主动、理性的特有魅力抗拒着市场经济对人的物化。

---

① 朱永新、王智新：《当代日本教育改革》，山西教育出版社1992年版，第121～122页。
② 《马克思恩格斯选集》第1卷，人民出版社1995年版，第274页。
③ 转引自张天宝：《走向交往实践的主体性教育》，教育科学出版社2005年版，第147页。

人本德育的体验式,强调的是自主育德。现代教育发展的一个趋势就是终身教育。终身教育包括终身德育,终身德育在时间上是全程教育(从一个人出生到老),在内容上是全面的教育(包括思想教育、政治教育、道德教育和心理教育),在领域上是全方位的教育(家庭教育、学校教育、社会教育、自我教育)。终身德育要求树立终身学习的观念,不但要求学生"学会",而且也要求学生"会学",对学生的自主育德能力提出了新的要求。

美国未来学家阿尔温·托夫勒在《未来冲击》中指出,鉴于可以预见到的变革速度,我们可以推测,未来的文盲不再是目不识丁的人,而是那些没有学会学习的人。自学将成为学习的主要形式,自我教育也将成为教育的主要途径。"未来的学校必须把教育的对象变成自己教育自己的主体。受教育的人必须成为教育他自己的人;别人的教育必须成为这个人自己的教育。"[1] 迅速变化的步伐和新的政治与经济结构的出现,要求人们要学会运用不同观点看问题,选择适合自己也适应社会发展的观点和行为。我国著名的教育家叶圣陶先生也曾经提出"教育是为了不教育"。也就是说,教育的目的在于使下一代在教育者的引导下,继承此前人类的优秀文化成果,并根据社会现实的需要和个人自身的特点把它转化为个人的主体内在品德,把外界东西在心理世界中精神化,又将这些精神转化为人的新的态度、能力从而进行新的创造活动。自主育德立足于培养学生的自我认知、自我体验、自我领悟、自我抉择、自我评价和自我践行能力,旨在形成学生在道德选择和判断上的自主性、自律性、责任性。

人本德育的体验式,在于调动大学生在德育中的主动性和创造性,把德育由被动的、强制性的灌输变为主动的、自觉的接受过程,引导大学生德育的和谐发展,这是自主育德的要求,也是自主育德的目标。人本德育不是教师对学生的简单说教,而是教师在遵循学生主体性基础上的教育引导过程。就大学生而言,他们较之于未成年人,

---

[1] 联合国教科文组织国际教育发展委员会:《学会生存——教育世界的今天和明天》,上海译文出版社1979年版,第218~219页。

思维更加成熟，自主意识、平等意识更加强烈，具备了自我教育的能力。这就要求我们在开展大学生德育工作时，必须改变以教育者为中心的思维方式，充分理解和尊重他们，使大学生处于德育过程的主体地位；要改变"我说你听"的教育方式，让大学生由德育过程的被动接受者变为主动参与者，在互动教育中达到自我教育的目的，不断增强教育效果。德育既是社会的要求，也是学生自我发展的需要，所以要善于把这种社会要求转化成学生的自我要求。只有这样，才能真正收到德育的效果，使个性化发展和社会化发展和谐统一。例如加强大学生社团建设，支持和引导大学生社团自主开展活动，启发他们的主体意识、参与意识，调动他们的积极性、主动性，才能引导他们在自我教育、自我管理、自我服务中提高素质和能力。

当然，在人本德育的体验式中，自主育德并不否定教师的外在育德作用。自主育德和教师的外在育德是一种内因和外因的辩证关系，在一个人的道德成长中相互促进、相互影响，相辅相成。正如美国后现代教育家多尔所言："作为平等者中的首席，教师的作用没有被抛弃；而是得以重新构建，从外在于学生情境转化为与这一情境并存。权威也转入情境之中。""教师是内在于情境的领导者，而不是外在的专制者（无论多么仁慈）。"① 教师必须在尊重、理解、爱护学生的基础上，用自己的学识、言行、境界、风范去启发、引导、帮助学生，而不是越俎代庖。同时，教师本人也需要在德育中不断加强自己的自主育德的意识和能力。马克思就说过，关于环境和教育起改变作用的唯物主义学说忘记了："环境是由人来改变的，而教育者本人一定是受教育的。"② 教育者本人所受的教育更多的还是社会教育引导下的自我教育，离不开教育者自身的自主育德的能力的培养和发挥。

---

① 小威廉姆·E. 多尔：《后现代课程观》，王红宇译，教育科学出版社 2000 年版，第 238 页。
② 《马克思恩格斯选集》第 1 卷，人民出版社 1995 年版，第 59 页。

（四）人文环境感化

"人文环境"指的就是氛围、情景，只不过多少加进了主观成分，从主观上给予规定和把握。人文环境就是德育工作者予以规定和把握的环境。德育工作者可以利用人文环境把德育内容有效地传递给大学生，达到德育的目的。因此，人文环境是一种文化的、精神的、心理的、内在的氛围和人际互动。

在现代社会，市场经济、全方位开放和科学技术的进步交互作用于人的发展，影响人的发展的因素已经从单一的某一因素发展为综合性的因素。人的社会性本质同时受到了生物性、经济利益和技术动因的影响。虽然上述几个影响因素在作用的方式和影响的程度上有所区别，但是，当某一种因素的影响上升并发挥决定作用时，人的属性就将出现片面发展的可能。

人本德育通过建立有效的人文感化环境，进行心理关怀，通过环境进行综合的全面的启发，促进学生提高认识，全面发展。在德育的过程中，通过人文环境的感化，是重要的人本德育方式。人文环境感化，就是要提供有利于大学生思想、道德、心理素质生成的环境，即可以保证大学生正常成长、磨练大学生意志的环境。

人本德育要营造课堂教学主渠道的育人氛围。充分发挥课堂教学的主渠道育人作用，对思想品德课和各学科教学渗透德育进行改革，倡导学生参与整个教学过程，探索"自主、合作、探究"的学习方式，力求达到目的明、知识新、信息多、密度大、节奏快、设计精、结构巧、气氛和、方法活、效果佳。通过自主、主动、创造性地参与，引导学生学会分析、学会选择、学会创造性思维，培养学生的道德批判力和道德理解力，体现人本德育的要求。

人本德育要营造丰富多彩的课外活动育人氛围。建构以学生为主体的德育系列活动，要求德育活动设计力求做到新一点、活一点、实一点、精一点。新一点，就是强调德育活动要时时创新，力求做到有深度，有新意，有特点；活一点，就是德育形式要灵活，德育方法要多样，思想上重诱导，行动上重指导，管理上重疏导，让大道理融化在具体一个人、一项活动、一件事之中，使德育主题与学生思想产生共鸣；实一点，就是要从实际出发，从小处入手，从学生身边的事情做起，针对学生现实思想问题，进行入情入理的德育，力求选实例、讲实话、求实效，一个时期突出一个重点，一个阶段解决一个问题，促进德育目标的逐步实现；精一点，就是强调德育活动要精心选择，精心思考，精心准备，精心组织，防止活动泛滥，流于形式。

人本德育要营造具有浓郁人文氛围的校园环境。整洁、优美又具有浓郁人文氛围的校园环境，对学生优良品质的形成起着耳濡目染的作用，是其他教育方式所不能代替的。注重人本德育的渗透、熏陶、引导功能，将培育优良的校风、班风作为加强和改进学校德育工作的重要途径，将爱国主义、集体主义、社会主义教育和科学的世界观、人生观和价值观教育作为主旋律，将开展养成教育、形成良好行为规范作为基本要求，通过开展丰富多彩的校园文化活动，陶冶学生的道德情操，培养学生爱校意识和良好行为习惯，形成一种文明、进步、蓬勃、健康的校园氛围和积极向上的校园精神，达到德育效果。

目前，不少德育工作者提出的挫折教育环境、生存考验环境等就属于这类环境。这种环境以关怀大学生的成长为目的，没有把大学生当作被动的知识接受者。人文环境的创设，就是为了形成一种氛围，即气氛，并透过这种氛围的创设对德育效果进行强化。这种效果也可以成为强化德育的氛围。

通过人文环境、氛围的支持，获得大学生的信任，保持大学生的激情，使德育实践向着健康的方向发展，最终达到德育的目的。这就是人文环境创设的意义和价值之所在。

参考文献

[1] 马克思恩格斯选集：第1-4卷 [M]. 北京：人民出版社，1995.
[2] 马克思恩格斯全集：第1卷 [M]. 北京：人民出版社，1979.
[3] 马克思恩格斯全集：第3卷 [M]. 北京：人民出版社，1960.
[4] 马克思恩格斯全集：第6卷 [M]. 北京：人民出版社，1971.
[5] 马克思恩格斯全集：第7卷 [M]. 北京：人民出版社，1960.
[6] 马克思恩格斯全集：第16卷 [M]. 北京：人民出版社，1995.
[7] 马克思恩格斯全集：第19卷 [M]. 北京：人民出版社，1972.
[8] 马克思恩格斯全集：第23卷 [M]. 北京：人民出版社，1979.
[9] 马克思恩格斯全集：第42卷 [M]. 北京：人民出版社，1979.
[10] 马克思恩格斯全集：第40卷 [M]. 北京：人民出版社，1982.
[11] 马克思恩格斯全集：第46卷（下）[M]. 北京：人民出版社，1980.
[12] 马克思恩格斯全集：第46卷（上）[M]. 北京：人民出版社，1997.
[13] 马克思，恩格斯. 德意志意识形态 [M]. 北京：人民出版社，1961.
[14] 马克思. 资本论：第1卷 [M]. 北京：人民出版社，1975.
[15] 列宁选集：第1-4卷 [M]. 北京：人民出版社，1995.
[16] 列宁全集：第3卷 [M]. 北京：人民出版社，1958.
[17] 列宁全集：第23卷 [M]. 北京：人民出版社，1958.
[18] 列宁全集：第38卷 [M]. 北京：人民出版社，1984.
[19] 毛泽东选集：第3卷 [M]. 北京：人民出版社，1991.
[20] 毛泽东著作选读：下 [M]. 北京：人民出版社，1986.
[21] 毛泽东选集：第5卷 [M]. 北京：人民出版社，1978.
[22] 邓小平文选：第2卷 [M]. 北京：人民出版社，1993.

[23] 邓小平文选：第 3 卷［M］. 北京：人民出版社，1993.
[24] 江泽民文选：第 2 卷［M］. 北京：人民出版社，2006.
[25] 江泽民文选：第 3 卷［M］. 北京：人民出版社，2006.
[26] 中国共产党第十七次全国代表大会文件汇编［M］. 北京：人民出版社，2007.
[27] 中共中央文献研究室. 江泽民论有中国特色社会主义（专题摘编）［M］. 北京：中央文献出版社，2002.
[28] 郑永廷，等. 德育发展研究——面向 21 世纪中国高校德育探索［M］. 北京：人民出版社，2006.
[29] 郑永廷. 现代思想道德教育理论与方法［M］. 广州：广东高等教育出版社，2000.
[30] 郑永廷. 现代思想政治教育学［M］. 北京：人民出版社，2000.
[31] 郑永廷. 社会主义意识形态发展研究［M］. 北京：人民出版社，2002.
[32] 张耀灿，郑永廷，等. 现代德育学［M］. 北京：人民出版社，2001.
[33] 袁贵仁. 马克思的人学思想［M］. 北京：北京师范大学出版社，1996.
[34] 陈桂生. 人的全面发展理论与现时代［M］. 上海：上海教育出版社，1988.
[35] 朱小蔓. 道德教育论丛：第 1 卷［M］. 南京：南京师范大学出版社，2000.
[36] 王仕民. 德育文化论［M］. 广州：中山大学出版社，2007.
[37] 高玉祥. 个性心理学［M］. 北京：北京师范大学出版社，2007.
[38] 张天宝. 走向交往实践的主体性教育［M］. 北京：教育科学出版社，2005.
[39] 鲁洁，王逢贤. 德育新论［M］. 南京：江苏教育出版社，2000.
[40] 鲁洁. 道德教育的当代论域［M］. 北京：人民出版社，2005.
[41] 黄济，王策三. 现代教育论［M］. 北京：人民教育出版社，1996.
[42] 肖峰. 论科学与人文的当代融通［M］. 南京：江苏人民出版社，2001.
[43] 全国普通高校"两课"教育教学调研工作领导小组. 普通高校思想政治教育课程文献选编（1949—2003）［M］. 北京：中国人民大学出版社，2003.
[44] 班华. 现代德育论［M］. 合肥：安徽人民出版社，2001.
[45] 赵修艺. 解读汤林森的文化帝国主义：［M］. 上海：上海人民出版社，1999.

[46] 向华文,等. 科技革命与社会制度嬗变 [M]. 北京:中央编译出版社,2003.
[47] 陶富源. 终极关怀论——人的哲学之悟 [M]. 合肥:安徽大学出版社,2004.
[48] 王夫之. 读四书大全说:卷1 [M]. 北京:中华书局,1975.
[49] 罗国杰,宋希仁. 西方伦理思想史 [M]. 北京:中国人民大学出版社,1985.
[50] 张焕庭. 西方资产阶级教育论著选 [M]. 北京:人民教育出版社,1979.
[51] 邢媛. 当代社会发展观导论 [M]. 北京:社会科学文献出版社,2002.
[52] 项贤明. 泛教育论——广义教育学的初步探索 [M]. 太原:山西教育出版社,2000.
[53] 冯建军. 当代主体教育论——走向类主体的教育 [M]. 南京:江苏教育出版社,2004.
[54] 高德胜. 知性德育及其超越——现代德育困境研究 [M]. 北京:教育科学出版社,2003.
[55] 檀传宝. 德育美学观 [M]. 太原:山西教育出版社,1996.
[56] 钟明华,李萍. 走向开放的道德 [M]. 广州:中山大学出版社,1994.
[57] 沈壮海. 德育有效性研究 [M]. 武汉:武汉大学出版社,2001.
[58] 佘双好. 现代德育课程论 [M]. 北京:中国社会科学出版社,2003.
[59] 钟启泉. 解读中国教育 [M]. 北京:教育科学出版社,2000.
[60] 詹万生. 整体构建德育体系 [M]. 北京:教育科学出版社,2000.
[61] 景志明. 中外学校德育综合比较 [M]. 重庆:西南师范大学出版社,2000.
[62] 黄向阳. 德育原理 [M]. 上海:华东师范大学出版社,2000.
[63] 李康平. 邓小平德育思想研究 [M]. 北京:中国社会科学出版社,2000.
[64] 冯增进. WTO与中国教育 [M]. 广州:中山大学出版社,2000.
[65] 魏英敏. 当代中国伦理与道德 [M]. 北京:昆仑出版社,2000.
[66] 毛礼锐,等. 中国古代教育史 [M]. 北京:人民教育出版社,1979.
[67] 扈中平,陈东升. 中国教育两难问题 [M]. 长沙:湖南教育出版社,1995.
[68] 姜书阁. 中国近代教育制度 [M]. 北京:商务印书馆1993.
[69] 缪克成. 德育新论 [M]. 上海:百家出版社,1992.
[70] 燕国材. 素质教育论 [M]. 南京:江苏教育出版社,1997.

[71] 蓝维. 德育学科教学心理研究 [M]. 北京：首都师范大学出版社，1998.
[72] 项久雨. 思想政治教育价值论 [M]. 北京：中国社会科学出版社，2003.
[73] 魏贤超. 道德心理学与道德教育学 [M]. 北京：浙江大学出版社，1995.
[74] 张惠芬，金忠明. 中国教育简史 [M]. 上海：华东师范大学出版社，2001.
[75] 郑金洲. 教育文化学 [M]. 北京：人民教育出版社，2000.
[76] 周浩波. 教育哲学 [M]. 北京：人民教育出版社，2001.
[77] 吴庆麟. 教育心理学 [M]. 北京：人民教育出版社，1999.
[78] 马凤岐. 教育政治学 [M]. 北京：人民教育出版社，2002.
[79] 于钦波，刘民. 外国德育思想史 [M]. 成都：四川教育出版社，2000.
[80] 黄钊. 中国道德文化 [M]. 武汉：湖北人民出版社，2000.
[81] 钟启泉. 解读中国教育 [M]. 北京：教育科学出版社，2001.
[82] 肖川. 教育与文化 [M]. 长沙：湖南教育出版社，1990.
[83] 何萍. 马克思主义哲学与文化哲学 [M]. 武汉：武汉大学出版社，2002.
[84] 许明，等. 建设新世纪的先进文化 [M]. 上海：上海社会科学院出版社，2002.
[85] 罗文东. 中华特色社会主义文化理念论 [M]. 北京：中国法制出版社，2003.
[86] 周浩然. 文化国力论 [M]. 沈阳：辽宁人民出版社，2000.
[87] 顾明远. 民族文化传统与教育现代化 [M]. 北京：北京师范大学出版社，1998.
[88] 梁兴华. 经济发展与民族文化 [M]. 贵阳：贵州教育出版社，1998.
[89] 易小明，等. 民族文化差异与经济发展 [M]. 长沙：湖南师范大学出版社，1998.
[90] 马原富. 西部开发与多民族文化 [M]. 北京：华夏出版社，2003.
[91] 傅云龙，等. 社会主义市场经济与传统文化 [M]. 北京：中共中央党校出版社，1995.
[92] 张悦. 中国市场经济文化论 [M]. 北京：中国金融出版社，1999.
[93] 陆星禄. 市场经济哲学与文化伦理精神 [M]. 北京：中国广播电视出版社，1997.
[94] 潘知常，等. 大众传媒与大众文化 [M]. 上海：上海人民出版社，2002.
[95] 钟大年，等. 电视跨国传播与民族文化 [M]. 北京：北京广播学院出版社，1998.

[96] 雅斯贝尔斯. 什么是教育 [M]. 邹进, 译. 北京: 生活·读书·新知三联书店, 1991.

[97] 赫尔巴特. 普通教育学·教育学讲授纲要 [M]. 李其龙, 译. 北京: 人民出版社, 1989.

[98] 阿格妮丝·赫勒. 日常生活 [M]. 衣俊卿, 译. 重庆: 重庆出版社, 1990.

[99] 杜威. 学校与社会·明日之学校 [M]. 赵祥麟, 等译. 北京: 人民教育出版社, 1994.

[100] 马斯洛. 人性能达的境界 [M]. 林方, 译. 昆明: 云南人民出版社, 1987.

[101] 柏拉图. 理想国 [M]. 郭斌和, 张竹明, 译. 北京: 商务印书馆, 2002.

[102] 卢梭. 爱弥儿 [M]. 李平沤, 译. 北京: 商务印书馆 1978.

[103] 康德. 历史理性批判文集 [M]. 何兆武, 译. 北京: 商务印书馆, 1996.

[104] 夸美纽斯. 大教学论 [M]. 傅任敢, 译. 北京: 人民教育出版社, 1984.

[105] 黑格尔. 美学: 第1卷 [M]. 朱光潜, 译. 北京: 商务印书馆, 1979.

[106] 博克斯贝格, 等. 全球化的十大谎言 [M]. 胡善君, 许建东, 译. 北京: 新华出版社, 2000.

[107] 赖克. 国家的作用——21世纪的资本主义前景 [M]. 上海市政协编译组, 东方编译所, 译. 上海: 上海译文出版社, 1998.

[108] 黑格尔. 小逻辑 [M]. 贺麟, 译. 北京: 商务印书馆 1996.

[109] 科尔纽. 马克思的思想起源 [M]. 王谨, 译. 北京: 中国人民大学出版社, 1987.

[110] 席勒. 美育书简 [M]. 徐恒醇, 译. 北京: 中国文联出版公司, 1984.

[111] 圣西门选集: 下卷 [M]. 何清新, 译. 北京: 商务印书馆, 1962.

[112] 傅立叶选集: 第3卷 [M]. 冀甫, 译. 北京: 商务印书馆, 1964.

[113] 诺丁斯. 学会关心——教育的另一种模式 [M]. 于天龙, 译. 北京: 教育科学出版社, 2003.

[114] 罗斯金, 等. 政治科学 [M]. 林震, 等译. 北京: 北京华夏出版社, 2001.

[115] 弗莱雷. 被压迫者教育学 [M]. 顾建新, 等译. 上海: 华东师范大学出

版社, 2001.
[116] 舍勒. 人在宇宙中的地位 [M]. 陈泽环, 沈国庆, 译. 上海: 上海文化出版社, 1989.
[117] 特茨拉夫. 全球化压力下的世界文化 [M]. 吴志成, 等译. 南昌: 江西人民出版社, 2001.

后　记

　　教育的意义在于使人之为人。大学之道，在明明德，在亲民，在止于至善。学校教育的使命自古以来就可归结为二：教人做人与教人做事。如若既致力于教人做人又致力于教人做事，则具有了抽象意义上的哲学理念和具象意义的实践品质。然而，穿过历史时空对教育实践进行正本清源就会发现，学校教育更多的则是呈现钟摆状。忽左忽右，又忽右忽左。脱离神本状态之后接着进入物本之河，再之后又进入器本之轨，现代制度下教育更是离"人"愈来愈远，人被踢到一边，人被边缘化了。"见物不见人"是当下学校教育的真实写照。

　　何以使然？本人从事学校德育管理实践近二十年，忙碌中生发出深深的疑惑和强烈的责任感，人应该成为学校教育活动的中心。高校德育应该回归人和人本价值，并以此回应经济市场化和全球化科技信息化、政治民主化和文化多样化的挑战，因此，本书选择高校人本德育这一问题进行研究，既表达了内心长久以来的茫然，又体现了科学探讨德育的意义和当前高校德育走出现实困境的路径的勇气。

　　2005年，我有幸拜于中山大学郑永廷教授门下攻读博士学位，深切感受了先生的仁厚谦和与渊博学识。当初我放弃某一重点大学高等教育学专业而师从先生，纯粹是出于对先生的敬仰和对高校德育科学理论王国的向往，也是我今生莫大之福。先生强烈的责任感、鲜明的学术路线、宽广的理论视野、严谨的治学态度、富于激情的教学和独特的人格魅力，无不表现出大师的风范，令学生深深地叹服，激励我奋勇前行。

本书是在我的博士学位论文的基础上修改完成的。本书从选题、主要资料的收集、写作提纲的拟定到初稿的完成等关键环节都倾注了郑老师大量的心血。特别是在选题论证方面，郑老师循循善诱，总是在交流中不断提出有助于进一步开阔视野与启迪思维的问题，使我在近十年的时间里始终有着明确的研究方向。李萍教授、钟明华教授、叶启绩教授、李辉教授、王仕民教授等多位老师都给予我悉心指导，他们的为学和为人，都是我今生学习的楷模。

在本书的成书过程中，感谢那些在我过去的求学和职业生涯里给我诸多关爱、指导、帮助和支持的老师、领导、同事以及同学。特别感谢我的家人给我无以伦比的幸福与快乐。爱妻付爱民揽工作、家务、育儿于一身，默默奉献，悉心关照，感铭不已。

诚然，深入思考和探索的过程无疑是漫长而艰辛的。尽管深知学海无涯，本书只是一个开头，还有许多更深意义的理论问题和更为复杂的现实难题有待今后进一步研究和探讨，但是，我还是从中感受到无比的快乐。

"只有一条路不能选择——那就是放弃的路；只有一条路不能拒绝——那就是成长的路。"写下这段话的时候，2015年已逝去近半。是的，在这短暂而又漫长的人生里，我将继续前行，探寻学术之路，探寻生活之路。回首过去固然百感交集，展望未来又何尝不是心有所戚戚。"路漫漫其修远兮，吾将上下而求索。"一路前行，总会遇到坎坷崎岖，那就踏实地走出属于自己的路，用每一个行动来书写自己的历史，让感恩之心永在。

作　者

2015年6月于滨江东路寒舍